LK 4216

MÉMOIRE HISTORIQUE

sur

L'ABBAYE ET LA VILLE DE LURE.

MÉMOIRE HISTORIQUE

SUR

L'ABBAYE ET LA VILLE DE LURE,

SUIVI D'UNE NOTICE SUR

LE PRIEURÉ DE SAINT-ANTOINE

ET

LES SEIGNEURIES DE LURE ET DE PASSAVANT,

Par L'ABBÉ L. BESSON.

OUVRAGE COURONNÉ PAR L'ACADÉMIE DES SCIENCES, BELLES-LETTRES
ET ARTS DE BESANÇON,

DANS SA SÉANCE PUBLIQUE DU 25 AOUT 1845.

BESANÇON,
BINTOT, IMPRIMEUR-ÉDITEUR,
PLACE SAINT-PIERRE, 2 et 4.

1846.

Le prix d'histoire proposé annuellement par l'Académie des sciences, belles-lettres et arts de Besançon a été décerné à cet ouvrage dans la séance publique du 25 août 1845. Il faut attribuer ce succès flatteur à l'importance du sujet que j'avais choisi. L'antiquité de l'abbaye de Lure, ses traditions, ses richesses, le grand nom de plusieurs des prélats qui l'ont gouvernée, les fortunes diverses qui ont successivement établi et consolidé, puis ébranlé et abattu sa puissance, offrent dans un récit varié des tableaux dignes de la majesté de l'histoire. En se plaçant à un autre point de vue, il n'est pas moins intéressant d'étudier comment la ville prit naissance sous les murs du cloître, s'agrandit peu à peu et après avoir obtenu ses premières franchises pour prix de sa fidélité, s'efforça de les étendre par les empiétements et par la révolte. Des détails minutieux, l'écueil du mémoire local, dépareraient l'ensemble de ces faits importants. Ils ont été négligés à dessein pour trouver place dans une notice sur chacun des lieux qui composaient les domaines du monastère.

Acquittons ici quelques dettes de la reconnaissance. Parmi les savants qui ont bien voulu diriger mes travaux, je dois le premier tribut de mes hommages à M. l'abbé Brocard, directeur au séminaire de Besançon, et à M. Duvernoy, dont la riche collection diplomatique m'a fourni de précieux renseignements. M. J. Vuilleret a mis à ma disposition avec une obligeance toute particulière les matériaux d'un mémoire qu'il avait commencé avant moi sur le même sujet. Je dois à M. Guiron, curé de Lure, et à M. Gigier, secrétaire de la mairie de cette ville, la communication la plus empressée de pièces qui intéressaient mes recherches. M. Noël, archiviste de la préfecture de la Haute-Saône, n'a pas moins contribué à les rendre exactes et complètes. Enfin, les remarques de la commission académique m'ont aidé à corriger quelques inadvertances et à réparer les omissions échappées à ma plume.

Je voudrais justifier, en publiant cet ouvrage, les éloges que M. le conseiller Clerc lui a décernés. Mais l'extrême bienveillance de M. le rapporteur ne me permet pas de croire que j'ai réussi au gré de mes intentions. Les louanges d'un maître sont des encouragements : c'est à ce titre seul que je les accepte dès maintenant; toute mon ambition est de les mériter un jour.

ERRATA.

Page 1, ligne 13 ; *au lieu de* Verdolph, *lisez* Werdolphe.
Page 4, note 1 ; ligne 1 ; *pour* curtum, *lisez* curtem.
Page 21, ligne 7 ; *pour* Frédéric II, *lisez* Frédéric I, surnommé Barberousse.
Page 26, ligne 2 de la note ; *pour* Tavye, *lisez* Tavel.
Page 46, note 1 ; ligne 2 ; *au lieu de* Balviler, *lisez* Baltzwiller.
Page 62, ligne 4 ; *pour* abbé de Bèze, *lisez* abbé de Molême ; *après* l'abolition, *ajoutez* en France.
Page 130, ligne 2 ; *au lieu de* la population presque toute, *lisez* la population presque toute entière.
Page 145, ligne 15 ; *au lieu de* contre, *lisez* avec.
Page 170, ligne 17 ; *ajoutez* Frère Guillaume, vivant en 1362. Il prenait le titre de *præpositus* (prevôt), de même que son prédécesseur immédiat, frère Thomas.
Même page, note 1, ligne 1 ; *pour* 1135, *lisez* 1134.

MÉMOIRE HISTORIQUE

SUR

L'ABBAYE DE LURE.

CHAPITRE PREMIER.

Origine et commencements de Lure. — Arrivée de saint Colomban dans les Gaules. — Saint Delle, son disciple, fonde l'abbaye de Lure. — Donation de Clotaire II. — Saint Colombin succède à saint Delle. — Invasion des Sarrasins. — Lure sous les premiers Carliens. — Lothaire II, ses passions, son divorce. — Il donne à Waldrade l'héritage de saint Delle. — Sa fin tragique. — Waldrade se retire à Remiremont. — Lure passe dans la maison d'Eberhard, comte en Alsace. — Ses descendants rendent le monastère à sa première destination. — Baltram le relève. — Sous Verdolph, son successeur, un moine écrit la vie de saint Delle. — Appréciation historique et littéraire de cet ouvrage.

Lure, en latin *Luthra*, *Ludra*, ou *Lura*, tire son nom, selon quelques savants, des loutres dont son territoire est peuplé et qui se nourrissent de poissons dans les eaux qui l'arrosent. La plaine fertile où elle est située, s'étend au pied des Vosges et offre un agréable contraste avec les montagnes qui la dominent. Ses frais enclos, ses forêts antiques, ses riches moissons, ses peupliers dont le double rideau dérobe aux regards tantôt le cours de l'Ognon et de ses affluents, tantôt l'aspect d'un village ou le chemin des montagnes, seraient pour le poète un sujet heureux. Mais à considérer seulement la position et les limites de cette vallée charmante, on pressent déjà que les tableaux de l'histoire ne sont pas aussi riants que ceux de la nature. Placée entre la Gaule et la Germanie, Lure changea plusieurs fois de fortune et de maître. Elle fut trop souvent le champ de bataille où se démêlaient des intérêts rivaux, et si elle acquit, si elle soutint non sans gloire et pendant une suite de siècles une existence indépendante, son repos, ses trésors, le sang de ses enfants plus précieux encore, ont chèrement payé ce privilége dont elle n'a pas même gardé le souvenir. Recueillons avec un religieux empressement les témoignages du passé. Les annales de ce petit état se mêlent à celles des empires; il a d'ailleurs ses traditions, ses mœurs, ses usages, sa physionomie propres; c'est à ce double titre qu'il mérite l'attention de l'histoire.

Je ne chercherai point l'origine de Lure dans les temps celtiques. Il est plus sage de reconnaître l'obscurité d'une époque si reculée que de recourir à une vaine étymologie pour attribuer aux Celtes la fondation de cette ville. Sous les Romains elle ne se révèle encore que par de faibles débris. Perreciot qui l'a visitée en 1771, a rencontré une certaine quantité de tuileaux antiques dans les champs qui la bordent au midi. Il signale sur le même territoire les restes d'une voie romaine, et les suit de Luxeuil à Pontarlier par la Chapelle, Lure, Melcey, Baume, Silley et Etray (*strata via*). Au-delà de Luxeuil, elle se partageait en deux branches, dont l'une arrivait à Plombières par Chavanne et la Vaivre, et l'autre paraît avoir été dirigée sur Saint-Loup. A Lure, comme à Baume, cette voie est connue de nos jours sous la dénomination de

Chemenot par comparaison aux routes nouvelles qui l'avoisinent ou qui la croisent. A ces considérations Perreciot en ajoute d'autres tirées de la fertilité du sol, de l'agrément de la position et de la facilité de la culture. Il conclut que Lure a été plus considérable qu'elle ne l'est aujourd'hui, et que, si elle ne fut d'abord qu'un village, elle devint du moins sous le Bas-Empire une ville de troisième ordre (1).

Ces raisons ont assez peu de valeur, et Perreciot dans l'induction qu'il en tire montre peut-être une trop grande confiance. Sans contester la direction qu'il donne à la voie romaine (2), je ferai observer qu'elle n'avait pas Lure pour but et que par conséquent on ne peut rien en conclure en faveur de l'ancienneté et de l'importance de cette ville. Quant aux fragments de tuiles antiques, ils annoncent bien que le terrain sur lequel ils sont répandus, était autrefois peuplé d'habitations. Mais qu'est-ce autre chose que l'indice d'un établissement romain dont on ne peut ni déterminer le commencement ni apprécier l'étendue? Laissons le champ des conjectures. Tandis que Luxeuil est connu par ses bains somptueux et que Mandeure, plus célèbre encore, possède un théâtre et

(1) Ebauche sur l'histoire des villes de Franche-Comté.
(2) M. J. Vuilleret, dont les excellentes notes m'ont aidé dans mon travail, me communique l'observation suivante : Il est à remarquer que, malgré des recherches nombreuses, je n'ai pu découvrir encore la voie romaine que Perreciot signale. Seulement j'ai trouvé et suivi une grande route, solidement pavée, depuis la Grange-St.-Germain jusqu'à Baudoncourt. Je l'ai fait reconnaître aux officiers d'état-major chargés par le ministre de la guerre de dresser une nouvelle carte de France. Cette route a ceci de singulier, qu'elle laisse Lure et Luxeuil de côté, passe entre ces deux villes, et semble se diriger vers Chalonvillars.

une administration municipale, les campagnes de Lure sont habitées et cultivées en partie. Une voie romaine les traverse. Après avoir servi à transporter dans les villes voisines les produits d'une civilisation avancée, elle ouvre la Séquanie aux barbares. Le troisième, le quatrième et le cinquième siècles sont remplis des invasions de ces hordes errantes. Celle d'Attila est la plus terrible de toutes; et Besançon, Mandeure, Luxeuil restent sous la cendre (451). Dans l'âge suivant, nous voyons les Burgundes s'établir définitivement dans nos contrées qu'ils partagent en quatre cantons, Varrasch, Scoding, Amous et Port. Ce dernier comté comprenait la seigneurie de Lure, qui avec d'immenses domaines entourés de forêts, paraît avoir été dès le 6e siècle enclavée dans l'alleu d'un barbare riche et puissant. Mais les rois Burgundes conservèrent dans le voisinage de Lure des terres domaniales qui furent recueillies par les Francs, vainqueurs des faibles descendants de Gondebaud (534). Cette propriété du fisc se nommait Saint-Quentin ou Quintinisberg. Elle était assez importante puisqu'on y éleva une maison royale (1). C'est la seule, avec le palais des rois Francs à Pontaillier, que l'on connaisse dans la province sous les deux premières races. Ces lieux de plaisance y étaient aussi

(1) Habuit namque Clotarius curtum fiscumque regalem propè monasterium (Vit. S. Deic.). — Actum publicè, præfato rege sedente apud fiscum S. Quintini, von longè ab ecclesiâ S. Deicoli. Ce sont les termes d'un diplôme de Lothaire. — Saint-Quentin est aujourd'hui le nom d'un quartier de la ville de Lure. On a trouvé dans le voisinage des débris de bâtiments, des briques, et même des tombeaux. Les anciens se souviennent d'y avoir vu une chapelle, où l'on célébrait quelquefois les saints mystères.

rares qu'ils sont communs en Alsace, première demeure de nos aïeux au-delà du Rhin.

Le sixième siècle touchait à sa fin, lorsqu'un homme extraordinaire parut dans la Bourgogne : c'était un Irlandais qui, suivi de douze hommes pauvres et laborieux comme lui, avait traversé les mers pour venir visiter au nom du Christ, les Gaules où la religion tombait en ruines. Il s'établit d'abord à Anegray, puis fonda Luxeuil où il réunit plus de six cents disciples. La Bourgogne fut remplie de son nom, et son influence s'étendit jusque dans la cour du roi Thierry. Mais bientôt ses conseils austères déplurent à ce monarque ; saint Colomban fut exilé. Cet évènement qui date de l'an 610, dispersa ses disciples et porta au loin son nom, sa doctrine et sa règle. Lui-même se réfugia à Bobio, Saint-Gall dans l'Helvétie ; saint Delle alla fonder l'abbaye de Lure. Suivons les pas de ce dernier, et ouvrons l'auteur qui a composé sa vie.

Cet ouvrage mérite une attention particulière. Ecrit par un moine de Lure dans le dixième siècle, il renferme toute l'histoire du pays depuis l'arrivée de saint Delle jusqu'à l'époque où vivait l'agiographe. Celui-ci était trop éloigné des premiers temps de l'abbaye pour réussir parfaitement. Son récit ne manque ni d'invraisemblance ni de contradictions en plusieurs endroits. Un adversaire zélé des monastères, Perreciot s'est emparé habilement de ces différents passages pour attaquer la légende toute entière. Préoccupé du désir de trouver partout des villes romaines, ce savant aussi hardi que systématique, ne peut supporter l'idée que Lure doive à saint Delle son existence ou ses agrandissements. Il exagère les défauts du légendaire et traite son œuvre comme un tissu d'absurdités et d'inepties (1). Soyons moins passionné pour être plus vrai. Pareil à ces vieillards dont la mémoire mal assurée défigure quelquefois les faits qu'elle passe en revue, le premier historien de Lure doit être écouté avec un respect qui n'exclut ni une juste défiance ni une critique raisonnable. Dépourvu des secours nécessaires pour vérifier l'exactitude des traditions, il écrit les annales d'un pays que la guerre a bouleversé plusieurs fois, et si la vérité s'altère sous sa plume, n'en accusons que le malheur des temps. D. Mabillon, discret appréciateur des légendes, nous a tracé la règle que nous devons suivre, et le judicieux Dunod l'a répétée : « La crainte d'accorder à des » faits fabuleux la foi qu'ils ne méritent point, n'est pas » un motif suffisant pour ôter toute croyance à ceux qui » y sont joints et qui sont probablement vrais. » Écoutons le légendaire sans perdre de vue une maxime si sage.

Saint Delle, né comme son maître sous le ciel de l'Hibernie, était déjà d'un âge avancé, lorsque la persécution frappa l'institut naissant de Luxeuil (610). Il prit d'abord son bâton de voyage pour partager avec ses frères les privations d'un exil lointain. Mais à quelques milles du monastère (2), les forces lui manquèrent. Il se jeta aux genoux de saint Colomban en lui demandant la permission de le quitter. Les deux vieillards s'embrassèrent pour la dernière fois, et après les plus touchants adieux, saint Delle s'enfonça dans les forêts voisines. Il s'assit au bord d'une fontaine et un berger qu'il rencontra lui servit

---

(1) PERNECTOT, Ebauche sur l'histoire des villes de Franche-Comté.
(2) Ad locum qui Vepras dicitur. Ce village a changé de nom.

de guide dans ces lieux nouveaux pour lui (1). Le sol était coupé de bois et de marais. On voyait çà et là des habitations éparses (2), des champs cultivés, et sur le penchant d'une colline un oratoire dédié à saint Martin. C'étaient la terre et l'église de Lure. Ce lieu sacré devint le refuge du voyageur. Il aimait à s'y retirer durant le si-

(1) Cette fontaine se trouve en effet entre Lure et Luxeuil, dans les bois de Saint-Germain. Selon la légende, saint Delle, comme un autre Moïse, la fit jaillir pour étancher la soif dont il était pressé, et par un nouveau miracle, il réunit autour de son bâton le troupeau du jeune berger, pendant que celui-ci lui montrait le chemin de Lure. Mettant de côté ces faits merveilleux, nous n'avons retenu que le fond de la tradition.

(2) Perreciot opposant les uns aux autres quelques passages du légendaire, cherche à le mettre en contradiction avec lui-même, parce qu'il parle tantôt d'un désert (*eremum*), et tantôt d'un concours de peuple. Mais il faut remarquer que les expressions de la légende sont presque toujours exagérées, en sorte qu'en les réduisant à leur juste valeur, on se représentera la terre de Lure non point comme une solitude, mais seulement comme inculte dans quelques endroits et mêlée de vastes forêts, retraite des bêtes sauvages. Luxeuil, au témoignage d'Adson, présentait le même aspect, lorsque saint Colomban y arriva : des bois épais, un sol marécageux et des habitations éparses. Dirons-nous avec Perreciot que l'historien de saint Valbert et l'anonyme de Lure se sont entendus pour rehausser la gloire de leur monastère et pour justifier par les travaux que leur fondateur aurait entrepris, l'oisiveté devenue naturelle aux cloîtres? Certes, les enfants de saint Delle n'étaient point oisifs dans le temps où écrivait le chroniqueur, puisqu'ils employaient leurs bras à rétablir une maison ruinée depuis deux siècles. Le complot des deux auteurs n'est guère mieux prouvé que leur paresse. Enfin, bien loin d'être invraisemblable, la description qu'ils font de Lure et de Luxeuil est parfaitement conforme à l'état de la province dans les temps anciens. Les villes étaient peu nombreuses, et l'on ne trouvait ailleurs que des habitations écartées, comme on le voit encore au-dessus du mont Jura, le long de nos frontières. C'était une suite de l'ancien usage des Germains, qui n'avaient point de villages, comme Tacite nous l'atteste. (*De more German*. 16.)

lence des nuits, pour vaquer à la prière. Cependant sa présence inquiète les habitants. Ils portent leurs plaintes devant Verfaire, seigneur Burgunde dans l'alleu duquel Lure était enclavé, et qui résidait avec Berthilde, sa femme, à Chalonvillars (1). Ce barbare informé qu'un moine étranger veut s'emparer de son église, le traite de la manière la plus indigne, jusqu'à le faire mutiler honteusement. Mais la mort subite de Verfaire venge le solitaire de cet outrage (2). Berthilde, devenue veuve, lui donne la terre de *Luthra* (Lure), celle de *Villa-Colonis*, (Chalonvillars) et de *Vivarias*, et avec le secours de ces pieuses libéralités, saint Delle élève près de sa demeure deux oratoires en l'honneur de saint Pierre et de saint Paul. Ainsi commença l'abbaye de Lure. Son fondateur rallia d'abord autour de lui quelques-uns de ses anciens compagnons que la persécution avait dispersés. Colombin, Irlandais de naissance, fut son premier disciple. Bientôt de nombreux prosélytes vinrent se joindre à eux, et ils pratiquèrent ensemble la perfection chrétienne selon les règles sévères que saint Colomban leur avait tracées.

Sur ces entrefaites, Thierry mourut ; sa race fut détruite, et la Bourgogne entière passa sous le sceptre de Clotaire II (613). Ce roi honora les évêques et enrichit les monastères. Il aimait saint Colomban qui lui avait prédit sa grandeur future ; et ne pouvant le décider à quitter

---

(1) Parochus cum officialibus Delcolum insecutus est. Perreciot veut entendre par le mot *officialibus*, les familiers de l'église de Lure. Ainsi, après avoir rejeté les faits les plus incontestables de la légende, il en presse les expressions pour leur attribuer le sens le plus inattendu.

(2) Vita S. Delcol. apud Boll. 18 Januar. N. 16 et seq., cap. IV.

l'Italie, il laissa du moins des marques éclatantes de sa bienveillance aux établissements où vivaient encore le nom et les institutions de l'illustre proscrit. Luxeuil surtout fut cher à son cœur. Il donna à saint Eustèse, abbé de ce monastère, le droit d'étendre, aussi loin qu'il le voudrait, les propriétés de sa maison. Ce fut le hasard d'une partie de chasse qui attira sur Lure les regards de Clotaire. Il possédait, dans les environs, le fisc royal de Saint-Quentin ; et les forêts des Vosges, qui en sont voisines, forêts chantées par Fortunat, peuplées d'ours, de sangliers, de chevreuils et de taureaux sauvages, à l'égal des Ardennes, présentaient un vaste théâtre à la passion immodérée de ce prince pour la chasse, et à ses lointaines excursions. Égaré dans le voisinage, Clotaire arrive à Lure en poursuivant un sanglier que ses chiens chassaient devant lui. L'animal fourvoyé se réfugie dans la cellule de saint Delle où, selon la tradition, il devient doux comme un agneau à l'aspect du vieillard. Le roi entre quelques instants après. La figure du saint abbé, sa haute taille, ses cheveux blancs, le spectacle des longues austérités dont ses traits amaigris portent l'empreinte, tout frappe, tout émeut Clotaire qui s'informe avec intérêt de la vie de son hôte. Il apprend qu'il parle à un disciple de saint Colomban. Dès-lors sa générosité ne connaît plus de bornes. « Je te donne, lui dit-il, je te livre tout ce qui m'appartient dans ces lieux en forêts, pêches royales, prés et pâturages, pour qu'il demeure perpétuellement uni à ton monastère. J'ajoute à ce don la villa *Bredana* avec son église et les vignes situées à Saint-Antoine (1). »

(1) Vit. S. Delcol. apud Boll. 18 Januar., cap. v.—Id. M. Ed. Clerc, t. 1, p. 117.

Le légendaire raconte ensuite que saint Delle fit un voyage à Rome pour soumettre son monastère à l'autorité immédiate du pape, et que celui-ci lui accorda des priviléges fort étendus. Cette assertion ne mérite aucune croyance à cause du grand âge de l'abbé de Lure qui, quelques années auparavant, n'avait pu suivre son maître dans l'exil. Elle signifie sans doute que l'abbaye, dès les premiers siècles de son existence, fut confirmée par le souverain pontife dans la possession de ses biens.

Quoi qu'il en soit, saint Delle, avant de mourir, voulut pourvoir au gouvernement de sa communauté. Il choisit pour successeur Colombin, le dernier de ses compatriotes, et le plus cher de ses disciples, et se retira dans une cellule écartée où il fit bâtir un oratoire en l'honneur de la sainte Trinité. Il y mourut plein de vertus et de jours, le 15 des kalendes de février, vers l'an 620, entre les bras de ses religieux qui, près de le perdre, étaient venus recevoir ses dernières instructions et le baiser de la paix fraternelle (1). Saint Delle sembla revivre dans son successeur. Déjà la réputation de Lure s'étend au loin. Un grand nombre d'hommes, distingués par leur naissance et par leurs richesses, quittent le siècle pour embrasser une vie plus parfaite sous la direction de saint Colombin. La piété et la science fleurissent dans le nouveau monastère; et s'il est moins renommé que Luxeuil, on le compte du moins parmi les maisons les plus chères à ce cloître célèbre où les peuples viennent chercher des évêques. La mort de saint Colombin fut, comme celle de son maître, précieuse aux yeux de Dieu, et glorieuse de-

---

(1) Boll. 18 januar. Vit. S. Delcol., cap. VI.

vant les hommes. Des prodiges signalés éclatèrent au tombeau des deux saints ; et leur culte, en se perpétuant à Lure, s'est répandu dans la Bourgogne, l'Alsace et la Lorraine (1).

Après saint Colombin, l'histoire de Lure se perd pendant plus d'un siècle dans la nuit des temps. La Séquanie n'a plus d'historiens, et l'on est réduit à des conjectures sur les questions les plus importantes. Sans doute l'invasion des Sarrasins fut fatale à notre abbaye, comme aux autres monastères. On peut en juger par la désolation des lieux voisins. A Luxeuil, l'abbé périt avec ses compagnons, et le cloître fut abandonné pendant quinze ans (732).

La race mérovingienne, en descendant du trône, ne laissait que des ruines dans la Bourgogne (751). Elles furent réparées par les Carliens, qui ouvrirent une main libérale aux maisons religieuses. Lure eut part aux bienfaits de Pepin. Plus pieux encore, Charlemagne et Louis-le-Débonnaire comblèrent cette abbaye de nouvelles faveurs. Les lettres où leurs donations étaient consignées, furent présentées, au commencement du onzième siècle, à l'empereur Henri qui en approuva le contenu (2). Ainsi se préparait, dès le temps des premiers Carliens, la haute fortune de Lure.

(1) Vit. S. Delcol. — Id. apud D. Mabillon, in actis sanct. ordin. S. Bened.

(2) Detulit nobis immunitates *Pepini* quondam regis et *Caroli* nec non et *Ludovici* bonæ memoriæ imperatoris, in quibus invenimus insertum quod vir venerabilis, Delcolus abbas, ex largitione anteriorum regum, in fisco ob amorem Dei ædificavit : ce sont les termes d'un diplôme de 1016, donné à Milon, abbé de Lure, par l'empereur Henri II.

Au concile d'Aix-la-Chapelle, tenu en 817, la règle de saint Benoît fut imposée à tous les monastères. Plus douce que celle de saint Colomban, elle la fit bientôt oublier dans les lieux mêmes où celle-ci s'était conservée le plus longtemps. Le même concile divisa les abbayes en trois classes, et leur demanda, pour le salut de l'empire, aux unes des hommes et des subsides, aux autres des subsides seulement, aux troisièmes des prières. Condat et Faverney furent rangées dans la première, Baume-les-Dames dans la seconde, Lure dans la troisième. C'est la contribution la plus facile à payer qui est imposée aux religieux de Lure. Est-ce parce qu'ils sont encore obscurs et assez pauvres, ou bien leur crédit les a-t-il fait dispenser des autres charges? Cette dernière conjecture n'est pas sans fondement. Car les abbayes les plus fameuses, comme Luxeuil, Saint-Denis et Saint-Martin, qui ne sont point nommées dans cette grande classification, semblent avoir été favorisées plutôt qu'oubliées (1).

La mort de Louis-le-Débonnaire fut suivie du démembrement de l'empire. Les deux Bourgognes comprises dans le lot de Lothaire Ier, passèrent à Lothaire II, son fils, avec l'Alsace et les provinces situées entre l'Escaut et le Rhin. Ce royaume prit de son fondateur le nom de Lotharingie ou Lorraine. Lothaire II, dès son avènement à la couronne (855), commença à disposer à son gré des bénéfices ecclésiastiques. Déjà assujettis au service militaire et aux subsides, ils se virent bientôt compris dans les partages comme les villes et les comtés, et, par un

---

(1) D. Mabillon, t. II, p. 437, ann. Bened.—Id. M Ed. Clerc, t. I, p. 160.

abus sacrilége, abandonnés à des courtisans ou à des maîtresses. Lure ne put éviter ce malheureux destin. Hicca la gouvernait lorsque le temps des plus cruelles humiliations arriva pour elle. Ici le légendaire reprend en gémissant sa narration interrompue. Comme les faits qu'elle renferme sont plus rapprochés de lui, leur authenticité est par là même mieux établie.

Lothaire II avait épousé, en 856, Thietberge, fille d'un comte de Bourgogne. Si sa passion fut vive, elle ne fut pas durable. Après un an de mariage, dégoûté de sa première femme, il voulut se jeter dans les bras d'une autre. Il aimait Waldrade, sœur de Gonthier, archevêque de Cologne. Mais, pour s'unir à elle, il fallait un divorce; il en fait la demande, et les courtisans lui ouvrent les voies du succès, en calomniant la reine.

Je ne dirai point les mauvais traitements dont Lothaire accabla sa malheureuse épouse, les épreuves judiciaires auxquelles elle fut soumise, le divorce prononcé à Aix-la-Chapelle (862), et confirmé à Metz, dans un nouveau concile, par des prélats gagnés à prix d'argent (863). Lothaire est au comble de ses vœux, et Waldrade prend plus d'empire encore sur son facile amant. Elle habitait le royal domaine de Saint-Quentin qui n'est pas fort éloigné du château de Marly, en Alsace, résidence ordinaire du roi. Cette habile enchanteresse parut souhaiter un jour la possession de Lure. C'en était assez pour que Lothaire ajoutât le sacrilége à l'adultère. Il livra donc à sa maîtresse l'antique héritage de saint Delle. La demeure des saints devint le partage du crime, Waldrade chassa de l'abbaye Hicca et ses religieux (864-865).

Cependant Thietberge tourne ses yeux vers Rome, l'asile et la défense des opprimés. Plusieurs évêques élèvent la voix en sa faveur, et Nicolas Ier ordonne que l'affaire s'instruise devant lui. On annulle les actes du concile de Metz; les évêques prévaricateurs sont punis; une menace d'excommunication est lancée contre le roi; Waldrade s'éloigne, et Thietberge recouvre, pour un instant, ses droits de reine et d'épouse. Mais l'image de sa rivale vivait toujours dans le cœur de Lothaire. Maltraitée de nouveau par son époux, elle consent elle-même à se séparer de lui, tandis que Waldrade, qui était partie pour Rome à la suite d'un légat, s'échappe en route et revient sous le toit de Lothaire, malgré l'excommunication dont elle est frappée. Nicolas meurt, Adrien II lui succède. Le roi espérant trouver dans le nouveau pape moins de fermeté, se rend à Rome où il sollicite, comme gage de sa réconciliation, l'honneur de recevoir la sainte eucharistie de la main du souverain pontife. Adrien y consent, après avoir pris les mesures qu'exigeait la prudence. Mais au moment de la communion, se tournant vers Lothaire :

« Prince, lui dit-il d'une voix haute et distincte, si vous
» avez fait une ferme résolution de n'avoir plus de com-
» merce avec Waldrade, approchez avec confiance et re-
» cevez le sacrement de la vie éternelle. Si, au contraire,
» votre pénitence n'est pas sincère, n'ayez point la témé-
» rité de recevoir le corps et le sang de votre Seigneur,
» et de vous incorporer, en les profanant, votre propre
» condamnation. »

L'excès du crime était résolu; Lothaire consomme son parjure et son sacrilège; et ses courtisans, complices de ces nouveaux forfaits, le suivent à l'autel, comme ils l'avaient auparavant favorisé et encouragé dans son adultère. Le châtiment ne se fait pas attendre. Lothaire meurt de la manière la plus tragique, sans donner aucun signe de repentir, et après avoir vu les imitateurs de sa conduite dévorés par le mal inconnu auquel il succombait lui-même (869).

A cette nouvelle, Waldrade est saisie d'une crainte mortelle. Elle s'enfuit à Remiremont pour cacher sa honte sous le voile de la pénitence. Mais, par une habile dissimulation, indice trop certain de l'attachement qu'elle conserve pour le crime, elle veut s'assurer les revenus de l'abbaye de Lure. Elle en confie la garde, sous le titre d'*avocatie*, à Eberhard, comte en Alsace, son parent et son ami (1).

Pendant ce temps-là le royaume de Lothaire se partageait entre Charles-le-Chauve et Louis-le-Germanique (870). Faverney, Poligny, Luxeuil, Lure, Baume, Haute-Pierre et Chateau-Chalon échurent à ce dernier (2). La discipline s'était affaiblie dans tous ces monastères. Plus malheureux encore, Lure ne conservait d'une maison religieuse que le nom. Eberhard s'en empare après la mort de Waldrade (925). Il s'abandonne aux plus honteux excès, renvoie Adullinde, sa légitime épouse, prend une nonne pour la remplacer, et, dit le légendaire, après avoir comblé la mesure de ses crimes, meurt misérablement, frappé, comme Hérode, par la colère divine (3).

(1) Vita S. Delcol. 18 Januar., cap. VIII, N. 18.
(2) Ce partage attribua l'abbaye de Lure à Louis, soit qu'il ne fût question que du domaine suprême, soit que ce monarque, à la prière de Waldrade, eût bien voulu confier au comte Eberhard l'avouerie de Lure. Ainsi se concilierait la possession de ce seigneur, attestée par la vie de saint Dello, et les droits de Louis le Germanique, consignés dans l'acte de 870. — (3) Vit. S. Delcol., cap. VIII, N. 38.

Ce châtiment n'empêcha pas Hugues, son fils, de jouir après lui de l'héritage sacré. Un autre fléau en dépeupla les dépendances et acheva sans doute d'en ruiner les édifices. Les Hongrois, dans deux invasions, exercèrent les plus grands ravages en Alsace et en Bourgogne (926-927). Le légendaire les a confondus avec les Sarrasins. Il assure que des barbares, ayant voulu brûler le monastère, ne purent venir à bout d'exécuter leur dessein, et que les reliques de saint Delle et de saint Colombin demeurèrent intactes au milieu de tant de désordres. Ce divin trésor fut également protégé contre des ennemis domestiques. Hildegarde, épouse du comte Hugues, voulut enlever quelques parcelles du corps de saint Delle. Elle s'approcha du tombeau avec une confiance que l'évènement devait trahir; car un tremblement de terre l'empêcha de consommer son attentat. Cette femme téméraire entreprit ensuite la même expérience sur les restes de saint Colombin. Etonnée de ne trouver aucune résistance, elle commença à douter de la vertu de ce corps, et jeta au feu avec dédain une dent dont elle s'était emparée. Mais aussitôt elle fut saisie d'une violente douleur qui dès-lors ne la quitta plus, quoiqu'elle se fût empressée de rendre la sainte relique (1).

Le comte Hugues avait trois fils, Eberhard, Hugues et Gontram. Ils habitaient Lure et l'ancien domaine royal de Saint-Quentin, lorsqu'une maladie cruelle changea les dispositions de leur cœur. Subitement paralysés de tous leurs membres, ils tournent leurs regards vers Dieu, pleu-

---

(1) Vit S. Delcol., cap. ix, N. 40. Sans discuter l'authenticité de ce fait merveilleux, je le rapporte surtout pour l'intelligence d'une charte de 1301 qui y fait allusion, comme nous le verrons plus tard.

rent avec leur père sur leurs crimes et sur ceux de leurs ancêtres, jurent de rendre aux cendres des saints l'héritage qu'ils avaient usurpé, de relever le monastère de Lure, et d'y prendre l'habit religieux. Ces vœux, prononcés sur le tombeau de saint Delle, méritent aux pénitents une prompte guérison. Dès-lors ils ne cherchent plus que l'occasion d'exécuter leurs pieux desseins.

Le nom de Baltram était venu jusqu'à eux. Baltram était alors abbé d'Analesberg en Alsace (1). L'empereur Othon l'honorait de son estime, et venait souvent le visiter, chargé de présents pour ses religieux et pour lui. Cependant Baltram songeait à quitter sa retraite, parceque les évêques de Metz et de Strasbourg s'en disputaient la juridiction. Ayant pris le parti d'aller mourir à Rome, auprès du tombeau des saints apôtres, il distribuait déjà ses biens aux pauvres, lorsqu'il vit arriver les trois fils de Hugues qui lui offrirent le gouvernement de Lure. Baltram envoya d'abord Werdolphe, son neveu, pour explorer le pays, et, sur le rapport qu'on lui en fit, il se rendit aux désirs des trois suppliants, à condition qu'ils remettraient le monastère aux mains de l'Empereur de qui il le

---

(1) Ce lieu est inconnu. Les érudits ne s'accordent pas sur le nom qu'ils donnent à l'abbaye où vivait Baltram. Les uns la nomment *Alcalsberg*, d'autres *Analesberg* ; Dunod, à son tour, l'appelle *Laversberg* ; tandis que, selon Schœpflin et Grandidier, il faudrait lire *Calonisberg* ou *Calonesberg*. C'est Schœpflin qui a donné l'édition la plus correcte du diplôme d'Othon-le-Grand, et sa version doit être prise en grande considération. En l'adoptant, M. Duvernoy l'entend de la hauteur qui domine Chalonvillars, nommé *Calonis villa* dans les documents du moyen-âge ; ce qui ferait croire que les religieux de Lure, après l'usurpation de Waldrade, se retirèrent sur cette montagne, et que leur exil s'y prolongea jusqu'à leur rétablissement dans l'abbaye de saint Delle.

recevrait lui-même. Othon agrée cette proposition, par le conseil des évêques et des seigneurs qui composaient alors sa cour. Il accepte la terre de Lure et la donne à Baltram. Le titre de cette donation nous apprend que Lure doit demeurer sous la garde des empereurs, qu'elle sera exempte de toute juridiction épiscopale, que ses religieux auront le libre pouvoir de choisir leur abbé, qu'ils professeront la règle de saint Benoît, enfin qu'ils dépendront immédiatement du pape à qui ils paieront annuellement un cens de cent sicles d'argent. Othon ajouta à ce magnifique présent le don d'un de ses propres domaines (1), et Baltram, muni de la charte où les volontés impériales étaient exprimées, entra dans sa nouvelle abbaye la veille de la fête de saint Simon et de saint Jude, au mois d'avril 959. Cet homme de Dieu releva le cloître, agrandit l'église abbatiale qui était dédiée à la Vierge, et mourut, dans la même année, la veille de l'Assomption, comme une révélation le lui avait appris longtemps auparavant. Il fut enseveli à droite du maître-autel, et son tombeau devint célèbre par des miracles (2). D. Mabillon le compte parmi les saints de l'ordre de saint Benoît; d'autres auteurs lui donnent seulement le titre de bienheureux (3).

Selon Vibert qui a écrit l'histoire de Léon IX, les fils de Hugues n'embrassèrent la vie monastique que dans leur vieillesse (4). Tous trois sont renommés par les maisons

---

(1) Concedit eidem prædium in loco qui dicitur Wolvesheim (Wolfisheim) et Rolesheim (Rosheim). Charte de 959.

(2) Vita S. Deicol. 18 januar., cap. x, N. 41 et seq.

(3) Acta sanct. ord. S. Bened., vii, p. 277-278.

(4) Circà senium, abjectâ omni superbiâ generis et luxu mundi, induerunt humilitatem vitæ (Cap. i.).

illustres auxquelles ils ont donné naissance. Eberhard, l'aîné, est la tige de la maison de Lorraine. De Hugues sortit celle des comtes d'Eguisheim et de Dasbourg dans laquelle naquit le pape Léon IX. Gontram fut le père de Landold, premier auteur de la maison d'Autriche (1).

Werdolphe, neveu de Baltram, gouverna Lure après lui. Il se distingua par son amour pour la chasteté, et le légendaire le compare à une lampe, symbole de la pureté et de la science. C'est à Werdolphe que la vie de saint Delle est dédiée. Elle fut composée après la mort d'Othon-le-Grand, qui arriva en 974 ; car l'auteur y parle de ce prince comme n'étant plus au monde. Quant à l'historien de Lure, c'était certainement un religieux, puisqu'il entreprit sa chronique par les ordres de l'abbé, et qu'il appelle saint Benoît son bienheureux père. Bollandus en avait néanmoins douté, parce que, dit-il, le légendaire n'a point exprimé sa qualité dans la préface. Il est vrai qu'on ne peut rien tirer de ce morceau, tant il est obscur. Mais cette circonstance est suffisamment indiquée ailleurs. Nous avons apprécié la valeur historique de la légende. Elle n'est pas sans intérêt, considérée seulement sous le rapport littéraire.

Le dixième siècle dans lequel on compte six famines, treize pestes et des guerres presque continuelles, n'était pas favorable à la culture de l'esprit. Cependant les monastères de la Bourgogne offrent encore quelques noms illustres dans les annales des belles-lettres. A Luxeuil, Adson et Constance soutiennent la gloire de cette école

(1) Le Père Laguille, histoire d'Alsace, LXIII, p. 152 et suiv. — Id. D. Calmet, hist. de Lorraine, ch. LXIX, p. 164. — Id. M. Ed. Clerc, t. I, p. 227.

fameuse qui, depuis saint Colomban, n'avait pas cessé d'être fréquentée par une brillante et studieuse jeunesse. Nourris au milieu des souvenirs les plus glorieux, animés par les exemples de leurs devanciers, ils avaient à leur disposition une bibliothèque nombreuse. S'ils sont supérieurs à l'anonyme de Lure, il faut tenir compte de certaines différences. Cette abbaye, si longtemps humiliée, n'offrait pas les mêmes ressources. Elle sortait à peine de ses ruines. Ainsi quel que soit le mérite des écrivains qu'elle produit, c'est un noble et touchant spectacle de voir ces nouveaux religieux partageant leurs veilles entre la prière, l'étude et le travail manuel, relever d'une main les murs du monastère et de l'autre recueillir et préparer les matériaux de son histoire.

Le style du légendaire est chargé d'expressions emphatiques, et il affecte quelquefois les tournures de la poésie. Ce défaut de naturel rend l'ouvrage fort difficile à lire. Sous le rapport de l'érudition, il me semble plus remarquable. L'Écriture sainte était familière à l'auteur qui en tire des comparaisons fréquentes. Il possédait assez bien l'histoire des Gaules, puisqu'il consacre un chapitre tout entier à énumérer les titres de nos principales églises. D'autres passages révèlent en lui quelque connaissance de l'antiquité. Parlant du manteau de saint Delle, il nous apprend par quel mot les Grecs désignaient ce vêtement (1), et plus loin il fait allusion à l'opinion des philosophes anciens sur l'émission des rayons solaires (2).

(1) Birrum, quod Græci amphiballum vocant. (*Amphi ballôn.*)

(2) Radium solis quod nihil aliud est, juxtà definitionem philosophorum, nisi crassitudo aeris et illustratio solis (Vit. S. Delcol. N. 20.).

CHAPITRE II.

Origine des droits régaliens.—Opinion de D. Berthod.—Lure, fief de l'empire.—Réfutation du système de Dunod.—Diplôme de Henri II. Léon IX protège les possessions de l'abbaye.—Condition des habitants pendant les siècles de la féodalité.—Rapports de Lure avec le diocèse de Besançon.—De quelques seigneurs, voisins de l'abbaye.—Frédéric II la prend sous sa protection.—Bulle d'Alexandre III, en faveur de cette maison.—Thiébaud, abbé de Lure, porte le titre de prince de l'Empire.

Dans l'époque que nous venons de parcourir, plusieurs faits ont excité au plus haut degré l'attention des savants. Il importe de les discuter et d'en apprécier la portée. D. Berthod voulant déterminer le temps où l'abbaye de Lure commença à jouir des droits régaliens, croit découvrir l'origine de cette puissance dans la donation de Clotaire II (V. p. 9). Il en cite, il en pèse les expressions, les compare avec celles qui caractérisent les autres donations de la même époque, et après avoir établi certaines différences, il conclut que la concession de Clotaire II s'étend jusqu'aux attributs de la souveraineté (1). Un historien

(1) « De peur d'affaiblir la force de cette donation, dit le savant Béné-
» dictin, il faut en citer les termes tels que nous les a conservés l'auteur des
» actes de saint Delle : Omnia quæ apud sanctum Antonium juris mei
» dicuntur, liberâ traditione tibi trado. Ces mots renferment une do-
» nation singulière et peu usitée. Marculphe ne nous en a point laissé de
» pareilles dans ses formules. Voici pour l'ordinaire les termes dans les

récent a fait sentir combien D. Berthod s'était exagéré l'importance de ce titre. L'abbaye de Lure s'élevait à peine, elle était pauvre et obscure. Comment aurait-elle eu les attributs de la souveraineté, tandis que Luxeuil et Condat ne les possédaient point encore, malgré la réputation dont ils jouissaient? Pour établir un fait aussi grave, il faut, ce semble, une autorité plus forte que celle du légendaire de saint Delle, moine inconnu, qui écrit quatre siècles après l'évènement, et à qui on ne doit accorder qu'une médiocre confiance. Peut-on, avec D. Berthod, peser mot-à-mot le texte de cette légende, comme celui d'une charte incontestée; et, à le prendre même à la lettre, ce n'est autre chose qu'une cession de *propriété* faite par le prince, sur certaines terres, avec un droit utile dans les pêches royales (1). Quant à la cession du droit de *souveraineté*, M. Ed. Clerc ajoute, avec beaucoup de

» quels elles sont conçues : Do, concedo villas cum omnibus appendiciis
» et juribus. La concession de Clotaire dit tout cela, elle dit plus encore :
» non seulement ce prince donne toutes les appartenances et les droits at-
» tachés à la chapelle de saint Antoine, mais il cède de plus les siens,
» ceux qu'il possédait à cause de sa couronne. Il donne tout : omnia quæ
» juris mei dicuntur tibi liberaliter trado. »....

D. Berthod continue : « Plus on réfléchit sur la donation de Clotaire,
» plus on a lieu de se convaincre qu'il détacha de sa couronne un grand
» nombre de régales pour enrichir le monastère de Lure...... Parmi les
» biens qu'il lui assigna, il en est un auquel on ne peut refuser la qualité
» de droit régalien, c'est la pêche : *In piscationibus regalibus*. Cette
» épithète *regalibus* signifie sans doute quelque prééminence. Pourquoi
» l'auteur des actes l'aurait-il insérée dans la donation de Clotaire, si elle
» n'eût rien annoncé de particulier ? et que pourrait-elle dire, sinon
» quelque inspection, quelque autorité dont le prince voulait accompa-
» gner son bienfait? » (Mém. de l'académie de Besançon, concours de
1762, dissertat. de D. Berthod.)

(1) Essai sur l'histoire de la Franche-Comté, t. I, p. 118.

justesse, que jusqu'au XIIe siècle, l'on n'en aperçoit nulle part aucune trace. A la vérité, c'est à dater de ce temps, ou plutôt au commencement de l'âge suivant, que les titres de prince et la possession de droits régaliens paraissent dans les actes de Lure; les reprises de fiefs deviennent communes : la puissance de cette maison est définitivement établie. Mais tout ce qu'on peut en conclure, c'est qu'il faut remonter un peu plus haut pour découvrir la source de cette brillante fortune.

Je ne chercherai point à fixer par des conjectures plus ou moins fondées le temps précis où elle commença. Rappelons seulement les évènements qui l'ont préparée.

Les Mérovingiens avaient doté Lure avec magnificence. On ne peut avoir aucun doute sur la nature des premiers biens de ce monastère. Les uns appartenaient au domaine royal (1); les autres formaient l'alleu d'un seigneur Burgunde. Quel fief eut une origine plus distinguée? Mais saint Delle et ses successeurs immédiats, contents d'en jouir sous le bénéfice des immunités ecclésiastiques, ne s'occupent point d'étendre leurs droits, et n'affectent aucune espèce d'autorité. Nous avons cité des donations de Pepin-le-Bref, de Charlemagne et de Louis-le-Débonnaire. Si on en juge par l'usage qu'en fit l'abbé Milon auprès de l'empereur Henri II, elles renfermaient d'assez beaux priviléges. L'usurpation de Waldrade interrompit le cours de ces prospérités. Mais Lure se releva sous Baltram, et devint fief de l'empire. Cet évènement, le plus décisif de tous, hâta les progrès de sa grandeur. Il est intéressant d'étudier la charte qui le constate. Othon-le-

---

(1) Quod vir venerabilis Delcolus abbas ex largitione regum in fisco (terre domaniale) ob amorem Dei ædificavit. Diplôme de Henri II, (1016.)

Grand, en remettant l'abbaye à Baltram, déclare qu'elle demeurera sous le patronage des rois francs, *sub mundiburdio regum francorum*. Dunod applique cette expression aux rois de Bourgogne, et il fait des efforts infinis pour lui donner une couleur favorable à son opinion. « Othon, dit-il, ne disposa de Lure qu'en vertu » du droit qu'il tirait d'un roi de Bourgogne, par la mé- » diation d'Eberhard et de Waldrade. La justice deman- » dait qu'il en conservât la souveraineté à Conrad, son » beau-frère, qu'il aimait, et dont il avait gouverné les » Etats, pendant que ce prince était trop jeune pour sou- » tenir lui-même un si grand fardeau » (1). La réserve dont nous avons cité les termes, *sub mundiburdio regum francorum*, doit s'entendre, au contraire, d'Othon et de ses successeurs. Ce prince, dans les diplômes, prenait le titre de roi de France, à cause de son origine (2). De même c'est par allusion aux partages de la monarchie carlovingienne que l'Allemagne, dans ces temps reculés, est appelée souvent France-Orientale. Dunod n'est pas plus heureux en voulant expliquer à quel titre l'Empereur disposa de l'abbaye de Lure; car, avant Baltram, selon l'auteur presque contemporain de la vie de saint Delle, cette terre était déjà sous l'*avocatie* de l'empire (3). A défaut de ce témoignage, d'autres faits l'indiqueraient suffisamment. Othon-le-Grand était le Charlemagne du

---

(1) Dunod, hist. de l'Eglise de Besançon, t. II, p. 131-132.

(2) V. dans *Muratori*, Antiq. Ital., diss. 65, v. 454, un diplôme de 952; il est d'Othon lui-même qui le date de la première année de son règne en Italie, et de la seizième de son règne en France. (Note de l'Essai sur l'histoire de la Franche-Comté, t. I, p. 228, not. 2.)

(3) Vit. S. Dele. apud Boll. 18 Januar., tit. IX, N. 45.

X⁰ siècle. Il dominait des deux côtés du Rhin, et joignait à l'empire d'Allemagne la Lorraine, et le gouvernement de la Bourgogne-transjurane. Il s'était emparé par surprise de la personne de Conrad, roi transjurain, qui, presque encore enfant, était monté sur le trône en 937. Le prince grandit dans les camps de l'Empereur et revendiqua sur la Cisjurane les anciens droits de sa couronne. Il est certain qu'il les recouvra : car c'est l'époque où se perdent les dernières traces de la puissance des Francs dans le comté de Bourgogne. Mais au milieu de l'anarchie qui régna dans la X⁰ siècle, Othon-le-Grand avait habilement profité de la jeunesse de son pupille et de l'affaiblissement de la monarchie des Francs, pour agrandir sa domination. Dès 940, Luxeuil lui obéissait. Lure, l'Elsgaw, pays où sont Montbéliard, Héricourt, Belfort, Delle et Porrentruy furent de même unis à l'empire. Ainsi notre abbaye ne reconnaît plus d'autres maîtres que les empereurs. C'est d'eux qu'elle tient ses chartes, ses priviléges ; son histoire devient presque étrangère à la Bourgogne.

Othon II, moins redouté que son père et prédécesseur, se vit disputer l'ancien royaume de Lorraine par Lothaire, fils de Louis-d'Outremer. Cet ennemi puissant occupa le pays de 978 à 980, et reçut même des Etats assemblés à Metz, le serment de fidélité. La guerre qu'il soutint contre l'Empereur, ne l'empêcha point d'habiter quelque temps la maison royale de Saint-Quentin. Car nous avons une charte, écrite dans ce palais, par laquelle il donne à Hicco, abbé de Lure, trois églises et dix colonges avec chacune d'elles (1). Lothaire se retira bientôt, et les provinces

(1) Tradidi ex propriâ hæreditate Ecclesias tres cum decem colo-

qu'il avait conquises rentrèrent sous la domination d'Othon.

Une grande révolution signala, dans le Comté, les premières années du XI⁰ siècle. Othe-Guillaume, comte supérieur de ce pays, cherche à s'affranchir de l'hommage qu'il devait à Rodolphe, roi de la Bourgogne-transjurane. L'épiscopat est humilié, et tandis qu'il achète la paix de ce vassal rebelle, par des concessions fatales aux droits de l'Eglise, le suzerain, réduit à l'aumône au milieu de ses domaines envahis, semble se consoler sur son trône chancelant, en donnant à quelques abbayes des biens qui peut-être ne lui appartenaient déjà plus. Lure obtint des

---

nicis uniuscujusque, quæ vulgo dicuntur *Reves*, *Tavellas* et *Domnus Benignus*. Les deux premières sont Roye et Tavye ; on dispute sur la troisième. M. l'abbé Richard (Recherches sur Neufchâtel, 23) l'entend de Dambelin, parce que ce village a saint Delle pour patron. On l'applique aussi à Dambenoît-les-Luxeuil : et cette interprétation me semble plus vraisemblable que la première. Si l'on recourt à l'étymologie des deux mots, on trouvera plutôt *Domnus Benignus* dans Dambenoît que dans Dambelin. Selon Bullet, Dambelin tire son nom de *Dam*, vallon, et de *Bal* ou *Bel*, rivière. Au contraire, Dambenoît-les-Luxeuil, dont l'église est sous le vocable de saint Benigne, ne peut s'expliquer que par *Domnus Benignus* ou *Dominus Benedictus*.

Essayons de fixer la date de cette donation. D'après l'ancien cartulaire de Lure, Lunigius, (T. V, Cont. I, p. 901) lui assigne celle de 880 ; ce qui est évidemment faux, puisque Lothaire II, roi de Lorraine, mourut en 869. Le style du diplôme dément d'ailleurs cette opinion. Il est plus conforme à la vraisemblance de rapporter la charte au dixième siècle, en l'attribuant à Lothaire, fils de Louis d'Outremer, roi de France et monarque temporaire du royaume de Lorraine. Elle fut sans doute écrite en 980, et on ne peut expliquer que par une erreur de copiste la date plus ancienne que donnait à ce titre le cartulaire de l'abbaye.

empereurs des priviléges plus durables. Jaloux de se rattacher à un maître puissant par les liens d'une obéissance étroite, l'abbé Milon se rend, en 1016, à Kembs auprès de Henri II, et vénérant en lui le successeur de Pepin, de Charlemagne et de Louis-le-Débonnaire, il lui présente les titres où ces souverains avaient consigné le souvenir de leurs bienfaits envers Lure. Il demande à être confirmé dans la possession de ses biens et de ses priviléges, et il sait intéresser l'impératrice Cunégonde au succès de sa prière. Henri ne se contenta pas d'assurer aux religieux la paisible jouissance de leurs domaines et la liberté d'élire leur abbé. Il défendit expressément par la même charte, à tout juge, quel qu'il fût, d'exercer aucune juridiction sur leur territoire et sur ses dépendances, ou d'y percevoir aucun droit civil ou ecclésiastique. Si cette charte n'est pas déjà une investiture des régales, elle établit, du moins d'une manière décisive, l'époque à laquelle on en trouve les premières traces. Cette exemption, l'une des plus étendues que l'on connaisse, attribue implicitement à l'abbaye l'exercice de la justice en dernier ressort, que tous les jurisconsultes regardent comme un attribut incontestable de la souveraine puissance. Ils lui assignent encore d'autres caractères, comme le droit d'établir des lois, de créer des officiers, de faire la paix ou la guerre, de battre monnaie, d'accorder des grâces, de se qualifier *par la grâce de Dieu*. La suite de cette histoire nous apprendra que Lure a usé successivement et même simultanément de ces différents pouvoirs.

Dunod, adversaire déclaré des fiefs de l'empire, a cherché à concilier son opinion avec le diplôme de Henri II. Selon lui, l'Empereur, en disant qu'il a recouvré notre monastère sur les descendats de l'usurpateur Eberhard, n'a point voulu parler de sa restauration par Othon-le-Grand. Tel est cependant le vrai sens de ce passage, puisque l'acte de restauration n'avait pas d'autre but que de mettre fin à l'usurpation. Mais Dunod était égaré par la fausse interprétation qu'il avait donnée à la charte de 959. Aussi, en l'adoptant, est-il obligé d'expliquer d'une manière plus bizarre le diplôme de Henri II. Il cite ces mots: *Quod præfatum monasterium, ab Eberardo injustè sibi usurpatum, justè et legaliter consecuti sumus*, et cette possession si clairement exprimée, ferait, si on l'en croit, allusion à un titre plus récent que l'acte d'Othon-le-Grand, à un titre donné plus de cinquante ans après le rétablissement de Lure. Quel est donc ce titre nouveau? C'est, dit Dunod, un traité fait à Mayence, et plus tard, confirmé à Strasbourg, par lequel le malheureux Rodolphe cède à Henri II le royaume de Bourgogne. Quoi de moins raisonnable que de rapporter à cette donation un passage qui ne la rappelle en aucune manière, tandis que la charte d'Othon offre une explication plus simple et plus naturelle! D'ailleurs, le règne ou plutôt l'influence de l'Empereur en Bourgogne ne commença que vers l'an 1019. S'il protégeait Luxeuil dès l'année précédente; si, en 1016, il renouvelait les priviléges de Lure, ce n'était donc point en vertu de la donation du trône de Rodolphe, dont la valeur fut longtemps contestée, et dont la date demeure encore incertaine. L'opinion de Dunod est condamnée sans retour (1).

Vers 1034, Durand succéda à Milon dans le gouvernement de Lure, et prêta serment d'obéissance à Hugues Ier,

---

(1) Dunod, hist. de l'Eglise de Besançon, t. II, p. 132—133.

archevêque de Besançon (1). Il fut remplacé par Gérard. Sous l'administration de ce prélat, l'abbaye déjà si chère aux empereurs, ne le devint pas moins aux souverains pontifes. Elle avait des titres particuliers à la bienveillance de Léon IX. Ce grand pape, autrefois évêque de Toul, descendait de Hugues, l'un des trois seigneurs qui, ayant reconnu l'usurpation de leurs pères, rendirent l'héritage de saint Delle à sa destination première. Léon IX n'avait rien à refuser au souvenir d'une pénitence si glorieuse pour sa maison. Élevé sur le siége de saint Pierre, au commencement de 1049, il donna, l'année suivante, à l'abbaye de Lure, un témoignage de son affection, par une bulle qui confirmait ce monastère dans la possession de ses biens et de ses priviléges. Ce titre, perdu aujourd'hui, faisait connaître que le cloître était situé à l'entrée de la ville et non loin de l'église Saint-Martin. A l'aide de ce document précieux, il eût été facile de déterminer l'importance et l'étendue de la ville vers le milieu du XIe siècle. Sans doute elle se forma peu à peu autour de l'abbaye; mais ses progrès durent être lents, parce que l'esclavage était la condition de ceux qui l'habitaient. Leur sort ne s'améliora qu'au commencement du XVe siècle, lorsqu'ils reçurent des chartes de franchise. Jusqu'à ce moment ils n'interviennent dans aucun acte politique. Masse inerte et ignorée, attachée à la glèbe comme l'arbre au sol qui l'a vu naître, ils n'appartiennent pas encore à l'histoire. Ils travaillaient avec découragement une terre qu'ils ne pouvaient quitter et dont les fruits n'étaient point pour eux. Des marais stagnants, des habitations malsaines, les champs les plus fertiles cultivés sans intelligence, tel était l'aspect

(2) DUNOD, hist. de l'Eglise, t. I, p. 215.

de la campagne de Lure, aujourd'hui si riche et si variée dans ses produits. L'industrie ne pouvait naître que de la liberté.

On a dit que les moines en général n'assujettissaient point à la main-morte les bourgs voisins de leur monastère. Cette remarque de M. Droz est justifiée par un grand nombre de preuves. Si Lure fait exception à ces honorables exemples, il faut tenir compte des circonstances où son rôle politique a commencé et de la durée qu'il a eu.

Selon Montesquieu, tout était serf au commencement de la troisième race. Partout les fonds étaient donnés, vendus ou échangés avec les esclaves qui les cultivaient. Leur nombre déterminait seul la valeur de la terre. Car parmi les hommes réduits en servitude, l'émulation ne supplée jamais le nombre. C'est dans ce siècle de fer que Lure, devenu fief de l'empire, acquiert une existence indépendante. Les violences des seigneurs, les guerres privées, une anarchie presque générale sont les traits caractéristiques de cette époque. L'abbaye a des troupes à lever pour fournir son contingent aux armées de l'empire, et le plus souvent pour se défendre elle-même. Il lui importe de s'assurer des soldats. Comme elle ne peut en trouver de plus dociles que parmi les serfs, elle se gardera bien de se priver de cette ressource et de se créer des ennemis domestiques, en accordant trop tôt à ses sujets le présent de la liberté. Du reste, on vit alors beaucoup d'hommes libres faire le sacrifice de leur condition pour se procurer un asile, du pain et un appui. Ils venaient à la porte des monastères, se déclarer esclaves du saint qu'on y honorait, et bâtissaient à l'entour d'humbles cabanes pour abriter leur misère. Les moines les traitaient avec douceur ; et quoique la liberté soit toujours le premier besoin de l'homme, comme le plus imprescriptible de ses droits, on conçoit que nos pères aient préféré à une indépendance précaire l'espérance de vivre en paix sous la sauve-garde des couvents. La religion seule avait conservé quelque influence sur la société des temps féodaux. Ses autels étaient le refuge de l'infortune, ses ministres en étaient les protecteurs.

Je ne sais si dans la terre de Lure quelques familles échappèrent à la servitude. Les chartes du XII° et du XIII° siècle parlent des sujets de l'abbaye tant libres qu'esclaves, *tàm ingenuis quàm servis*. Mais faut-il prendre cette expression à la lettre ? On la trouve dans les titres d'investitures accordés aux abbés par les empereurs. Ce n'est peut-être que la répétition d'une formule usitée dans tous les actes de la même espèce. Reconnaissons du moins que, s'il y avait des hommes libres, ils étaient en très petit nombre, puisqu'au commencement du XV° siècle, le servage était encore la condition générale des habitants.

Après Gérard qui reçut, en 1050, la bulle de Léon IX, Lure ne nous est connue, jusqu'à la fin du XI° siècle, par aucun document local. L'empereur Henri IV, dans ses querelles avec le saint siége, sut attacher à son parti Hugues II, archevêque de Besançon et les autres prélats de nos contrées. Il est à croire que les abbés de Lure, dont les intérêts étaient encore plus particulièrement liés à ceux de l'empire, adoptèrent la même couleur religieuse. Constatons aussi que le monastère fut désolé par les deux famines de 1060 et 1077, et par la terrible épidémie de

1094. On ne saurait en douter d'après la chronique de Moyen-Moûtier, où on lit le passage suivant : « En 1097, Hugues, religieux de ce monastère, quitta le couvent pour répandre au loin les ardeurs de la piété dont il avait été subitement enflammé. Prédicateur de la vie cénobitique, il fonda en quelques années les prieurés de Belval, non loin de Châtel-sur-Moselle, de Liomont à Lunéville, de Xures et de Clermont. Le triste état de Lure le toucha de compassion, et il fut fort utile aux religieux de cette abbaye, soit pour payer leurs dettes, soit pour réparer les édifices ruinés (1). »

Une charte de la fin du même siècle fait aussi mention de Lure. C'est une bulle du pape Urbain II, adressée à Hugues III, archevêque de Besançon (1096, 27 juin). Le souverain pontife, en envoyant le pallium au prélat, énumère les églises et les abbayes soumises à son siége métropolitain. Baume-les-Dames, Château-Châlon, Vaucluse, Hautepierre, Lure, Luxeuil et Faverney sont compris dans ce dénombrement (2). Ainsi, quoique séparée du Comté, Lure n'a jamais cessé de faire partie du diocèse de Besançon. Il paraît même que, malgré ses priviléges d'exemption, nos archevêques ont exercé quelque juridiction sur elle. En 1118, Anséric y autorisa la translation des reliques de saint Colombin. Hugues, fils du comte Gérard d'Eguisheim, est désigné comme gardien de l'abbaye, dans la charte de cette translation. Humbert gouvernait alors la communauté ; il se dit abbé *par la grâce*

(1) D. CALMET, histoire de Lorr. t. II, p. justif. LXXIX.—Cette chronique fut écrite vers 1320 par Jean de Bayon, religieux dominicain, retiré à Moyen-Moûtier.

(2) DUNOD, hist. de l'Eglise, t. I, p. 158.

de Dieu (1). Ne nous étonnons point que, malgré la protection des empereurs, Lure confie aux seigneurs du voisinage la garde de ses droits. Depuis le XIe siècle, les moines mêmes les plus puissants étaient continuellement troublés dans leurs cloîtres par les incursions des nobles ou par les guerres que ceux-ci se livraient entre eux. Ils recherchèrent donc l'alliance de ces dangereux voisins. Ils la payaient par une somme d'argent ou par des redevances annuelles en cire et en grain, mais le plus souvent en partageant les revenus de leur maison avec leurs protecteurs. On appelait *pariage* une telle association.

Les sires de Faucogney dont cent-vingt villages et hameaux composaient la baronnie, eurent avec Lure des rapports fréquents qui remontent vers 1147. Henri, l'un d'eux, donna le droit de pâturage dans toutes ses terres à la maison de *La Font* qui appartenait à notre abbaye (2). Les comtes de Montbéliard, beaucoup plus redoutables par la puissance de leurs armes, entretenaient aussi des relations amicales avec les religieux. Amédée se trouvait à Lure vers 1167. Il y reçut de Gaucher d'Oricourt un acte de renonciation à tous les droits que celui-ci revendiquait sur certains domaines de l'abbaye de Bellevaux. Le comte se

---

(1) Pièces justificatives, N. 1.

(2) Cette maison tirait son nom d'un gouffre très-poissonneux qui sépare la ville de l'abbaye. Il a environ 400 mètres de circonférence, sa figure approche de l'ovale ; il s'enfonce obliquement dans le sol et on ne saurait en mesurer la profondeur. Le trop plein s'en écoule par un canal qui, après avoir alimenté un lavoir et l'abattoir public de Lure, reçoit ses eaux de plusieurs sources, forme un ruisseau connu sous le nom de la *Reigne*, et va se réunir à la fontaine Saint-Delle plus haut que le village du Magny-Vernois.

fit lui-même la caution de cet engagement (1). Environ quinze années auparavant, Lure avait été, comme le pays de Montbéliard, le témoin et peut-être la victime des ravages du duc Berthold IV de Zæhringen. On sait que ce prince se jeta dans la haute Bourgogne, et que de sanglants combats la dépeuplèrent en partie. C'était Frédéric-Barberousse qui, par un traité conclu avec Berthold, avait suscité ce farouche ennemi à la province dont il méditait lui-même la conquête. Une alliance plus douce lui assura l'objet de son ambition. Il épousa, en 1156, Béatrix, héritière de nos comtes, et devint par ce mariage souverain immédiat de tout le pays. Les historiens de la Comté ont fait voir combien il fut favorable aux évêques et aux monastères, et avec quelle générosité il leur dispensa ses faveurs. Ulric, abbé de Lure, se plaignit à lui des vexations auxquelles il était en butte. Frédéric l'accueillit favorablement et le prit sous sa protection spéciale, espérant, disait-il, que les religieux reconnaissants prieraient pour lui, pour l'impératrice et pour la stabilité de l'empire. Tous les droits du monastère furent rappelés et garantis par la charte de Frédéric-Barberousse. Elle fut donnée à Montbarrey, au mois de novembre 1157, et signée au milieu d'une cour nombreuse, par les plus hauts personnages, l'archevêque de Besançon, les ducs de Lorraine et de Bohême, Ulric, comte de Lentzbourg, Hugues, comte de Dagsbourg, et autres, tous, comme l'abbé de Lure, membres et princes de l'empire (2).

(1) Collection diplom. de M. Duvernoy.
(2) Collection diplomatique de M. l'abbé Brocard. L'abbaye de Lure est qualifiée *royale* dans le diplôme de 1157. Si l'abbé ne porte pas encore le titre de prince, il a déjà, ce semble, tous les honneurs qui y sont attachés.

Guy, successeur d'Ulric, obtint du pape Adrien IV des priviléges qui furent rappelés, quelques années après, par Alexandre III, dans une nouvelle bulle adressée au même abbé. Ce dernier acte renferme l'énumération des églises et des autres possessions du monastère : ce sont Lure, Vouhenans, Pont, Bouhans, Genevreuille, Vyt, Plancher, Frahier, Chalonvillars, Tavel, Dambenoît, Lioffans, Frotey et trois autres villages dont on ne connaît point exactement le nom moderne (1). Ces différents lieux sont situés dans le diocèse de Besançon. Le pape nomme en outre six églises de la Haute-Alsace, et rappelle la donation faite par Henri de Faucogney à la maison de Lafont, l'une des dépendances de l'abbaye. Il prononce des peines canoniques contre ceux qui oseraient porter la main sur ses biens et les dévoue à toutes les rigueurs de la vengeance divine: on lit encore dans la bulle, qu'un tribut annuel de dix sols bâlois sera payé par les religieux à la chambre apostolique (1178). Guy se démit de l'abbaye de Lure. Il vivait encore en 1189, époque où il figure sous le titre d'ancien abbé, parmi les témoins d'un acte fait par Thierry archevêque de Besançon, au profit des religieux de Bithaine (2).

A la mort de Frédéric, Henri VI, son fils aîné, monta sur le trône de l'empire. On a une charte, datée de 1196, qu'il signa entre Lure et Luxeuil, en se rendant à Besançon avec le comte Othon, son frère. Celui-ci donnait en fief, par cet acte, à Frédéric de Breuche la moitié du château et la fontaine salée de Rosières, en Lorraine. Ce fut

(1) *Balleto* (Baulay?) *Bracteos* (Breuche ou Brotte?) et *Gur* (Gruey). Collect. diplom. de M. l'abbé Brocard.

(2) Manuscrit du père Dunand sur les abbayes de Franche-Comté.

sans doute alors qu'Henri VI renouvela les priviléges de Lure, par un titre dont son fils Frédéric II fait mention dans un diplôme de 1218 (1).

Au commencement du siècle suivant, Thiébaud de Faucogney occupait le siége abbatial. Il tint pendant quelque temps le prieuré de Chaux, en vertu d'une concession de l'abbé de Cluny. Le premier acte qui nous le fait connaître est un échange conclu au mois de mai 1215 avec le doyen de Saint-Paul. Celui-ci cède au prieuré ses droits sur les églises de Branne et de Roche, et il reçoit en retour tout ce qui dépendait de ce bénéfice à Chazelot et à Mailley, en hommes, terres, prés et autres biens (2).

Sous le gouvernement de Thiébaud, plusieurs seigneurs firent à l'abbaye de Lure des dons abondants. Deux frères, Guy et Henri de Montjustin se montrèrent surtout fort libéraux envers elle. Ils lui cédèrent six parts sur dix dans tout ce qui leur appartenait à Froideterre (2 mai 1220) (3). Othon, chevalier et avocat de Montbéliard, lui assigna à son tour un cens sur les rentes qu'il possédait à But et à

---

(1) M. Ed. Clerc, t. I, p. 385. — Inventaire des titres de l'abbaye. Dissert. de M. Droz, concours de 1762.

(2) Collect. diplom. de M. Duvernoy.

(3) Note de M. Duvernoy. — L'Inventaire de l'abbaye de saint Vincent cite un acte de 1223, scellé des sceaux de Thiébaud, abbé de Lure, et de Gérard, abbé de Bithaine, par lequel Anne, femme de Guy de Montjustin, cède aux religieux de saint Vincent une partie des dîmes de la paroisse de Vyt. (T III, N. 1308.) On trouve dans ce même recueil l'indication d'un accord conclu entre l'abbaye de saint Vincent et Guy de Roche, chevalier (avril 1233). Thiébaud, abbé de Lure, et Jean, chanoine de Besançon, furent témoins de ce traité. (T. II, 736).

Mandrevillars (1). L'empereur Frédéric II mit le comble à la grandeur de Lure. Dès 1218, par un diplôme daté de Brisach (16 mars), il prit cette abbaye sous sa protection, et approuva ses priviléges et ses coutumes. En 1232 (août), il reçut Thiébaud au nombre de ses chapelains, lui renouvela l'assurance de sa bienveillance, et le confirma dans la possession de tous les biens du monastère, tant ecclésiastiques que séculiers (2). C'est dans cet acte que l'abbé de Lure porte pour la première fois le titre magnifique de prince de l'empire. A en juger par ces trompeuses apparences, rien n'égalait le prospérité de sa maison. Mais le diplôme de 1232 parle des adversités que Thiébaud a subies. Lure est à l'apogée de sa puissance ; le cours de ses malheurs a déjà commencé.

(1) Cette donation est de 1220. (Archives de l'ancienne abbaye de Lure à la préfecture de Vesoul.)

(2) Concours de 1703. (Voir les deux chartes de 1218 et de 1232 dans les preuves de la dissert. de D. Berthod.)

CHAPITRE III.

Les richesses et la grandeur, source de la décadence monastique. Elles ne sont pas moins fatales au repos des religieux.—De l'avouerie de Lure engagée au comte de Montbéllard.—Celui-ci persécute les moines.—Il est excommunié par l'archevêque de Besançon.—Murbach vient au secours de Lure.—Détails sur l'abbaye de Murbach.—Malheurs publics.—Lure obérée de dettes.—Administration des abbés.—Hugues de Bourgogne est admis à partager les revenus de la maison.—Il en obtient la gardienneté.—Legs qu'il fait à l'abbaye de Lure.

Rien ne fut plus fatal aux monastères que les dons accumulés des seigneurs et des rois. On gémit avec saint Bernard, en voyant que les religieux devenus souverains, ont cessé d'être les modèles des peuples et qu'ils ne donnent plus dans leurs œuvres que des exemples d'orgueil. Cluny, Luxeuil, Lure, Saint-Claude se sont éloignés à jamais du but pieux et modeste que leurs fondateurs s'étaient proposé. Ces maisons, autrefois l'asile du pauvre qu'elles consolaient et qu'elles nourrissaient, reçoivent dans leurs murs les hôtes les plus illustres, auxquels on prodigue les soins d'une hospitalité somptueuse, tandis que le devoir de l'aumône est rempli, comme une charge pénible, par les derniers des frères. Les abbés marchent entourés de serviteurs sans nombre. Des chevaux, des chiens de chasse, des hommes d'armes forment leur cortége; un riche mobilier les suit dans leurs courses les moins longues, et quand ils visitent leurs domaines, les serfs viennent éclairer leur passage avec des torches ardentes, et les accompagnent dans l'attitude de suppliant(1).

La cessation du travail des mains était la conséquence de cette splendeur nouvelle. Les rustiques occupations des premiers solitaires ne s'accordaient plus avec l'esprit de leurs successeurs. Ceux-ci ne pouvaient d'ailleurs se livrer à la culture, depuis qu'autour des monastères s'étaient formés des villages, des bourgs, des villes même, remplis de fermiers et de serfs qui pour vivre, avaient besoin de leur travail. Le nombre des moines dut diminuer en même temps. La prêtrise qui n'était que le partage de quelques-uns, devint peu à peu la condition commune, et ce changement rendit impossible le rétablissement des occupations manuelles. Car si le simple religieux peut allier à la prière les soins d'un humble métier, n'est-il pas de la dignité du sacerdoce que ceux qui en sont revêtus se livrent de préférence aux travaux de l'esprit? Cette gloire n'a point manqué à nos plus célèbres abbayes. Mais on regrette de ne trouver à Lure, depuis le onzième siècle, que les richesses et la puissance, source, pour le cloître magnifique, de l'irrégularité au dedans, et des luttes les plus déplorables au dehors.

Des signes irrécusables attestent la décadence de la

---

(1) Dans un acte de 1723, les sujets que l'abbaye de Lure possédait à Servance, reconnurent que lorsque l'abbé venait en ce lieu, ils étaient obligés d'aller lui faire la révérence avec des torches allumées, et de les tenir, pendant l'espace d'une heure, devant la table où il prenait son repas. (Inv. des tit. de l'abbaye de Lure).

discipline. Dès le douzième siècle, les abbés de Lure engagés dans les affaires, les intrigues, la politique, abandonnent souvent la conduite des religieux aux mains d'un mandataire officiel.

C'est le prieur qui les représente, tandis qu'on les voit dans les cours d'Allemagne ou de Bourgogne, tantôt comme ambassadeurs, tantôt comme simples courtisans. Pendant leur absence, les moines s'accoutumaient à une situation indépendante, et l'antique pouvoir des abbés s'amoindrissait tous les jours. De-là la distinction entre le chef et les membres, le partage des revenus, les prébendes à titre particulier. La manse abbatiale est séparée de la manse conventuelle; et celle-ci est répartie entre les religieux. Mais le prieur s'élève bientôt au-dessus de ses frères; on lui assigne deux parts dans les revenus communs : trois pouvoirs règnent dans l'abbaye à des degrés différents, l'abbé, le prieur et le couvent. C'est sous cette triple dénomination que la maison passe la plupart des contrats. Voilà par quelle transformation toute naturelle, inévitable même, le commandement, d'abord illimité de l'abbé de Lure, fut tempéré par un corps délibérant. Ce corps prit le nom de chapitre, et ses membres, celui de conventuels ou de capitulaires. Quelques-uns d'eux possédaient comme supplément de prébende, les prieurés qui relevaient du monastère. Dans les actes les plus anciens on y trouve des religieux, prieurs de saint Delle et de saint Antoine-des-froides-montagnes. De ces deux églises, la première était située aux environs de Lure, la seconde sur le territoire de Plancher-les-Mines (1).

(1) Nous avons consacré une notice particulière au prieuré de saint Antoine.

A l'altération de la discipline se joignit un autre mal qui ne pouvait que favoriser les progrès du premier. A peine les Henri VI et les Frédéric II ont-ils jeté à pleines mains les attributs de la souveraine puissance aux abbés de Lure, que ceux-ci dans les titres même qui constatent leur grandeur, se plaignent, comme nous l'avons vu, des entreprises de leurs ennemis. En effet, l'effroi régnait partout dans les cloîtres, la détresse dans leurs finances, le pillage sur leurs terres, une misère réelle parmi leurs colons. « Jamais, dit M. Ed. Clerc, les abbayes ne furent plus obérées de dettes ; puissantes seulement pour exciter la cupidité, elles étaient désolées par leurs ennemis, par leurs créanciers, par les Juifs, par leurs propres avoués. La guerre renversait leurs villages, l'incendie atteignait jusqu'à leurs églises, leurs troupes les ruinaient. Avaient-elles pris un protecteur, elles avaient à redouter la jalousie, et les armes de ceux qu'elles n'avaient pas choisis (1). » Citerons-nous des traits particuliers? Selon M. Droz, l'abbaye de Saint-Claude avait fait bâtir quatre châteaux dans le centre ou sur les frontières de ses terres. En 1228 le célérier de cette maison avait été tué, et pour se défendre, elle était obligée de rechercher l'appui des sires de Gex, de Thoire et Villars et des comtes de Savoie (2). D. Grappin nous montre Luxeuil fortifié pour la première fois, incendié à différentes reprises, changeant de gardiens, sans changer de fortune, réduit enfin, en 1247, à solliciter d'Innocent IV, la dispense de payer les dettes dont l'argent n'avait pas

---

(1) Essai sur l'histoire de la Franche-Comté, t. I, p. 421.
(2) Concours de 1763.

tourné à son profit (1). Lure présente aussi le spectacle de l'infortune unie à la grandeur. Ses richesses excitent la cupidité; elle trouve dans ses avoués les plus cruels ennemis. Entrons dans quelques détails.

Après la mort de Thierry Ier, comte de Montbéliard, (1103), ses vastes états furent partagés entre trois de ses fils. Thierry II gouverna le pays de ce nom, Renaud obtint les comtés de Bar et de Mousson, et Frédéric réunit les seigneuries de Ferette, d'Altkirch et de Thann, sous le titre de comté de Ferette (2). L'*avouerie* de Lure qui, dans le douzième siècle, appartenait encore aux comtes d'Egisheim et de Dagsbourg, du chef de Hugues II, la tige de leur famille, passa par héritage dans la maison de Ferette. Le comte Frédéric II la possédait en 1226; mais il l'avait engagée à celui de Toul pour quarante marcs d'argent, et il soutenait alors contre Richard, comte de Montbéliard, une guerre dispendieuse. Le cardinal d'Urach, légat du pape, ayant ménagé un traité entre les deux princes, mit le sceau à leur réconciliation par le mariage de Thierry III, fils aîné de Richard, avec Alix, fille de Frédéric. Il fut stipulé que la jeune épouse recevrait de son père cinq cents marcs d'argent, et la gardienneté de Lure fut engagée de nouveau pour partie du paiement de cette dot (3).

Thierry III ne tarda pas à abuser de cet avantage momentané. La violence de ses coups égalait l'ardeur de ses passions. Il fut le fléau du monastère, s'empara de ses biens, injuria et persécuta les religieux. Il avait bâti,

---

(1) D. Grappin, hist. manusc. de Luxeuil.
(2) Ephém. de Montbéliard.
(3) Notes de M. Duvernoy.

sur une montagne qui domine le village d'Etobon, un château fort, auquel il donna son nom (Chastel-Thierry) (1). A l'abri de ses tours, il se proposait sans doute de perpétuer ses criminelles entreprises, lorsque Thiébaud, abbé de Lure, trop faible pour lui résister par les armes, appela sur sa tête les foudres de l'excommunication. L'archevêque de Besançon jeta l'interdit sur les terres du coupable, qui reconnut bientôt lui-même l'énormité de ses torts. En effet il déclara devant l'archevêque qu'il n'avait sur Lure, ses hommes et ses domaines, d'autres droits que ceux de protecteur, sans pouvoir même instituer un sous-gardien à sa place. Il promit de réparer ses excès, et le prélat leva au mois de juin 1233 la sentence d'excommunication (2). L'*avouerie* de Lure rentra peu de temps après dans les possessions de la maison de Ferette.

Un monastère puissant par l'étendue de ses terres et par le nombre de ses esclaves, prit aussi la défense de Lure. C'est Murbach dont l'histoire se lie dès-lors à la nôtre. Il est nécessaire de faire connaître l'origine des relations qui s'étant formées entre les deux abbayes, aboutirent à leur union perpétuelle.

Murbach, situé dans la haute Alsace et dépendant du diocèse de Bâle, avait été fondé en 727 par saint Firmin, abbé de Reichenau. Ce n'était d'abord qu'un hospice pour les pèlerins ; mais les donations des ducs d'Alsace l'enrichirent en peu de temps, et les monarques de la se-

---

(1) A la mort de Thierry arrivée en 1282, cette forteresse perdit le nom de son fondateur : on l'appela dès lors le Chastel-d'Etobon, et on la trouve ainsi nommée dans un acte de 1287.

(2) Recueil des édits de Franche-Comté, IV, 60. — Id. Notes de M. Duvernoy.

conde race contribuèrent encore davantage aux progrès de sa grandeur. Saint Simpert, neveu de Charlemagne, en devint abbé après le bienheureux Amichon. Il se démit en faveur de son oncle qui est désigné comme pasteur de Murbach dans deux chartes de 792 et de 793 (1). En 796, une donation pieuse commença à Guebviller la puissance de ce couvent (2). Dans le siècle suivant, un moine de Murbach écrivit la vie et les miracles de saint Léger, évêque d'Autun, dont la tête, conservée dans l'abbaye, était l'objet d'un culte spécial.

Ces glorieux souvenirs, la haute naissance des abbés, les bienfaits des souverains portèrent au loin la gloire de Murbach, et ses possessions s'étendirent de toutes parts, et jusqu'à Lucerne qui en faisait partie. Elles comprenaient, aux environs de Lure et de Montbéliard, les églises de sainte Marie (3), de saint Dizier (4), de sainte Suzanne et de Bethoncourt (5). Plus loin Montbouton, Croix, Essert et Libetain relevaient également de ce monastère. En 1041, l'abbé Eberhard recourut à Hugues 1er, archevêque de Besançon, contre les archidiacres de ce diocèse qui, plus amis de l'argent que de la justice, s'étaient assujetti sans titre l'église de saint Dizier. Hugues 1er la rendit à la liberté; et sa sentence, en flétrissant l'avarice des usurpa-

(1) Alsat. diplom., t. 1, p. 57.
(2) Id. Id. p. 59.
(3) Ce village situé à deux lieues de Montbéliard et dans l'ancien comté de ce nom, fut donné à l'abbaye de Murbach, par Eberhard comte en Alsace, en 731. (Eph. de Montb., xix.)
(4) St. Dizier est nommé dans une charte du 8e siècle, concernant l'abbaye de Murbach. (Perreciot, description de l'Elsgaw.)
(5) M. Duvernoy, Ephém. de Montb., p. 110.

teurs, atteste les bons offices qu'Eberhard et lui se rendaient réciproquement (1). Des relations plus intimes s'établirent bientôt entre Murbach et les monastères de la haute Bourgogne. Devenu fief de l'empire comme Luxeuil et Lure, Murbach dut s'intéresser plus particulièrement à leur prospérité, les aider de son crédit, et s'armer même pour la défense de leurs droits. Les cloîtres sentaient le besoin de s'unir contre leurs ennemis, alors si perfides et si nombreux. Cette détresse donna naissance aux associations de prières qui sont très communes dans le treizième siècle. Il nous en reste une, conclue entre Murbach et Luxeuil au mois de mai 1234 (2). C'était le temps où Lure courait les plus grands dangers. L'abbé de Murbach vint à son secours d'autant plus volontiers que les comtes de Montbéliard et de Ferette lui suscitaient, comme aux religieux de Lure, des embarras sans cesse renaissants. En 1235, un traité mit fin à ses différents avec Ulric et Albert, comtes de Ferette. On lit dans le traité que ces deux seigneurs promettent

(1) Cette charte curieuse se trouve en original aux archives de la préfecture de Vesoul. Elle est parfaitement conservée, écrite avec grand soin, et munie d'un sceau de trois pouces de diamètre, d'une matière très-dure et très épaisse. Mais l'empreinte en est presqu'entièrement effacée, et l'on y distingue à peine une tête qui ressemble à celle d'un prélat. Différents auteurs l'ont publiée : D. Martenne, in thes. anecd, t. I, p. 164. — Lunig. spicil. cont. t, p. 066. — Hartzheim, concord. Germaniæ, t. III, p. 743. — Mansi, in supplém. concil., t. I, p. 1269, et in nov. concil. collec., t. 19, p. 593. Grandidier, t. I. p. CCXLIII, hist. d'Alsace. — Ce dernier est l'éditeur le plus correct de la charte de 1041.

(2) Pièces justif., N. Ce fait a échappé à D. Grappin. J'ai trouvé dans les archives de la préfecture de Vesoul la charte qui le constate.

de défendre, en protecteurs pieux et zélés, les possessions et les libertés de l'église de Lure (1). L'exécution de cette clause assura à ce monastère quelque tranquillité. On ne résistait point impunément à l'abbaye de Murbach. Sa puissance égalait presque celle des rois ; ses abbés étaient des courtisans, des diplomates habiles et même des guerriers. Ainsi Hugues de Rothembourg prend la croix à l'exemple de Frédéric II, et suit cet empereur en Palestine. Thiébaud, son successeur, élu en 1240, gagne dans les circonstances les plus difficiles, l'estime et la confiance de deux papes, Grégoire IX et Innocent IV (2). Il est remplacé, en 1260, par Berthold de Steinbrun qui bâtit plusieurs châteaux, ferme les villes de Guebwiller et de Wattwiller, et occupe Saint-Amarin. Inquiété par Renaud de Bourgogne, comte de Montbéliard, il lui livre bataille en personne, le fait prisonnier, et le tient enfermé dans le château de Hugstein (3).

Cette gloire sanglante, si indigne d'un prélat, ne souillera point nos annales. En 1240, Thiébaud de Faucogney était encore abbé de Lure. Il reçut alors avec Odon, official de Besançon, une déclaration de Thiébaud II, sire de Neufchâtel, qui, partant pour la

(1) Omnia jura ac libertates seu ususfructus curiarum Oltingen, *Lutre*, Tattenried (Delle) et Bairller eidem ecclesiæ attinentes, pro viribus deffendere, tanquam pii et justi advocati (Extrait de la charte de décembre 1235, communiqué par M. Duvernoy).

(2) Plusieurs auteurs ont pensé que ce personnage était le même que Thiébaud, abbé de Lure, qui, depuis 1240, aurait réuni le gouvernement des deux abbayes. Malgré l'identité des prénoms, cette opinion est mal fondée, car Thiébaud, abbé de Murbach, ne mourut qu'en 1260, et en 1257 nous trouverons l'abbé Vlard à la tête du monastère de Lure.

(3) Le P. Laguille, hist. d'Als., liv. xx, p. 233—234.

Terre-Sainte, voulut mettre ordre aux affaires de sa conscience. Ce seigneur occupait Châtillon-sur-Devecey qu'il tenait en gage d'Othon-le-jeune, duc de Méranie et comte Palatin de Bourgogne. Il le lui restitua, comme l'atteste le témoignage des deux prélats, et promit, sous la foi de leur sceau, que toute violence cesserait dès lors sur les hommes que l'abbaye de Saint-Vincent possédait à Châtillon (1). Un acte de 1248 est également revêtu des armes de l'abbé de Lure. Par ce document, messire Jean de Champey reprend différents fiefs de Thierry III, comte de Montbéliard, et s'engage en même temps à faire chaque année, pendant quarante jours, la garde dans le château de cette ville (2).

Les plus graves préoccupations se mêlaient à ces soins divers. La querelle du sacerdoce et de l'empire s'envenimait tous les jours. Frédéric II, excommunié par Grégoire IX, avait vu son trône offert à plusieurs princes et une partie de l'Allemagne armée contre lui. Ce n'était que le prélude d'un coup plus terrible. Frédéric est déposé au concile de Lyon ; presque tous ses partisans l'abandonnent ; l'anarchie qui avait précédé ce grave évènement s'accroît encore et s'étend dans toute l'Allemagne après la mort de l'empereur (1250). Elle dure près de trente ans (1245-1273). Les fiefs de l'empire ne sont pas moins agités. Pendant que les désordres publics favorisent la cupidité et l'ambition, la garde de Lure passe dans la maison de Bourgogne : on en trouverait peut-être la cause dans les liaisons que cette maison avait

---

(1) Documents inédits, t. III, p. 526.
(2) Notes de M. Duvernoy.

contractées avec les comtes de Ferette. Ulric Ier, l'un d'eux, s'était remarié à Elisabeth, sœur de Hugues de de Bourgogne.

En 1250, il se déclare pour l'*avouerie* de Lure, homme-lige de Hugues et d'Alix, comtes Palatins. Hugues avait probablement sollicité cet hommage, car il paya à Ulric une somme de 1,000 fr. Mais ce fief-oblat n'eut qu'une durée éphémère. Il ne laissa pas de servir de prétexte aux prétentions des comtes de Bourgogne sur la souveraineté de l'abbaye de Lure (1).

Thiébaud de Faucogney eut Viard pour successeur. Celui-ci transigea, en 1256, avec Vautier de Plancher, qui lui disputait la mairie de Champagney. L'abbé lui abandonna en échange la grange de Plancher et une rente en blé sur les dîmes de ce village. Les curés de Ronchamp, d'Etobon, de Clairegoutte et de Champagney furent témoins de cet accord (2).

Des dettes énormes pesaient sur l'abbaye. Dans l'intérêt de sa communauté, Viard crut devoir aliéner un certain nombre de ses domaines. En 1257, Richard de Belfort acheta de lui, pour 850 livres, l'église de Tavel, ses dîmes, ses hommes, ses champs, ses prés et ses bois, avec tous les droits du couvent à Breveliers, Bians, Laire, Tremoins, Couthenans, Désendans, Montenois, Héricourt et dans quelques autres lieux (3). Le prix de cette vente, quelque considérable qu'il fût pour le temps (4), ne suffit point à acquitter toutes les obli-

---

(1) Recueil des édits : IV, 70.—Id. notes de M. Duvernoy.
(2) Anc. archiv. de Lure, à la préf. de Vesoul.
(3) Id.
(4) Les 800 liv. vaudraient aujourd'hui plus de 17,000 liv. L'acheteur, Richard de Belfort, était fils du défunt chevalier Guillaume de Roppe-

gations, tant le monastère souffrait encore au milieu des malheurs publics. Bientôt il ne trouva plus de ressources que dans un nouveau sacrifice. Il admit le comte de Ferette, sa femme, son fils et son frère à la culture en commun de ses biens et au partage de leurs produits. Cette association était limitée à un petit nombre d'années, et il fut expressément convenu que, lorsqu'elle finirait, la maison de Ferette ne conserverait sur Lure que ses droits de gardienneté, (avril 1263) (1). Malgré ses pertes, l'abbaye était trop chère aux Empereurs pour qu'un souverain digne de ce nom, négligeât l'occasion de se la rattacher. A peine Rodolphe de Habsbourg est-il monté sur le trône, que l'un de ses premiers soins, en rétablissant l'ordre public, est de prendre sous sa protection Lure et ses dépendances (Hagueneau, 1274). Viard suivit la cour à Lausanne, en 1275, où il assista à la consécration de la cathédrale : auguste cérémonie dont Rodolphe fut témoin et que le pape Grégoire X fit lui-même au milieu d'un imposant concours de princes de l'Eglise et de l'Empire. Notre prélat se signala encore dans des circonstances moins brillantes. En vertu d'un traité qu'il fit avec Mathias, abbé de Bithaine (1279), plusieurs habitants de Bouhans devinrent sujets de Lure, et Mathias reçut en retour tout ce que cette abbaye possédait à Malbouhans (2). L'année suivante, Agnès de Montjustin qui tenait de Viard les fiefs de Bouhans, d'Amblans et de Genevreuille, céda aux religieux les deux premiers et leur promit le troisième après sa mort. Cette donation fut scellée du sceau de Bourgogne, parce que les terres qui en

---

(1) Recueil des édits, IV, 70.
(2) Anc. arch. de Lure, à la préf. de Vesoul.

étaient l'objet dépendaient de ce Comté (1). C'est pour elle que Lure a payé des impôts dans la province et qu'elle a plaidé quelquefois devant le parlement de Dole. Mais il faut bien se garder de rien conclure de ces faits contre l'indépendance du monastère. Gollut, Dunod, D. Couderet, sont tombés à ce sujet dans les plus graves erreurs.

Après la mort de Viard, les suffrages des moines se réunirent sur Pierre de Beauffremont (1283, V. S.). Il continua l'œuvre de son prédécesseur par les soins qu'il donna à l'administration, et s'appliqua d'abord à diminuer les charges dont la communauté était obérée. Renaud de Bourgogne, comte de Montbéliard, et Guillemette, sa femme, étaient les principaux créanciers du couvent. En renonçant à la plupart de leurs droits, ils obtinrent par compensation les revenus de Frahier et de Chalonvillars que le nouvel abbé leur abandonna pour trente ans. Celui-ci se retint seulement le patronage des deux églises, réserve ordinaire de la plupart des concessions auxquelles consentaient les monastères. Les parties se jurèrent sur les livres des évangiles, une amitié réciproque, et le chapitre de Saint-Maimbode apposa son sceau à ce traité (1283, mars, V. S.) (2). Pierre de Beauffremont satisfit peut-être à une autre obligation en cédant, sous la même restriction, à Jean d'Oiselay et à sa femme, Lioffans avec toutes ses dépendances. La durée de cette jouissance étant bornée à la vie des deux époux, la propriété devait, après leur décès, revenir au monastère avec tout l'accroissement qu'elle aurait pris (1286) (3).

(1) Anc. arch. de Lure, à la préf. de Vesoul.
(2) Id.
(3) Invent. des titres de l'abbaye.—Id. Collection de M. Duvernoy.

Quelques acquisitions à Frotey, à Plancher et à Champagney contribuèrent, avec les dons des fidèles, à réparer peu à peu les désastres précédents.

Pierre de Beauffremont n'avait pas encore reçu l'investiture des régales. Il alla trouver l'empereur Rodolphe, lui rendit plusieurs témoignages d'obéissance, et promit de faire respecter l'autorité impériale par les sujets de l'abbaye. Cette démarche lui valut la confirmation du titre et des prérogatives de prince de l'empire (14 mars 1290) (1).

Quelques mois après, l'Empereur reconnut que l'*avouerie* du monastère appartenait à l'abbé, que celui-ci pouvait choisir pour gardien qui bon lui semblerait, et en changer de cinq ans en cinq ans (28 juillet 1290) (2). Rodolphe espérait, par cette concession, pourvoir à la tranquillité des religieux. Entourés de voisins turbulents qui, selon toute apparence, les avaient beaucoup inquiétés pendant la durée de l'interrègne, ils étaient trop faibles pour se défendre eux-mêmes et trop éloignés de l'Allemagne pour en tirer un secours assez prompt. Les princes d'Alsace, de Bourgogne ou de Lorraine étaient plus à portée de les protéger, de même qu'ils pouvaient devenir pour eux de redoutables ennemis. Il importait beaucoup à l'abbé de Lure de faire le choix d'un défen-

---

(1) Cum venerabilis Petrus, abbas Lutrensis, *princeps noster*, ad celsitudinis nostræ præsentiam accedens, romano imperio et nobis obsequiosa devotionis signa protenderit et omni modo obedilionis signa præsentavit, nosipsum tanquam nostrum et Imperii principem....., regalia, feoda, principatus abbatiæ quàm obtinet, sibi de regiâ liberalitate concessimus et eumdem investivimus de eisdem. (Extrait de la charte de 1290, communiqué par M. Duvernoy).

(2) Inv. des titres de l'Abbaye de Lure.

seur capable de remplir les fonctions dont il serait revêtu. Il jeta les yeux sur Hugues de Bourgogne, frère du comte Othon IV. Du consentement de la communauté, ce Prince fut associé aux revenus du monastère tant à Lure que dans les villages de Magny-Vernois, Froideterre, Champagney, Plancher, Chalonvillars, Frahier, Lioffans, Frotey et leurs territoires (octobre 1290). Cet acte de *pariage* fut rappelé l'année suivante par un second contrat qui donnait au premier une plus grande étendue en comprenant Genevreuille parmi les villages dont il était l'objet (1). Les recettes et les dépenses devaient être faites en commun, et, d'après la teneur des deux traités, les droits de Hugues ne pouvaient point passer à ses héritiers. A sa mort, l'abbaye rentrait dans l'entière jouissance de ses domaines. Après une concession si belle, faite au profit d'un prince étranger, l'*avouerie* de Lure était sans importance. Les comtes de Ferette ne laissaient pas de se parer du vain titre de gardien; et Thiébaud II en fit hommage, en 1292, à Othon IV, comte palatin de Bourgogne (2).

En 1295, Pierre de Beauffremont prolongea par un nouvel accord, l'effet des concessions qu'il avait faites à Renaud de Bourgogne, comte de Montbéliard, sur les revenus de Chalonvillars et de Frahier. Cette concession,

---

(1) Arch. de Lure, à la préf. de Vesoul.
(2) Recueil des édits, 4, 70.—Id. dissert. de M. Droz, concours de 1703.—Le traité d'association conclu avec Hugues de Bourgogne, mettait fin au pouvoir des comtes de Ferette sur l'abbaye de Lure. Mais rien n'empêchait que ceux-ci conservassent le titre d'avoué, puisque l'acte de pariage ne le donnait point expressément à Hugues. Nous verrons plus loin comment ce prince l'acquit des comtes de Ferette. Le traité de 1290 peut donc se concilier très bien avec la reprise de fief faite en 1292.

limitée d'abord à trente ans, devait s'étendre à toute la durée de la vie de Renaud. Mais, en revanche, l'abbé de Lure, par une clause du même traité, recouvra ses droits sur Frotey précédemment aliénés au profit du même comte (1).

A la fin du treizième siècle, la cour de Rome conservait à Lure des redevances. Toutefois le temps en avait beaucoup réduit la valeur : au lieu de cent sicles d'argent fixés par la charte de l'empereur Othon Ier, elles étaient réduites à dix sols de monnaie bâloise (environ 70 fr.), comme on le voit par une bulle de 1290, où Nicolas IV énumère les cens dus à l'Église romaine (2).

Après avoir fait renouveler et approuver (3) par l'empereur Rodolphe la charte de Henri II, si précieuse pour les priviléges de l'abbaye, Pierre de Beauffremont mourut avec la réputation d'un administrateur fidèle et zélé. Alard de Gouhenans lui succéda vers l'an 1300. Thiébaud, comte de Ferette, avait voulu pendant la vacance du siége exercer dans le monastère ses droits de gardien, et il avait écrit aux religieux de le reconnaître pour leur avoué. La réponse ne se fit pas attendre. Sûr de l'appui de Hugues de Bourgogne, le prieur ne craignit pas d'avouer le traité qu'il avait passé avec lui, et il ajouta qu'il se proposait de demeurer dans sa *compagnie,*

---

(1) Piéces justif. N.

(2) Anno 1290, in bullâ Nicolai, Papæ IV, in quâ enumerantur census ecclesiæ romanæ ex aliis ecclesiis, nominatur in archiepiscopatu Bisuntinensi monasterium de Luthrâ, quod decem solidos Basiliensis monetæ debet. (D. Martenne, veter. script. et monument. ampliss. collect., t. 2, p. 1301.)

(3) Arch. de Lure, à la préf. de Vesoul.

parce qu'elle tournait au profit du couvent (1). Les sommations étaient inutiles, Thiébaud le comprit, et pour faire un acte d'autorité, il céda l'*avouerie* de Lure à Hugues de Bourgogne. Renaud, comte de Montbéliard, fut le médiateur de cet accommodement, daté du 6 mai 1303. Comme le traité de 1290 n'accordait à Hugues de Bourgogne qu'un avantage viager, Thiébaud eut soin de ne pas donner à la concession qu'il faisait une plus longue durée, et il fut expressément réservé qu'après la mort de Hugues, le titre et les droits de gardien reviendraient à la maison de Ferette. Ainsi Thiébaud II concilia les intérêts de sa postérité avec les exigences du moment. Il notifia cet arrangement à l'abbé, lui enjoignit de recevoir le nouvel avoué, de lui obéir et de le mettre en possession des honneurs et privilèges attachés à ses fonctions (2). Le secret dépit du comte de Ferette perce dans cette lettre : on voit assez par le ton qui y règne que de tels gardiens étaient plutôt les tyrans que les protecteurs des cloîtres. Hugues de Bourgogne vint souvent à Lure. Selon l'usage des avoués d'Allemagne, il assistait l'abbé dans les contrats et les scellait de son sceau. Tel est un acte de 1303 par lequel Jeannette et Simonette, filles de Bocquart de Lure, cèdent à Alard de Gouhenans leurs droits sur la mairie de cette ville. Un certain nombre de terres dépendaient de cette mairie, fief ancien qui relevait du monastère et dont les possesseurs avaient probablement exercé, au nom des

(1) Inv. des tit. de l'abbaye.
(2) Invent. des tit. de l'abbaye.—Id.—Dissert. de M. Droz, concours de 1763. — Inv. des chartes du comté de Bourg. — *Id.* Recueil des édits, IV, 70.

abbés de Lure, quelque juridiction de police dans la ville et dans les environs. Les deux sœurs se louent beaucoup de la courtoisie et des bienfaits des religieux ; c'est la reconnaissance qui est le motif de leur donation (1). Alard de Gouhenans est connu par d'autres acquisitions.

Il achète les mairies de Chalonvillars, de Frahier, de Champagney, de Mandrevillars et leurs dépendances (1307), et étend ses possessions à Plancher (2). Plus tard il figure aux magnifiques obsèques d'Othon IV qui fut inhumé dans l'abbaye de Cherlieu (mars 1310). En 1314, on voit Alard au château de Granges, avec Jean, abbé de Lieu-Croissant, auprès de Renaud de Bourgogne, comte de Montbéliard. Ce prince, alors frappé de maladie, ajoute un codicile à son testament, et les deux prélats y apposent le sceau de leurs monastères (3). Il ne mourut qu'en 1321 (mars V. S.), laissant un fils imbécile sous la curatelle de Hugues de Bourgogne. Alard de Gouhenans le suivit peu de temps après dans la tombe. Son successeur, Foulque de Melincourt adressa au tuteur du jeune Comte des réclamations réitérées, dont le village et les dépendances de Tavey étaient le principal objet (1323). Hugues de Bourgogne en référa à l'official de Besançon (4). Au milieu des débats de cette affaire, Gauthier, trésorier de l'église de Mormont, à qui Richard de Belfort, son père, avait transmis ses acquisitions à Tavey, mourut en les rendant aux religieux (1325) (5).

Sous le gouvernement de Pierre II de Montbozon, élu en 1329, et de Jacques de Vyt qui lui succéda l'année

---

(1) Archives de Lure, à Vesoul. — (2) Id.
(3) Notes de M. Duvernoy. — (4) Pièces justif. N. — (5) Id. N.

suivante, d'autres legs vinrent enrichir l'abbaye. Hugues de Bourgogne, associé depuis si longtemps aux bénéfices de cette maison, avait cru qu'il était de la piété comme de la justice, de la dédommager de ses sacrifices. Peut-être voulait-il aussi, par l'utile emploi de ses richesses, réparer les vexations et les rapines dont il avait pu se rendre coupable. Ces dispositions heureuses lui dictèrent de bonne heure son testament. En 1312, il déclara dans cet acte solennel que ses droits sur l'église de Lure finissaient avec lui, et que la gardienneté en devait retourner aux comtes de Ferette. Il chargea les religieux de célébrer l'anniversaire de son décès, en leur accordant, à ce titre, de prélever, chaque année, cent vingt muids de vin sur les dîmes de Poligny et de Groson. Le prince vécut encore près de vingt ans. Il renouvela, en septembre 1331, l'expression de ses dernières volontés, et ajouta d'autres dons à ceux qu'il avait faits précédemment. On remarque entre autres la concession d'une maison dans la ville de Poligny et d'une tour qui porta dès lors le nom de Lure. Hugues de Bourgogne voulut encore que, si ce legs était contesté, on dédommageât les religieux. Il recommanda à ses sujets de Poligny de ne mettre aucun obstacle à l'exécution de son testament et choisit l'église de Lure pour le lieu de sa sépulture. Son décès suivit de près, Hugues mourut dans la première quinzaine d'octobre. Eudes, duc de Bourgogne et Jeanne de France, sa femme, confirmèrent d'abord ces dispositions par des actes de 1333 et 1337 (1). Mais un peu plus tard, l'abbé perdit les bonnes grâces de ces princes. Il voulut défendre son indépendance ; on le traita en vassal révolté.

---

(1) Chevalier, hist. de Poligny, t. 1ᵉʳ, p. 172—173.

CHAPITRE IV.

Lure est fortifiée.—Contestations avec le duc de Bourgogne.—Ravages des terres.—L'abbé est chassé de Lure.—Secours qu'il tire des ducs d'Autriche.—Représailles des Allemands.—Jean de Ray vient au secours du Comté.—L'abbé de Lure battu et fait prisonnier.—Comment il répara ses pertes.—Accord conclu avec la Bourgogne. Pierre de Montbozon monte sur le siége abbatial.—Affranchissement des habitants.—Jean de Beaumotte, son crédit, ses missions.—Son neveu lui succède.—L'abbaye est inquiétée par les seigneurs du voisinage.—Ravages des Ecorcheurs et des Armagnacs.—Mort de Claude de Rye, signal des plus vifs débats.

L'indépendance de Lure, si bien garantie par les chartes des empereurs et par une prescription de plusieurs siècles, avait reçu quelques atteintes au milieu des évènements que nous venons de raconter. Nous avons vu Ulric de Ferette faire, en 1250, hommage de la gardienneté de l'abbaye au comte de Bourgogne, et cet acte de vasselage renouvelé en 1292 par son successeur au profit du comte Othon IV. Les troubles qui régnèrent dans l'empire, l'affaiblissement de la maison de Ferette, les liens de parenté qu'elle contracta avec les souverains de Bourgogne, montrent assez qu'il faut imputer ces deux actes à la nécessité ou à la complaisance. Du reste, pendant que ses avoués la trahissaient, l'abbaye n'avait pas cessé ses relations avec l'Allemagne. Les abbés obtenaient comme auparavant l'investiture des droits régaliens (1290), et les Bourguignons n'étaient à leurs yeux que des alliés et des protecteurs. La bienveillance de Hugues de Bourgogne, son puissant crédit à la cour de ce nom, le choix qu'il avait fait de notre monastère, objet de ses principales libéralités, pour le lieu de sa sépulture, autorisaient une pareille confiance. L'évènement ne devait pas le justifier.

Jeanne, fille aînée d'Ulric II, comte de Ferette, en épousant Albert d'Autriche, lui avait porté en dot tout l'héritage paternel. Albert jouissait déjà de ces nouveaux domaines, lorsque l'*avouerie* de Lure y rentra par la mort de Hugues de Bourgogne. Cependant le duc Eudes ne se désistait pas de ses prétentions sur cette gardienneté. Il en demanda l'hommage aux héritiers de la maison de Ferette, et n'obtenant qu'un refus formel (vers 1243), par représailles il fit tomber sur l'abbaye tout le poids de sa vengeance.

Jacques de Vyt gouvernait Lure depuis 1330. Malgré les réclamations de ses prédécesseurs, la fille aînée du comte de Montbéliard, Jeanne, douairière du dernier comte de Ferette (1), continuait à disposer de l'église de Tavey, puisqu'au mois de mai 1342, elle l'échangea contre le patronage de celle de Belfort (2). Lure avait alors la jouissance du prieuré de saint Valbert-le-Héricourt. Mais elle était attachée à la vie de Jacques de Vyt. Cet abbé déclara qu'après sa mort, le prieuré devait retourner au monastère de Luxeuil de qui il dé-

---

(1) Cette dame avait obtenu dans le partage de Montbéliard, après la mort du comte Renaud, son père, les grandes seigneuries de Belfort et d'Héricourt.

(2) Collect. dipl. de M. Duvernoy.—L'abbé de Lure fut témoin, le 20 octobre 1340, d'un traité passé au prieuré de Grandgour, près de Porrentruy, entre Jeanne de Montbéliard et Thiébaud VI, sire de Neufchâtel.

pendait (août 1344) (1). Cependant les Bourguignons cherchaient un prétexte pour attaquer l'indépendance de Lure. Il fut bientôt trouvé. Jacques de Vyt faisait fortifier le monastère par un mur de briques, garni de plusieurs tours et ceint d'un double fossé. Eudes affecte la colère d'un souverain offensé dans ses droits légitimes, et par ses ordres, Jean de Montaigu, bailli d'Amont, rend une ordonnance qui prononce la démolition des remparts, et le séquestre sur la garde de l'abbaye (1343). Des huissiers de Bourgogne sont chargés de la signifier. Mais Lure ferme ses portes à ces officiers étrangers ; leurs sommations sont inutiles, et le bailli d'Amont assigne l'abbé devant lui aux assises de Montjustin (2). Jacques de Vyt se garde bien de comparaître. Jaloux de mettre promptement son indépendance à l'abri de tout danger, il continuait ses travaux tandis qu'on le condamnait par défaut à une amende de mille marcs d'argent et à la destruction des murs qu'il avait élevés. Ce jugement fut rendu à Montjustin le lundi après la saint Georges, 1345, en présence de nobles et sages personnes, Henri de Ronchamp, Guillaume de Vaire, Guillaume de Montbys, Pierre de la Borde, Etienne de Quingey, Jacquot d'Appenans et beaucoup d'autres (3). Quelque décisif qu'il fût, on ne put le mettre à exécution, et les murailles du Lure restèrent debout. Mais les biens que cette maison possédait en Bourgogne furent saisis ; elle en demeura privée pendant trente-cinq ans.

(1) Collect. dipl. de M. Duvernoy.
(2) Invent. des tit. de l'abbaye.—Id. Pièces sur procès.—Id. Concours de 1703.—Recueil des édits, IV, 30.
(3) Invent. des ch. du comté de Bourg.

Les circonstances n'étaient pas favorables à l'abbé de Lure. Car les ducs d'Autriche étaient occupés ailleurs, et Jacques de Vyt ne trouvait plus en eux le même appui. Eudes était trop habile pour ne pas profiter d'un temps si opportun. Il envoya sur les terres de l'abbaye des seigneurs, avides de butin, qui les désolèrent par leurs excursions. Ce n'était pas assez pour la vengeance du Bourguignon. Des gens sans aveu parcoururent le pays en mettant le feu partout où ils passaient, selon la barbare coutume du temps. Au milieu du pillage et de la destruction, Jacques de Vyt descendit dans la tombe et son siège ébranlé par tant d'orages fut décerné à Guillaume. Ce malheureux prélat chercha en vain à s'affermir contre les coups de ses ennemis. Le grand bailli d'Alsace, d'accord avec les Bourguignons, entra dans l'abbaye, en chassa l'abbé et les religieux, et les en tint éloignés pendant plus de deux ans (1355-1357). Guillaume mourut peu de temps après son retour (1).

Quelques secours tirèrent enfin l'abbaye de cet état d'oppression. Rodolphe, duc d'Autriche, se montra sensible à ses malheurs et s'occupa d'y remédier. Au mois de janvier (1358 V. S.), il écrivit au châtelain de Delle, lui peignit l'affreuse position de Lure et l'établit comme défenseur du monastère, avec mandement exprès de quitter toute autre affaire pour le protéger contre l'injustice et la violence, sans distinction ni du nombre ni de la qua-

(1) Guillelmus, abbas lutrensis, ejectus ab invasoribus laicis qui biennio et duobus feré mensibus, eo pulso, monasterium obtinuerunt (*Gallia christ.* IV, 584). Les inventaires de l'abbaye de Lure, en confirmant ce fait, l'attribuent sous la date de 1356, à Ulric, grand bailli d'Alsace.

lité des agresseurs (1). Le même jour il notifie à tous les barons, capitaines et châtelains de ses états des ordres non moins pressants, et le bailli de Ferette reçut encore à ce sujet un commandement spécial, comme étant l'officier le plus voisin de Lure et le plus à même d'assister les religieux (2). A ces témoignages d'une sollicitude un peu tardive, la duchesse d'Autriche joignit quelques bienfaits. Car les inventaires anciens font mention d'une obligation de 706 liv. bâloises contractée, au nom de la princesse, pour fournir à l'abbaye une provision de blé et d'avoine. Cette aumône prévint dans les domaines de Lure une famine que les malheurs passés avaient rendue inévitable. Les terres furent ensemencées et la tranquillité reparut. Hélas! elle devait faire place à de nouveaux désordres.

Othon paraît, en 1361, à la tête des religieux. Dès les premières années de son gouvernement, il ne fut pas exempt d'alarmes. Les Bourguignons moins audacieux qu'auparavant respectaient l'abbaye sans cesser toutefois leurs incursions dans les villages d'alentour. Tout le voisinage de Lure en était infesté, lorsque Rodolphe, duc d'Autriche, vint consoler par sa présence une maison si fidèle à l'empire. Par un mandement daté du monastère, il renouvela, le 18 mars 1361 (V. S.), au bailli de Ferette, l'ordre de protéger envers et contre tous l'indépendance de la principauté de Lure. Mais la piété qui n'était pas étrangère à ce voyage, prolongea son séjour dans l'abbaye. Il voulut vénérer les reliques de saint Delle et de saint Colombin. On lui raconta les traditions qui les rendaient si

---

(1) Collection dipl. de M. l'abbé Brocard.
(2) Id.

recommandables, l'audace d'Hildegarde d'Alsace et la punition qui l'avait suivie. Le récit de ce miracle enflamma sa foi d'une plus vive ardeur : il se prosterna avec le duc Frédéric, son frère, Henri, abbé de Bèze, et plusieurs autres seigneurs et ecclésiastiques, devant le tombeau de saint Colombin, en le suppliant de permettre qu'on détachât quelque parcelle de ses os sacrés. Cette fervente prière ne demeura pas sans récompense. Plus heureux qu'Hildegarde, Rodolphe reçut de l'abbé de Lure un fragment des saintes reliques. Il en dota l'église de saint Etienne de Vienne et la fit ériger en collégiale (1). L'orgueilleuse raison de notre siècle nous empêche de lever les yeux pour admirer la foi naïve qui éclate dans un trait si touchant.

Après le départ du Duc, Othon fit quelques acquisitions au profit de son monastère. Tel est un acte de 1363 par lequel Jean d'Arcey lui vendit la terre et les hommes qu'il possédait à Lioffans (2). Henri lui succéda. Il régla les poids et mesures et détermina la valeur des monnaies, tant selon les coutumes de Lure que d'après celles de Luxeuil (3). Pendant ce temps-là des projets de guerre préoccupaient le duc d'Autriche. Il voulait venger notre abbaye en sévissant contre la Bourgogne. Jean de Ray,

---

(1) Pièces justif. N.
(2) Notes de M. Duvernoy.
(3) Extrait de l'inventaire de l'abbaye, 1767 : Henri, abbé, établit en la ville de Lure un poids pour peser et balancer toutes denrées et marchandises tant que de coutume et usage ancien, que selon l'usage et coutume que l'on a usé en la ville de Luxeuil (1370). Acte portant certificat par Christophe Remps d'Angret pour la valeur de la livre de Lure, suivant lequel il conste que la livre estevenante valait dix batz, et le batz six rappes ou deux gros de Bourgogne.

gardien du Comté, prévenu de ce dessein, chercha d'abord à en arrêter l'exécution. Il se rendit à Porrentruy pour entrer en colloque avec les Allemands. Mais ses négociations échouèrent ; il se retira en se plaignant de leur obstination (1). Malgré cet échec, Jean de Ray semble avoir oublié que la guerre menaçait les frontières. En avril 1369 on le voit à Gand au milieu des fêtes qui suivirent le mariage du duc Philippe ; et déjà les Allemands mettent sur pied un grand nombre de troupes et commencent à ravager la Bourgogne. A la nouvelle de cette invasion, le Gardien s'arrache aux plaisirs qui l'enchaînent, et vole au secours de sa patrie. Son premier soin est de rassurer, par un renfort de soixante hommes d'armes, la ville de Vesoul alors faiblement peuplée et déjà menacée par l'ennemi. Le Duc d'Autriche faisait la guerre en personne, il avait mis le siége devant Héricourt, et, de-là, il envoyait des détachements pour ravager la province. L'année suivante (1370) il abandonna le théâtre de la guerre à Burcard de Fénestranges qui en poussa les opérations plus vivement encore. Sur l'invitation de l'évêque de Brixen, chancelier d'Autriche, l'abbé de Lure le reçut ; et cette ville devint le quartier-général des troupes autrichiennes. Les fortifications commencées depuis 1340 n'étaient point achevées, quoique le monastère y eût employé tous ses revenus. On y travailla avec ardeur sous la direction de Burcard qui, de la part de son maître, compta aux religieux une somme de mille florins d'or pour l'achèvement d'un travail devenu si important dans les circonstances présentes, 1370, (2). A l'abri de

(1) Chevalier, hist. de Poligny, 1, 427.
(2) Inv. des titr. de l'abbaye.

ces nouveaux remparts, le général autrichien usait commodément des licences de la guerre. Il pilla et détruisit presque tous les lieux voisins. Les châtellenies de Montbozon et de Montjustin furent les plus maltraitées, et tandis que le feu les dévorait, Jean de Ray s'occupait moins de les secourir que de défendre le reste du pays. Sa valeur et sa prudence arrêtent enfin les ennemis dans le bailliage d'Amont; il met un frein à leur fureur et les force peu à peu à la retraite (1371).

Les représailles des Bourguignons recommencent aussitôt. Jean de Ray entre sur le territoire de Lure, le parcourt le fer à la main, et poursuit ses déprédations jusque dans le comté de Ferette. L'abbé est fait prisonnier. On le conduit dans le château de Montdoré où Huart de Roche commandait pour le roi de France (1372). Charles V avait probablement donné quelques secours au duc Philippe, son frère. Cet exploit termina la guerre (1).

A peine Henri fut-il sorti de prison qu'il porta ses plaintes au pape et aux ducs d'Autriche. Des procédures longues et dispendieuses avec la comtesse de Bourgogne s'ouvrirent en cour de Rome. Mais Albert et Léopold d'Autriche vinrent sans délai au secours de l'abbaye. Ils lui accordèrent pour dix ans la jouissance du château de Belfort, en considération des dépenses et des pertes qu'elle avait supportées (2). Cette donation écrite à Vienne, le 10 juin 1373, fut notifiée le 3 septembre suivant, à Pierre de Thorberg, bailli d'Alsace (3). Henri recouvra Tavey par l'entremise des mêmes princes

---

(1) Chevalier, t. 1, p. 191—193.
(2) Collect. diplom. de M. l'abbé Brocard.
(3) Id.

devenus possesseurs de la seigneurie d'Héricourt, décembre 1373 (1), et l'année suivante, deux mandements de la cour d'Autriche pressèrent l'exécution des premiers (2). Le duc Léopold y ajouta le don de l'église et des redevances de saint Dizier (3). Dans ces différentes chartes, les dernières guerres, les malheurs de Lure, l'état misérable de son territoire sont toujours rappelés comme une plaie qui saignait encore. Tout contribua à rendre le calme à cette église éplorée. Etienne, comte de Montbéliard, traita avec Henri, dans l'intérêt de leur sûreté réciproque (1376). Ils s'engagèrent l'un envers l'autre à ne point se faire la guerre et à soumettre à l'arbitrage d'un ami commun les débats qui pourraient dans la suite altérer leur union (4).

A cette époque, Thiébaud VII, sire de Neufchâtel, venait d'acquérir la seigneurie d'Héricourt sur les ducs d'Autriche, Albert et Léopold. Voisin de Lure il pouvait rendre à cette maison d'importants services. Les religieux le choisirent pour gardien en 1377, 18 mars, V. S. (5). Cependant cette association dura peu : car dès le commencement de l'année suivante, l'*avouerie* de Lure était retournée aux ducs d'Autriche. On ne peut en douter à la vue d'une charte de 1378 (V. S.), par laquelle Léopold, en récompense de la fidélité que l'abbé et ses religieux ont gardée à ses prédécesseurs, leur assure à son tour sa protection toute gratuite, et s'engage de plus à ne jamais se dessaisir de la garde du monastère, sans leur consente-

---

(1 et 2) Collect. diplom. de M. l'abbé Brocard. V. aux preuves.
(3) Invent. des tit. de l'abbaye.
(4) Anc. archiv. de l'abb. de Lure, à la préf. de Vesoul et aux preuves.
(5) Supplém. au cartul. de Neufchâtel.

ment exprès (1). En qualité de Landgrave de la Haute-Alsace et de comte de Ferette, il adressa aussi à tous ses officiers et sujets un mandement pour la défense de Lure (1378), 8 janvier, V. S. (2).

Ces précautions ne semblaient point alors avoir une grande importance. Des négociations étaient entamées entre l'abbaye et la cour de Bourgogne pour mettre fin aux querelles qui les divisaient depuis si longtemps. L'une réclamait 5,000 florins d'arrérages sur ses rentes de Poligny, dont les violences du duc Eudes IV l'avaient frustrée. L'autre prétendait que cette privation était assez justifiée par la force des évènements. Enfin les parties conclurent un accord au mois de juin 1379. Marguerite de France, comtesse de Bourgogne, paya aux religieux une somme de 1,000 liv. estev.; ils se désistèrent de leurs droits, et la charge fut éteinte. Mais aux termes de ce traité, le domaine de Bourgogne fut soumis à une autre obligation envers le monastère. Marguerite fonda son anniversaire dans l'église de Lure, et en fixa la rétribution à dix charges de sel que le receveur de Salins devait livrer chaque année le premier mai (3).

Ces relations amicales entre Lure et la Franche-Comté se consolidèrent par le mariage de Léopold IV d'Autriche avec Catherine de Bourgogne. Ce jeune prince, dont le père de même nom avait péri à la journée de Sempach (1386), arriva dans le mois de mai 1391, accompagné de Jean de Vergy qui était venu le recevoir à Gray. Après un séjour de quelques semaines, il reprit le chemin de ses états, et le même seigneur, alors gardien

(1 et 2) Collect. dipl. de M. l'abbé Brocard. V. pièces justif.
(3) Anc. archiv. de l'abbaye de Lure, à la préf. de Vesoul.

du Comté, le reconduisit jusqu'à Lure. A la prière de sa belle-mère, il avait consenti à laisser encore sa jeune épouse en Bourgogne, à condition qu'elle lui serait remise au 15 août, soit à Vesoul ou à Montjustin par le Duc en personne, soit par les députés de ce prince dans la ville de Lure, avec le reste de sa dot et tout son trousseau (1). Philippe-le-Hardi ne soutint point contre son gendre les prétentions des comtes de Bourgogne à la suzeraineté de Lure. Il reconnut au contraire que cette seigneurie ressortissait des états de Léopold. L'aveu en est consigné dans un mandement adressé au bailli d'A-mont en 1302 (2).

Henri mourut en 1379, après avoir occupé pendant vingt ans le siége de saint Delle (3). Grand par sa sagesse au milieu de la prospérité, plus grand dans l'infortune par son courage, il avait rétabli promptement les affaires de l'abbaye, en se conciliant l'affection de ses protecteurs et l'estime de ses ennemis. Guillaume II fut élu pour le remplacer. Il recueillit les fruits de la paix que son prédécesseur lui avait ménagée, s'appliquant encore à les multiplier par une bonne administration. Sa mort arriva en 1387, et Albert III d'Autriche, représentant son neveu Léopold, vint faire la garde du cloître pendant l'élection d'un nouveau prélat. Pierre III de Montbozon fut élevé à la double dignité de prince et d'abbé (1389). Une sentence arbitrale mit fin à un litige qui s'était élevé entre son prédécesseur et le curé de Lure, au sujet du patronage de l'église saint Martin. On décida que le

---

(1) Hist. de Bourgogne, t. III, liv. xiv, p. 103.
(2) Inv. des tit. de l'abbaye.
(3) Gallia Christ., t. IV, p. 584.

couvent avait droit à la moitié des aumônes et aux deux tiers des offrandes en pain, cierges et deniers, qui se font le lendemain des noces ou le jour des relevailles (1). Je passe sous silence quelques actes d'administration qui sont sans intérêt historique, pour arriver à l'affranchissement des habitants de Lure.

Le milieu du XIIIe siècle fut dans le comté de Bourgogne l'ère des premières franchises. Besançon (1179), Ornans (1244), le bourg de Salins (1249) devinrent libres. Orgelet (1266 V. S.), Dole (1274), Faucogney (1275), Arlay (1276), Arbois (1282), Poligny (1288), obtinrent le même bienfait. C'était la maison de Châlons qui se mettait à la tête de ce mouvement généreux. Il gagna bientôt la plupart des monastères, et les bourgs de leur dépendance furent affranchis. Les fiefs de l'empire, limitrophes de la Bourgogne et possédés par des princes et des gentilshommes du Comté cédèrent aussi à l'entraînement général. Montbéliard (1283) et Belfort (1307) reçurent de Renaud de Bourgogne des chartes de commune, et Thiébaud de Faucogney, abbé de Luxeuil, en donna une aux habitants de cette ville (1291). Le siècle suivant ne fut pas moins profitable aux progrès de la liberté. Lure presque seule tardait à changer la condition de ses sujets. Les longues guerres dont elle fut accablée, peuvent excuser sa lenteur; né du désordre et de l'anarchie, le régime féodal se perpétuait sans peine au milieu des invasions et du pillage.

Cependant, en 1318, l'abbaye avait déjà fait un acte d'affranchissement. Elle était en procès avec un habitant de Lure, nommé Vuillemin, qui obtint la liberté pour lui et ses descendants, au prix d'un sacrifice pécu-

(1) Invent. des tit. de l'abbaye.

niaire (1). A la fin du XIV° siècle, les religieux tranquilles du côté de la Bourgogne et du pays de Montbéliard, aimés des ducs d'Autriche, qui les comblaient de leurs bienfaits, songèrent enfin aux avantages qu'ils retireraient eux-mêmes d'un affranchissement général. La ville était sans commerce et presque sans habitants ; les terres demeuraient incultes. Quelque sûreté que l'on eût trouvée dans les remparts de Lure, ce n'était plus le temps où l'on achetait une vie plus tranquille en se soumettant à l'esclavage. Pierre de Montbozon craignant que la ville ne devînt déserte, prit le parti d'en proposer l'affranchissement à son chapitre. Cette grave question, longtemps agitée, fut résolue d'une manière favorable et en 1400 (V. S.) les habitants reçurent de l'abbaye la charte de leurs premières libertés (2). Elles comprenaient seulement l'abolition de la main-morte, tant au profit de la population actuelle de Lure que pour ceux qui s'y retireraient plus tard. Quiconque abandonnerait la ville devait retomber par là même sous le joug de la servitude. Tous les droits seigneuriaux étaient expressément réservés, et, malgré cette restriction, la concession des religieux ne s'étendait pas au-delà de la neuvième génération. Le premier acte de ces nouveaux affranchis fut leur refus de contribuer à l'entretien des murailles de la ville. Une sentence arbitrale de 1408 les y condamna, mais en même temps l'abbé leur fit remise de quelques prestations seigneuriales (3).

(1) Inv. des tit. de l'abbaye.—Id. recueil des édits, IV, 70.
(2) L'acte de cet affranchissement n'existe plus; mais il est mentionné dans un grand nombre de titres, et en particulier dans une seconde charte d'affranchissement dont nous parlerons plus tard.
(3) Inv. des tit. de l'abbaye.

D'autres difficultés préoccupaient Pierre de Montbozon. Etienne, comte de Montbéliard était mort en 1397, après avoir partagé sa riche succession entre ses quatre petites-filles. Henriette qui était l'aînée, obtint le comté de Montbéliard avec les seigneuries de Porentruy, d'Etobon, de Granges, de Clerval, de Passavant et de Franquemont. Ces domaines passèrent dans la maison de Wurtemberg, par le mariage d'Henriette avec Eberhard-le-jeune (1). L'abbaye de Lure souffrit beaucoup de ce changement. Elle possédait dans la baronnie de Granges une rente considérable sur les salines de Saulnot, que le comte Thierry III, mort en 1282, lui avait libéralement accordée. Un prince étranger tenait moins à entretenir avec les religieux des rapports de bon voisinage. Aussi dès le commencement de son règne, Eberhard refusa-t-il aux moines de Lure les quarante-huit charges de sel qu'ils réclamaient en vertu de la concession de Thierry. Fatigué de leurs instances sans fin, il les menaça de son courroux, s'ils osaient se plaindre devant les tribunaux ecclésiastiques. L'officialité de Besançon ordonna néanmoins, sur les doléances de l'abbé, une enquête juridique (1401), et le résultat en fut favorable aux prétentions de Lure (1402) (2). Malgré la reconnaissance de leurs droits, les religieux ne pouvaient obtenir justice. Ils s'adressèrent au duc de Bourgogne, parce que la baronnie de Granges dont Saulnot faisait partie, dépendait du Comté. Le parlement de Dole fut saisi de cette affaire, et les huissiers de la cour signifièrent un commandement aux officiers de Granges et au receveur de Saulnot (3). J'ignore si l'ab-

(1) Eph. de Montbéliard, p. 417.
(2 et 3) Anc. arch. de l'abbaye de Lure, à la préfecture de Vesoul.

baye fut remise alors en possession de ses rentes. Mais elle les recouvra certainement, puisqu'elle en jouissait encore dans le siècle dernier, comme on le voit par des quittances de 1731, 1737 et 1738.

Ces débats engagés par Pierre de Montbozon se continuèrent sous l'administration de son successeur. C'était Jean de Beaumotte, homme habile qui ne fut pas moins cher à la cour de Bourgogne qu'à celle d'Autriche, et que le duc Jean compta parmi ses plus dévoués serviteurs. Plusieurs circonstances font assez connaître la faveur dont l'honorait ce prince. En 1411 une ligue s'était formée contre le roi de France et avait rassemblé toutes ses forces aux environs de la capitale. Jean-sans-Peur ayant aidé le roi à la dissiper, rendit compte à la duchesse du succès de ses armes. Celle-ci, dès le lendemain (28 octobre), envoya des courriers chargés de lettres pour porter cette heureuse nouvelle au duc et à la duchesse d'Autriche, à la duchesse de Savoie, aux sires de Belvoir et de Neufchâtel, à l'abbé de Lure et à plusieurs autres seigneurs (1). Le 27 septembre 1412, Jean de Beaumotte est témoin d'un accord que le Duc fit au château de Rochefort, avec sa sœur Catherine d'Autriche (2). Il fut chargé en 1416 d'une mission en Allemagne. Le duc de Bourgogne n'avait pas cru pouvoir choisir un envoyé plus agréable. Il lui fit remettre, en témoignage de sa satisfaction, six tasses d'argent rayées et émaillées et une coupe du même métal enrichie de dorures (3).

(1) Hist. de Bourg, t. II, p. 337.
(2) Manusc. du P. Dunand.
(3) Arch. de la Ch. des comptes de Dijon. Les tasses d'argent étaient du poids de 5 marcs, 3 onces, et du prix de 38 liv. tournois. La coupe

Dans le courant du XIVe siècle, les abbés de Lure n'avaient point reçu l'investiture impériale. C'était le temps où les comtes de Bourgogne empiétaient sur l'abbaye et où la puissance de cette maison religieuse était ébranlée par les plus grandes secousses. Sigismond de Luxembourg, plus vigilant que les empereurs qui l'avaient précédé, se la rattacha d'abord en la recommandant à Etienne, duc de Bavière (8 août 1404). En 1417 il en confirma les immunités, et il chargea Jean de Lupfen, grand bailli d'Alsace, de recevoir les foi et hommage de l'abbé. La même année Jean de Beaumotte obtint encore de Sigismond l'assurance de sa haute protection (1). Les ducs d'Autriche n'avaient point cessé d'être les gardiens du couvent et de ses possessions. Dans un titre de 1419, les bourgeois de Lure les reconnaissent en cette qualité, comme ils avouent pour seigneurs immédiats l'abbé et les capitulaires. Hermann Gesler, écuyer et grand maître de la cour d'Autriche, fut témoin de cet acte d'obéissance. Guillaume, marquis d'Hochberg et de Rotelin, bailli de la Haute-Alsace, et le comte de Thierstein firent successivement divers voyages à Lure pour assister à de semblables cérémonies (1420-1422). Ils venaient s'installer dans l'abbaye avec une suite nombreuse et ne se retiraient guère sans avoir rançonné le pays ou extorqué de riches présents par la crainte qu'ils inspiraient. Ils parlaient, ils agissaient en maîtres, et lorsque des différends étaient soumis à leur arbitrage, ils quittaient Lure sans les avoir terminés, afin d'attirer de nouveaux justiciables devant leur

pesait 2 marcs, 1 once et 13 esterlins. Elle coûta 22 liv. 3 s. 0 den. tournois.

(1) Inv. des tit. de l'abbaye.

tribunal. C'est ainsi que les baillis de la Haute-Alsace interviennent souvent dans les affaires de la principauté. Les bourgeois avaient obtenu la remise de quelques redevances seigneuriales, sous le gouvernement de Pierre de Montbozon. Jean de Beaumotte, moins content de leur soumission, les exigeait à la rigueur. Après la mort de ce prélat, les habitants profitèrent de la vacance du siége pour faire entendre leurs réclamations. Jean, comte de Thierstein, bailli d'Auxois (1), fut choisi par le prieur pour conclure et rédiger l'acte d'accommodement, et les immunités des habitants furent rétablies à perpétuité (1422) (2).

Jean II de Beaumotte, neveu du précédent, succéda à son oncle (1422). Il était prieur de Saint-Vivant et conseiller du duc de Bourgogne. L'influence dont sa famille jouissait, ne diminua pas, puisqu'il obtint du duc, en 1431, une gratification de 100 livres pour Henri, son neveu, châtelain de Gray (3). Ce crédit lui fut plus d'une fois utile pour lui-même. Jean-Louis de Thulières qui tenait le château de Montjoie sur les confins du Sundgau, fit enlever dans les terres de Bourgogne quelques sujets de l'abbaye avec leurs chevaux et une partie de leurs meubles. Cette violation du droit des gens au préjudice d'une maison amie, n'échappa point à la vigilance du bailli d'Amont. Dans l'intérêt de l'union qui régnait entre les ducs d'Autriche et de Bourgogne, il prit fait et cause pour l'abbé de Lure, somma Jean de Thulières de réparer les dommages qu'il avait portés, et

---

(1) C'est sous ce nom que l'on désignait l'Alsace autrichienne au moyen-âge. La régence de cette contrée siégeait à Ensisheim (Agnessey).

(2) Arch. de la mairie de Lure. V. aux preuves.

(3) Manusc. du P. Dunand.

manda à tous les officiers du bailliage de prêter au prélat aide et assistance (1) (1428). Le duc de Lorraine, alors en guerre avec la maison d'Autriche, commit de même quelques vexations sur les sujets de l'abbaye. Il les répara quelque temps après (2). Mais l'absence de Jean de Beaumotte livra la principauté aux entreprises de ses ennemis. Ce prélat siégait au concile de Bâle, lorsque les religieux se plaignirent à lui d'être inquiétés par les seigneurs du voisinage.

Trop éloigné pour obtenir une réparation efficace, il écrivit à Guillaume, marquis d'Hochberg, qui commandait en Alsace, et exposa aux Pères du concile les infortunes de son monastère. On établit aussitôt des peines canoniques contre les usurpateurs des biens de l'abbaye (1435), et Jean de Beaumotte se hâta de revenir à Lure. L'empereur Sigismond lui avait accordé, l'année précédente, des lettres de sauvegarde, en prononçant contre les ennemis du couvent une amende de 100 marcs d'or, applicable par moitié à l'abbé et au trésor de l'Empire (1er mars 1434) (3). Il avait aussi confié l'abbaye à la garde du landgrave d'Alsace, Etienne de Bavière, comte Palatin du Rhin (3 août 1424) (4). Jean de Beaumotte mourut en 1438.

Pierre de Morimont, bailli de Ferette, entra bientôt à Lure, à la tête d'une compagnie, pour garder les religieux pendant l'élection. Des brigues naissantes rendaient ce secours d'autant plus opportun. Jean, comte de Fribourg, et de Neufchâtel, gouverneur et capitaine-général

---

(1) Anc. arch. de l'abbaye de Lure, à la préf. de Vesoul.
(2) Id.
(3) Inv. des tit. de l'abbaye.
(4) Notes de M. Duvernoy.

de Bourgogne, voulait faire nommer le cardinal de Lisbonne. Il en écrivit au Duc et au parlement (1). Mais ce projet échoua, et Elyon de Lantenne fut élu. Il ne prit possession de la crosse que pour voir les richesses de son abbaye mises au pillage. Les Ecorcheurs répandus dans le comté de Bourgogne et dans l'Alsace y commettaient alors les plus graves excès. Le comté de Montbéliard, les seigneuries d'Héricourt, Blamont et Clémont, ne furent pas plus épargnées que la terre de Lure (1437—1439). D'autres ennemis succèdent aux premiers. Les Armagnacs, sous le commandement du dauphin de France qui fut depuis Louis XI, occupent Montbéliard par composition sur la fin du mois d'août 1444. Cette place sert à protéger leurs excès. Ils parcourent les villages par troupes détachées, rançonnent et maltraitent les habitants, pillent les maisons de fond en comble et ne se retirent qu'à l'aspect des villes où l'espoir du butin ne s'achète que par des combats. Le bailliage de Baume et les principautés de Lure et de Luxeuil souffrent cruellement de ces incursions multipliées.

Elyon de Lantenne affranchit, en 1449, ses sujets de Frahier et de Chalonvillars et mourut quelques années après. Son successeur fut Claude de Rye dont le gouvernement dura peu. En 1454, il accorda des lettres de grâce à Jean Prévôt qui avait été condamné à mort pour crime d'homicide. Cet acte de souveraineté est le seul trait remarquable de son administration. Sa mort devient le signal des plus grands débats (1458). Deux compétiteurs se disputent la mitre, et les plus hauts personnages de l'époque prennent parti dans cette affaire.

(1) Arch. de la ch. des comptes de Dijon, citées par le P. Dunand.

CHAPITRE V.

Jean Stœr et Jean Bonnet se disputent l'abbaye de Lure.—Jean Stœr obtient gain de cause.— Il est persécuté par Pierre de Hagenbach, gouverneur du comté de Ferette.— Son administration, son éloge.— Maximilien vient à Lure.—Jean Virot gouverne l'abbaye.—Il est remplacé par Georges de Massmünster appelé en même temps au siège de Murbach.—Introduction du protestantisme dans le comté de Montbéliard.—Révolte des paysans.—L'archiduc Ferdinand renouvelle les traités de gardienneté.—Organisation de la justice à Lure.—Rôle de la commune.

Murbach, déchu de son antique splendeur, ne possédait plus Lucerne (1) ni le val de Saint-Amarin. Il ne pouvait plus protéger Lure contre la violence; mais ses rapports avec elle n'avaient point cessé. Dans le XIVe siècle et au commencement du XVe, on trouve des échanges entre les deux abbayes (2). Selon l'usage du temps, les religieux de l'une jouissaient souvent dans l'autre de quelques prébendes. Bientôt les dignités de chaque maison devinrent presque également accessibles aux moines des deux couvents, sans distinction d'origine ou d'éducation. Ainsi se préparaient les évènements que nous allons raconter.

Après la mort de Claude de Rye, les capitulaires de

(1) Lucerne et son monastère étaient soumis à Murbach depuis le temps de Pepin, père de Charlemagne (*Neugart, Codex diplom. Alemanniæ*, I. n° 298). L'empereur Rodolphe et son fils Albert en firent l'acquisition sur l'abbé Berthold pour 2,000 marcs d'argent et cinq villages situés dans la Haute-Alsace, par actes des 10 avril et 12 mai 1291.

(2) Schœpflin, Als. dipl., t. II, p. 314.

Lure choisirent pour abbé Jean Stœr, doyen de Murbach. Ce religieux, originaire d'Alsace, et à qui plusieurs actes donnent le titre de gentilhomme, n'était point étranger à notre abbaye. Il y possédait une prébende et y avait même exercé plusieurs charges. Il demanda à Rome des bulles de confirmation. Mais le droit d'élection venait d'être violé; l'abbaye de Lure était déjà pourvue. Une bulle y avait appelé Jean Bonnet, moine de Luxeuil. L'auteur de cette intrigue était le célèbre Jouffroy, depuis cardinal, alors évêque d'Arras et ambassadeur de Philippe-le-Bon auprès du pape. Ce rusé négociateur qui avait promis au souverain pontife l'abolition de la pragmatique sanction, travaillait, en attendant, à sa propre fortune et à l'élévation de sa famille. Né dans une condition obscure, il s'était fait annoblir, lui, son père (1), ses frères et une partie de ses proches. Jean Bonnet, qui était son neveu, apprit aussi à rougir des petits marchands qui lui avaient donné le jour; il quitta leur nom pour celui de Montureux, et sous ce titre emprunté se présenta, comme gentilhomme, dans les cours de France et de Bourgogne. Là, il cherchait à faire passer Jean Stœr pour un

(1) Perrin Jouffroy, père du cardinal, reçut du duc Philippe-le-Bon des lettres de noblesse données à Bruxelles, au mois de février 1444 (V. S.).—L'abbey de Billy se plaint amèrement de la malignité avec laquelle on a voulu altérer l'origine de la maison de Jouffroy, et il fait d'incroyables efforts pour donner au cardinal des ancêtres nobles et lettrés (Histoire de l'univ. du comté de Bourg., t. II p. 3 et suiv.). Malgré la bonne volonté du généalogiste, on se souviendra toujours des démêlés que Jouffroy eut en Italie avec le Pape et les cardinaux, et des reproches sanglants qu'il essuya alors au sujet de sa basse naissance. Comment lui eût-on rappelé qu'il était fils et petit-fils de marchands, si ce n'eût été qu'une assertion injurieuse et sans fondement? Les pièces du procès qui s'éleva entre Jean Stœr et Jean Bonnet viennent encore à l'appui de ces

usurpateur, tandis que celui-ci, se confiant dans la validité de son titre, prenait possession du siége abbatial (1458). Rien ne fut épargné pour déposséder ce prélat. Philippe-le-Bon voulut entraîner le duc d'Autriche dans le parti de Jean Bonnet. La lettre qu'il lui adressa est assez curieuse. S'il soutient lui-même la cause de ce religieux, c'est, dit-il, pour se rendre aux sollicitations de l'évêque d'Arras, son ambassadeur, dont la vie s'use à son service. C'est aussi pour honorer la vertu de Jean de Montureux et pour être utile à un monastère dont les terres sont contiguës à la Bourgogne (1). Ainsi les souverains du Comté se gardaient bien, dans leurs rapports avec l'Empire, d'afficher aucune prétention sur Lure. Philippe promet enfin au duc Sigismond d'accorder ses bons offices à Jean Stœr, pour lui faire obtenir une autre abbaye lorsque l'occasion s'en présentera (18 mars 1458 V. S.).

Jouffroy n'avait pas moins de crédit sur Louis XI roi de France. Ce prince, lorsqu'il était encore dauphin, s'était retiré à la cour de Bourgogne, après avoir eu avec le roi son père plusieurs démêlés. Jouffroy l'y avait connu. Courtisan de sa grandeur future, il sut déjà employer pour son neveu les bonnes grâces de Louis, lequel dès l'année de son avènement (1461), recommanda au bailli de Chaumont et à celui de Ferette la cause du moine de

reproches. Jean Bonnet est dit en plusieurs endroits neveu de l'évêque d'Arras : *Nepos Atrebatensis episcopi*. D'un autre côté, on lui objecte sans cesse la condition d'où il est sorti, *ex ignobilibus mercatoribus natus*, et les subterfuges dont il a usé afin de se faire passer pour noble aux yeux du souverain Pontife (Archiv. de la préf. de Vesoul ; pièces du procès de Jean Stœr contre Jean Bonnet). Ces témoignages contemporains me semblent plus décisifs qu'une généalogie compilée quatre siècles après par un écrivain complaisant.

(1) Arch. de la préfect. de Vesoul.

Luxeuil. Nous publions ses lettres, où perce l'hypocrisie qu'il afficha constamment sur le trône. Il s'étonne, il se scandalise de l'obstination de Jean Stœr, montre le plus grand dévouement au saint Siège et parle des censures avec un respect mêlé de crainte (1).

Malgré ces puissantes recommandations, Jean Bonnet ne pouvait s'établir dans l'abbaye. Pierre de Morimont en faisait la garde, et par son intervention, les habitants de la principauté s'attachèrent à Jean Stœr comme à leur légitime souverain. Jouffroy pensa alors à soutenir les bulles de son neveu par une sentence d'excommunication. Il l'obtint facilement de la chancellerie romaine et elle fut fulminée au mois de mai 1459 (2). Cette nouvelle jeta l'effroi dans tout le pays. Des huissiers venaient afficher les censures jusqu'aux portes de Lure ; ils en semaient des copies au milieu des campagnes, et les attachaient çà et là à des arbres ou à l'entrée des églises. Les curés du voisinage étaient contraints de prêter serment à Jean Bonnet, ou bien s'ils s'y refusaient, leurs églises étaient frappées d'interdit. Quelques défections furent le résultat de ces mesures. Jean Stœr eut peine à conserver à main armée les deux places de Lure et de Passavant. Il se retire dans ce dernier château, met en gage ses meubles les plus précieux, appelle du pape mal informé au pape mieux informé et signifie cet acte à son compétiteur (1459). Les ressources étaient épuisés par les frais qu'entraînaient tant de débats. Il confie sa détresse à Pierre de Morimont, bailli de Ferette, et après avoir imploré son secours dans les termes les plus pressants :

« Il me seroit bien nécessaire, ajoute-t-il, de vous plus

(1 et 2) Arch. de la préfecture de Vesoul. V. aux preuves.

» amplement enarrer mes douloirs lesquèles me sont très
» sensibles ; mais pour la grant faveur et amour que jay en
» vous, je le porte paciamant jusque ad ce que par vostre
» moyen j'auray aucun bon reconfort et le plus brief sera
« le meillour. Très chier et honoré seignour, le benoist fils
» de Dieu vous ait en sa sainte garde, quil vous doint
» accomplir tout ce que votre cœur désire, et bien per-
» sévérer en bonnes œuvres iusques à la fin : car vos
» principes sont tousiours esté bons et sy sera la fin si
» Dieu plait. Escript à Paissavant le x⁰ jour de juin de l'an
» mil IIII° cinquante et neuf, vostre treshumble chappelain,
» Jehant Steurre, abbé de Lure (1). »

Jean Bonnet s'était pourvu devant les tribunaux du Comté ; il n'y avait guère de discussion possible. Aussi le bailli d'Amont, par une sentence rendue à Vesoul en 1458, confisqua-t-il les revenus que l'abbaye de Lure avait en Franche-Comté, et Jean Bonnet en fut mis en possession. Que pouvait faire son malheureux compétiteur ? L'unique parti qu'il avait à prendre et qu'il choisit en effet, était de prouver devant les tribunaux du Comté la validité de son élection. Il appela au parlement de Dole de la sentence rendue à Vesoul. Pierre de Morimont ne laissa point ignorer à la cour qu'un arrêt favorable à Jean Bonnet ne finirait point la contestation. Il écrivit au président que l'abbaye de Lure était sous la garde de la maison d'Autriche, qu'elle était située hors du territoire Bourguignon, comme plusieurs officiers du duc l'avaient reconnu, et qu'il se ferait un devoir de la défendre contre l'intrus et ses partisans.

Déjà la cause n'était plus douteuse en cour de Rome. Jean Stœr avait obtenu que les bulles de son compétiteur

(1) Arch. de la préfect. de Vesoul

fussent rapportées. Mais en reconnaissant l'élu, le Saint-Siége avait voulu ménager Jean Bonnet. On offrit à celui-ci une pension de cent ducats, s'il consentait à se désister de ses prétentions (fin de 1459). Bonnet la refusa, dans l'espérance de déposséder son rival avec le secours du duc de Bourgogne. Ces divisions intestines favorisèrent l'entreprise de certains seigneurs du voisinage, qui, enhardis par l'espoir du butin, se jetèrent dans Lure avec leurs hommes d'armes (1460). Ils mirent plusieurs maisons au pillage, assiégèrent le cloître, et tuèrent quelques serviteurs de l'abbaye. Leur cri de guerre les fit reconnaître pour des chevaliers bourguignons; et l'affaire fut instruite par l'autorité du parlement. On trouva parmi les coupables Jean Arménier, Jean de Fleurey, Antoine de Grachault (1). La cour promit de les punir, en protestant que le duc Philippe ne souffrirait jamais de pareilles entreprises sur les terres d'un allié. Tout se borna à cette déclaration.

Cependant les droits de Jean Stœr devenaient chaque jour plus incontestables. Le bailli d'Amont en reconnut même la légitimité dans une conférence qu'il eut avec Pierre de Morimont, et il adjugea à Jean Stœr la possession de l'abbaye, en déclarant, d'une manière au moins implicite, que les prétentions du duc de Bourgogne à la souveraineté de Lure étaient sans fondement. Celui-ci, quoiqu'il eût fait deux ans auparavant un aveu plus formel encore, réprimanda son bailli, lui ordonna d'annuler l'acte qu'il avait dressé et de soutenir comme auparavant les droits de Jean de Montureux (31 octobre 1460) (2).

(1) Arch. de la préfect. de Vesoul.
(2) Idem.

L'intrus poursuivait ainsi le cours de ses démarches, et le litige se prolongeait, malgré les bulles que Jean Stœr obtenait contre son compétiteur. On n'en compte pas moins de quatre dans l'espace de cinq ans (1460-1465). Le parlement de Dole s'était prononcé en faveur de Jean Bonnet (1461); l'archevêque de Besançon lançait contre Stœr des sentences d'excommunication. Barthélemy, abbé de Murbach, l'abbé de Saint-Paul et le doyen du chapitre métropolitain ne pouvaient réussir à concilier les parties. Ils rendirent alors, en qualité de commissaires délégués par le Saint-Siège, un arrêt définitif contre Jean Bonnet (1465), que le duc de Bourgogne ne tarda point à abandonner. Réduit à ses propres forces, le moine de Luxeuil revint enfin de son obstination, et consentit à recevoir la pension qui lui était offerte depuis cinq ans. Jean Stœr demeura paisible possesseur de la principauté. Les commissaires du Saint-Siège en le déclarant affranchi de toute juridiction épiscopale, ordonnèrent la restitution des biens dont il était privé, et lui donnèrent, *ad cautelam*, l'absolution de toutes les censures portées contre lui. Telle fut la fin de cette longue et déplorable querelle.

Aux divisions intestines succédèrent les inimitiés d'un tyran. Le repos semblait avoir à jamais quitté les murs de l'abbaye. En 1469, Sigismond, duc d'Autriche, vendit à Charles-le-Téméraire, sous la clause de rachat, le comté de Ferette avec la Haute-Alsace et le Brisgau, en stipulant, entre autres conditions, que le monastère de Lure serait maintenu dans tous ses priviléges. Pierre de Hagenbach, l'un des favoris de Charles, fut nommé grand bailli de toutes les seigneuries engagées au duc de Bourgogne.

Après avoir reçu, au nom de son maître, le serment de l'abbé et des religieux, il promit à son tour de défendre l'abbaye en gardien fidèle. Cette espèce de contrat était en usage depuis fort longtemps. On ne manquait pas de le renouveler, chaque fois que le comté de Ferette et les autres possessions de la maison d'Autriche changeaient de souverain ou de gouverneur. Jean Stœr, qui voulait mériter les bonnes grâces du duc de Bourgogne, prêta de nouveau entre ses mains, le serment qu'il avait déjà fait (14 juillet 1470); et Charles, flatté de cet hommage, en récompensa l'abbé en lui conférant le titre de conseiller. Mais le monastère n'en fut pas mieux traité. Pierre de Hagenbach gouvernait en tyran les pays engagés par Sigismond. Dur, hautain, immoral, il soulevait contre lui la population toute entière par les exigences de sa conduite.

Jean Stœr jouissait en paix des mines de Plancher. Elles appartenaient à l'abbaye de temps immémorial, et le comte de Thierstein, après lui en avoir disputé la propriété, avait avoué lui-même dans un acte authentique, que ses prétentions étaient mal fondées (1425) (1). Ce titre n'arrêta point Pierre de Hagenbach. Il inquiète l'abbé de Lure, le dénonce à son maître comme détenteur d'une propriété royale, et pendant que le parlement commence une information juridique, il obtient un ordre pour mettre les mines en séquestre (1470, 4 septembre). Mais la procédure marchait trop lentement au gré de ses désirs; bientôt il ne garde plus de mesures, arrive au monastère, suivi d'une troupe bien armée, et sa violence éclate en menaces. Après une longue dispute, il convient avec l'abbé

(1) Archiv. de la préfecture de Vesoul.

de s'aboucher à Ensisheim pour remettre la décision de la querelle au conseil supérieur qui y tenait ses séances. Jean Stœr parut à l'entrevue entouré de soldats et de chevaliers. Mais Hagenbach avait déployé autour de sa personne un appareil plus formidable encore. L'abbé déclara en vain qu'il remettait sa cause à l'arbitrage du Duc et de son conseil. Le gouverneur s'emporta de nouveau : « c'est à moi, s'écria-t-il, qu'il appartient d'en connaître; » puis arrêtant l'abbé et toute sa suite, il les fit enfermer au château d'Ensisheim. Accablé d'outrages, le malheureux prélat consentit à tout. Il prêta, entre les mains de son persécuteur, un serment qui compromettait les franchises de l'abbaye, et ayant recouvré à ce prix sa liberté, il se hâta de demander justice en protestant contre la violence qu'on lui avait faite (fin de 1470). Charles reçut à Lille la nouvelle de ce barbare traitement. Il était trop occupé de ses grandes entreprises pour rendre lui-même justice à l'abbé de Lure. Ce fut donc devant le parlement que le vénérable plaignant fut renvoyé (1).

L'affaire traîna en longueur. Si Jean Stœr n'obtint aucun dédommagement pour de si cruelles insultes, du moins ne fut-il pas privé longtemps des mines de Plancher. En 1472, un arrêt du conseil permit à l'abbé d'en jouir par provision et moyennant caution (2). Cet avantage précaire se changea bientôt en une possession perpétuelle.

Les officiers de Charles-le-Téméraire traitaient avec tant de dureté les provinces engagées par Sigismond, que les habitants sollicitèrent ce prince à rembourser le prix de la vente. Déjà les Férettois se révoltaient : Pierre de

(1) Arch. de la préfect. de Vesoul.
(2) Invent. des titres de l'abbaye.

Hagenbach était tombé au pouvoir des bourgeois de Brisach; tout annonçait une révolution sanglante. Sigismond la prévint en se procurant les moyens de rendre au duc de Bourgogne les sommes qu'il en avait reçues. Il les fit consigner à Bâle, notifia à Charles l'acte de ce rachat, et, sans attendre de réponse, se remit en possession de ses états. Le gouverneur déchu paya de sa tête ses prévarications multipliées. Ainsi l'abbé de Lure, délié du serment de fidélité qui l'engageait envers le duc de Bourgogne, rentra sous la protection de la maison d'Autriche (mai 1474).

Pendant que ces belles provinces échappaient à Charles-le-Téméraire, les Suisses lui causaient d'autres déplaisirs. Au mois de novembre 1474, ils mirent le siége devant Héricourt et en poursuivirent les travaux avec vigueur. Une armée bourguignonne, forte de plus de vingt mille hommes, marcha au secours de la place, sous le commandement de Henri de Neufchâtel, à qui elle appartenait. Après avoir traversé les terres de l'abbaye, sous les murs du château de Passavant, elle campa près d'un étang qui, selon l'opinion des écrivains les plus modernes, est celui que l'on voit encore entre Chenebier et Chagey. Elle avait à peine dressé ses tentes que les assiégeants l'attaquèrent et la défirent entièrement (le 13 novembre). Quatre jours après (le 17), la ville ouvrit ses portes aux vainqueurs, qui recueillirent les premiers fruits de leurs succès en faisant des excursions dans les environs de Lure et de Luxeuil, non sans laisser partout où ils passaient des traces de pillage et d'incendie (1).

---

(1) Notice sur la seigneurie d'Héricourt, par M. Duvernoy. (Recueil de l'académie de Besançon, 1838).

Lure fut toujours traitée soit par le duc Charles, soit par ses officiers de Franche-Comté, comme une ville amie. En 1476, ce Prince ordonna la restitution des hommes et des chevaux qui avaient été enlevés sur le territoire des religieux. Dans la même année, les fonctionnaires du bailliage d'Amont accordèrent à l'abbé un sauf-conduit pour prendre à Salins le sel auquel il avait droit, et ils firent accompagner le convoi pour en protéger la marche. Ces services n'étaient pas tout-à-fait désintéressés. Le procureur fiscal près le siége de Vesoul en réclama le prix, tout en faisant valoir la modération qu'il y mettait. Il écrivait à l'abbé : « Quant au saulf-con-
» duict, faites-en comme il vous plaira, car il fault à
» chacun faire son droit, et suis celuy qui prent le
» moings (1). »

Je ne parlerai pas de la conquête de la Franche-Comté par Louis XI (1479), des désastres qui la signalèrent, ni de l'horreur qui la suivit. Les Suisses servirent d'auxiliaires aux Français. Sigismond qui gouvernait le comté de Ferette, se montra plus complaisant encore. Les troupes qu'il envoya aux Bourguignons reçurent dans leurs rangs des archers ennemis, et n'entrèrent à Dole que pour se prêter à l'infâme trahison dont cette ville fut la victime. Comme alliée de l'Autriche, Lure fut épargnée par les Français (2), et Jean Stœr s'adonna en paix aux

---

(1) Arch. de la préf. de Vesoul.
(2) Charles d'Amboise, enflé par ses succès dans la Bourgogne, voulut franchir les limites du Comté pour s'emparer de Montbéllard, de Lure et même de Belfort. Mais les cantons Suisses s'alarmèrent de ce projet, et dans une diète tenue à Berne le 26 juin 1479, firent à l'ambassadeur de Louis XI d'énergiques remontrances. D'Amboise reçut de sa cour l'ordre formel de renoncer à son dessein.

soins de sa maison. Mais il ne put prévenir ni la disette, ni la peste dans ses domaines. « En l'an 1479, dit une » chronique, fit grand chier temps au comté de Bour- » goigne. L'on ne pouvait vivre pour l'argent, pourquoi » plusieurs poures gens moururent de faim......... Il en » mourut beaucoup tant à Lure, Luxeuil qu'autre part » du voisinage. La mortalité fut telle à Villersexel et en la » paroisse, que s'il était encore mort une personne, l'on » ne l'eust sceu mettre au cimetière, ains l'eut fallu » emmener à Villers-la-Ville (1). »

Jean Stœr avait cédé aux capitulaires une part dans les mines de Plancher (1469), et passé un compromis avec le comte de Montbéliard, au sujet de la haute-justice sur le village de Frotey. Ces mesures le faisaient aimer dans l'abbaye, et respecter au dehors. Georges de Burtenbach, bailli autrichien à Héricourt, trouva en lui un adversaire redoutable, lorsqu'il voulut empiéter sur les droits que Lure avait à Tavel. La contestation fut portée devant la chambre d'Ensisheim, et une sentence de 1483 rendit justice au prélat (2).

A l'exemple de ses prédécesseurs, il fit différents actes de souveraineté dont nous retrouvons les preuves dans un procès criminel. Perrin Dutel, convaincu de vol sacrilége, avait été condamné à mort. Il n'implora point en vain la clémence de l'abbé. La peine fut commuée; au lieu de perdre la vie, il ne subit que le suppli du fouet et un bannissement perpétuel (3) (1477). Jean Stœr se distingua par une conduite pleine de modération et de bien-

---

(1) Collection diplom. de M. Duvernoy.
(2) Mém. sur procès.
(3) Invent. des titres de l'abbaye.

vaillance. Sa mémoire fut longtemps en vénération dans l'abbaye, et le peuple dont il avait allégé les charges, lui décerna le titre de *bon abbé*. Ce surnom, si glorieux et si rare dans un siècle où la vertu n'était plus le partage des cloîtres, suffit à l'éloge de celui qui l'a mérité. Jean Stœr mourut en 1486.

Son successeur ne nous est connu que par son prénom. En 1487, Pierre, abbé et prince de Lure, prêta serment à l'empereur Frédéric III, devant l'évêque de Bâle. Il reçut aussitôt l'investiture des régales dont le détail comprend tous les fiefs temporels et ecclésiastiques de la principauté, les hommes, mines, bourgs, châteaux, villes, marchés, foires, villages, haute et basse justice en dernier ressort, tant au civil qu'au criminel, offices, honneurs, prééminences, ventes, revenus et usufruits (1). Frédéric eut son fils Maximilien pour successeur. Celui-ci visita Lure plusieurs fois et y fit d'assez longs séjours. Un intérêt politique l'y appelait. Cette ville, le dernier boulevard de l'Empire, était un poste avancé sur la Bourgogne dont il méditait la conquête sur les Français. Maximilien y arriva le 27 novembre 1492 ; il s'y trouvait encore le 17 décembre suivant, réunissant autour de lui les hommes et les munitions nécessaires à l'exécution de son grand dessein. Le succès répondit à son attente ; et le traité de Senlis lui assura la paisible possession du Comté, en reconnaissant en lui, comme père et tuteur, l'héritier des ducs de Bourgogne. En 1498, le même empereur, accompagné de l'archiduc Philippe et de plusieurs seigneurs, se rendit d'Ensisheim à Montbéliard où il passa la journée du 13 septembre. En quittant cette dernière ville, il se dirigea

---

(1) Invent. des tit. de l'abbaye.

vers Lure, puis marcha sur la Saône, où le roi de France avait assemblé un corps de troupes.

Entre Pierre, abbé de Lure et son successeur, il y eut vraisemblablement un interrègne assez long. Jean Virot, sacristain de l'abbaye, figure, en 1493 et en 1501, dans plusieurs contrats où l'abbé n'est pas nommé. Une bulle lui fut adressée en 1494, ce qui semble indiquer que l'administration du couvent se trouvait alors en ses mains. Ce religieux était né à Montbéliard, d'une famille noble (1). Promu, en 1505, à la dignité abbatiale, il demanda à Rome la confirmation de son titre. Mais les bulles n'arrivèrent qu'en 1509, et furent fulminées, l'année suivante, par l'archevêque de Besançon. Jean Virot venait de ceindre la mitre, lorsque la mort le frappa subitement (1510).

Georges de Massmünster (2) fut désigné par les capitulaires pour occuper le siége vacant. Le souverain pontife ordonna une enquête sur sa conduite (1511). Ce n'était qu'une formalité dont les officiaux s'acquittaient au hasard ; et comme les bulles leur étaient expédiées en même temps que le mandement d'information, ils se hâtaient de les fulminer en y joignant un rapport favorable

---

(1) Le premier membre connu de cette maison est Perrenot Virot, à qui le comte Renaud légua par son testament de 1296, *cent sols de terre de rente à sa vie*. Jean Virot, père de l'abbé de Lure, était membre du magistrat de Montbéliard ; et Vernier Virot, neveu du prélat, devint chanoine de l'église collégiale de cette ville. La famille Virot s'éteignit avant le milieu du 17e siècle.

(2) Les auteurs de la *Gallia christiana* parlent d'un Georges de Masevaux qui aurait succédé à Georges de Massmünster. C'est une erreur, et ce double personnage n'en forme qu'un. Masevaux est la traduction du mot allemand Massmünster.

à l'élu. Deux ans après, Gauthier de Wilsberg, abbé de Murbach, vint à mourir. Georges de Massmünster réunit en sa faveur les suffrages des religieux avec d'autant plus de facilité qu'ils étaient en petit nombre, et que la plupart d'entre eux possédaient des prébendes à Lure. L'union des deux titres tournait à leur profit, soit parce que l'exemple de leur chef autorisait le cumul des bénéfices, soit parce qu'ils obtenaient par sa complaisance une meilleure part dans les revenus. Rien n'était plus opposé à l'esprit des saints Canons. Mais l'usage prévaut trop souvent contre la vérité et la justice. De pareils abus s'accréditaient dans l'Eglise au moyen d'un bref de compatibilité. Léon X confirma le choix du chapitre de Murbach, au mois de janvier 1513 (1).

Georges de Massmünster reçut l'investiture de ses régales après avoir prêté serment entre les mains de l'empereur Maximilien (12 janvier 1518). Il le renouvela lorsque Charles-Quint parvint à la couronne. Ce monarque avait employé l'abbé de Lure dans des affaires diplomatiques. Content de ses services, il lui témoigna sa reconnaissance en favorisant l'extension du commerce à Lure et dans le voisinage. Par des lettres-patentes du 15 février 1521, le monarque établit dans cette ville une foire annuelle, qui fut fixée à la fête de saint Simon et de saint Jude, avec permission de la commencer deux jours avant et de la prolonger jusqu'au surlendemain de la fête. Pendant la durée de cette foire, les habitants de la principauté jouissaient de toute espèce de franchise dans leurs ventes, leurs acquisitions et leurs échanges (2).

(1) Arch. de la préf. de Vesoul.
(2) Inv. des titres de l'abbaye.

Les murailles de Lure tombaient en ruines. Georges de Massmünster en les rétablissant, fortifia le monastère avec plus de soin (1). Cette maison prit l'aspect d'un château fort. Elle était garnie de tours, et des fossés profonds en défendaient l'approche. Le connétable de Bourbon vint y loger en 1523. Après avoir passé la nuit précédente à Villersexel, il arriva à Lure le 13 octobre, conduit par les abbés de Saint-Claude et de Luxeuil et par le bailli d'Amont. Son séjour, qui dura jusqu'au 28, fut signalé par des exercices militaires. « Il fit, dit un » chroniqueur, une belle compagnie de gentilshommes » de Bourgogne qu'il voulloit mener après les Alle- » mands, lesquels estoient devant Coiffey en Champagne » et vouloient entrer en France. De Lure ledit Conné- » table fut conduit par les susdits sieurs jusqu'à Agnes- » sey (Ensisheim) et puis dois là se retira vers monsieur » l'Archiduc Ferdinand, roi d'Ongrie et de Bohême (2). »

Nous touchons à l'époque où la réforme fut introduite dans le voisinage de l'abbaye de Lure. Gayling et Farel en furent les missionnaires à Montbéliard. Leurs prédications remontent à l'an 1524, et, l'année suivante, les paysans, gagnés par la contagion des idées nouvelles, se soulèvent en masse contre la noblesse et contre le clergé. On voit le chapitre de saint Mainbœuf rançonné, Belchamp livré au pillage et les moines de cette abbaye contraints de revêtir l'habit séculier pour échapper aux mauvais traitements. A Dampierre-sur-le-Doubs, à Mathey, à Beutal, les seigneurs ne souffrent pas moins de l'audace des révoltés (3) qui, après s'être joints aux paysans du

---

(1) Gallia christ. t. IV, p. 584. — (2) Note de M. Duvernoy.
(3) Ephém. de Montbéliard, p. 286.

Sundgau, étendent leurs ravages dans la principauté de Lure et jusqu'aux environs de Vesoul. Partout ils maltraitent de préférence les nobles et les gens d'église. A leur approche, le bailliage de Faucogney prend les armes, et ils sont défaits entre Fresse et Ternuay. Les habitants de Ronchamp, s'insurgeant à leur tour, se dirigent sur Montbozon où une déroute met fin à leurs pillages (mai 1525). Le sire de Morimont, qui tenait Belfort pour l'Archiduc, avait réuni sous ses ordres les sujets de Lure et d'Héricourt, pour s'opposer aux progrès du désordre. Malgré sa vigilance, Champagney et Plancher deviennent encore la proie des brigands (juin 1525) (1). Ces alarmes furent mêlées de quelques contestations entre le prince de Lure et Guillaume, comte de Furstemberg, alors seigneur d'Héricourt, qui se disputaient la souveraineté de Tavel. Les droits du premier furent garantis de nouveau par un jugement rendu en 1527 (2).

L'archiduc Ferdinand, qui jouissait du comté de Ferette, n'oublia point de se faire reconnaître pour gardien de l'abbaye. Il renouvela d'abord les traités que ses ancêtres avaient faits avec cette maison, puis, afin d'assoupir les difficultés naissantes auxquelles leur interprétation donnait lieu, il en expliqua les clauses par des lettres-patentes du mois de juin 1539. Aux termes de ces lettres, la garde de Lure doit appartenir aux ducs d'Autriche aussi bien que l'entrée dans l'abbaye et dans la ville, pour eux et pour leurs gens, à chaque réquisition. Toutefois, cette prise de possession se fera toujours à leurs dépens. L'abbé et les bourgeois contribueront dans les cas

---

(1) Note de M. Duvernoy.
(2) Mém. sur procès.

de nécessité aux aides imposées sur les domaines autrichiens en Haute-Alsace. Mais on aura égard à la situation de leurs affaires et aux embarras nombreux qu'ils ont avec leurs voisins, parce que ceux-ci leur causent par de fréquentes incursions beaucoup de frais et de dommages. Les capitulaires n'accueilleront dans leurs rangs que des gentilshommes nés en Bourgogne, en Alsace ou dans les autres parties de l'empire, et, à défaut de gentilshommes, ils choisiront dans les mêmes contrées des gens d'une condition honorable et d'une moralité sans reproche (1).

Outre l'abbé, le prieur et les autres religieux, les lettres de Ferdinand désignent encore, comme parties intéressées, la communauté de Lure, représentée par son magistrat. Les membres de ce corps étaient le bourgmestre ou maître-bourgeois, les échevins et les assesseurs. C'est la première fois qu'il en est fait mention dans l'histoire de la localité. Ils sont qualifiés *justiciers-jurés*, ce qui semble indiquer qu'ils avaient dans leurs attributions certains droits de justice, restreints sans doute aux causes de simple police (2). Au-dessus d'eux était placé le prévôt, dont le ressort s'étendait sur tous les villages de la terre de Lure. Cet officier était à la nomination du couvent. Jusqu'à l'établissement d'un bailli, qui n'eut lieu qu'à la fin du

---

(1) On voit par-là que l'usage de ne recevoir que des nobles n'était point établi à Lure. Il ne le fut jamais non plus ni à Luxeuil ni à Faverney. Mais comme Lure tendait à la sécularisation, cet usage s'y introduisit à la fin du 16ᵉ siècle et devint une loi pour la suite aussi bien qu'à Saint-Claude.

(2) Je ne sais si cette qualification de *justiciers-jurés* prouve sans réplique que les bourgeois de Lure avaient alors sur la ville une juridiction de police. Des arrêts rendus dans le 18ᵉ siècle par le parlement de Besançon attribuent au contraire à l'abbaye l'exercice exclusif de cette justice.

XVIe siècle, il connaissait seul de toutes les causes civiles et criminelles. Mais on pouvait appeler de son tribunal à celui de l'abbé, juge souverain de toutes les affaires. Ce tribunal supérieur prit le nom de Chancellerie ; il était présidé ou par le Prince, ou par un des religieux à qui on donna le titre de Grand-Prévôt. Lorsque les monastères de Lure et de Murbach furent réunis, la chancellerie de Lure fut transférée à Guebwiller, petite ville qui dépendait de Murbach et où les moines de ce lieu faisaient le plus habituellement leur résidence. Les bourgeois de Lure devaient ainsi se rendre à Guebwiller, lorsqu'ils appelaient d'un jugement porté par le prévôt. Mais le signe patibulaire demeura exposé sous leurs yeux.

« Sur une petite montagne appelée *Montrandon*, dit
» un acte du seizième siècle, étoit le signe patibulaire de
» la justice, auquel se faisoient les exécutions par la
» corde de tous les délinquants, tant en la terre de Lure
» qu'à celle de Passavant, et étoit ledit signe sur quatre
» colonnes, lequel à quantes fois qu'il étoit ruiné, le révé-
» rend abbé le pouvoit faire redresser sans licence ni
» permission de personne, et les habitants de Lure
» étoient tenus d'assister audit redressement, en armes,
» avec les autres sujets de la terre. »

La commune jouait encore un rôle fort obscur depuis l'affranchissement qui lui donna le jour. Nous l'avons vue figurer avec le couvent dans les prestations de serment qui suivaient la reprise des investitures. Elle faisait aussi quelques acquisitions, administrait ses biens, nommait ses représentants. Ce n'était là que de faibles avantages. Les contrats étaient soumis à la sanction de l'abbé et devaient être revêtus de son sceau. Dans l'élection du magistrat, les bourgeois subissaient encore l'influence des religieux. Ceux-ci présidaient par leurs officiers aux assemblées de la commune, et le choix des habitants n'était d'ordinaire que l'expression des volontés du cloître. Quelques démêlés entre la ville et l'abbaye semblent, il est vrai, indiquer dans celle-là un esprit d'indépendance. Mais les progrès en furent bientôt compromis ; car un siècle et demi après avoir obtenu ses premières franchises, Lure n'avait pas changé de condition. Cependant les religieux devaient se louer de la fidélité que leurs sujets leur avaient gardée, et même des services qu'ils en avaient reçus. Les séditions excitées en Allemagne par la réforme et renouvelées dans le Sundgau, n'avaient point trouvé de partisans déclarés dans les habitants de la principauté. Loin de se laisser gagner par l'appât d'une liberté séduisante, ils servaient encore avec plus de zèle la cause de leur religion et celle de leur souverain ; aussi supportèrent-ils dans ce double intérêt d'énormes dépenses, s'employant à de longs travaux pour mettre la ville à l'abri des attaques, et, par ce dévouement même, perdant une partie de leurs biens dans ces temps calamiteux. La misère devenait donc le prix de leur fidélité. Leur position toucha le cœur de Georges de Massmünster, qui résolut de l'améliorer. Il leur en avait fait la promesse, lorsque la mort le surprit au milieu de ces desseins bienveillants (1540). Cet évènement en ajourna l'exécution.

CHAPITRE VI.

Jean Rodolphe Stœr, abbé de Lure.—Décadence de la discipline.—Affranchissement des habitants.—L'abbé obtient de Charles-Quint le privilége de battre monnaie. — L'indépendance de l'abbaye triomphe des attaques dont elle est l'objet. — Union perpétuelle de Lure et de Murbach.—Fondation de l'école de Lure, par Jean-Rodolphe.—Son successeur fait dresser une reconnaissance des droits du monastère.—Philippe II cherche à attirer les religieux sous son obéissance.—Entreprise du marquis de Varambon.—Le cardinal André d'Autriche, administrateur des deux abbayes.—Sa succession est disputée.—Jean-Georges de Kalkenriedt, abbé de Lure. — Il se démet en faveur de l'archiduc Léopold. — Projets de réforme. — Léopold-Guillaume succède à l'archiduc son oncle. — L'abbaye est régie par des administrateurs.

Georges de Massmünster avait choisi pour coadjuteur Jean-Rodolphe Stœr dont les bulles furent fulminées en 1536. Elles lui assuraient d'avance la possession simultanée de Lure et de Murbach, en autorisant de nouveau l'union de ces deux monastères. Comme son prédécesseur, il fut honoré des faveurs de Charles-Quint. Ce n'était point l'abbé, mais le prince de l'Empire que ce monarque estimait en lui; car de tous les prélats que Lure avait vus jusqu'alors, aucun n'a laissé une réputation plus équivoque. Ses mœurs furent l'objet des plus graves reproches. Ne demandons point ce que devint la discipline sous l'influence d'un tel homme. Saint Delle est oublié; son héritage, autrefois la proie des laïcs ambitieux, tombe par un malheur plus grand que le premier, au pouvoir de quelques moines mal réglés. Les restes du cloître disparaissent pour faire place à un jeu de paume (1). Les capitulaires se sécularisent d'eux-mêmes; ils ouvrent leurs maisons à des nobles qui viennent s'y délasser des fatigues de la guerre dans des fêtes où règne la licence. A la prière succède le langage des camps, et sous ces voûtes antiques qui gardaient encore le souvenir du *laus perennis* chanté par les disciples de saint Colomban, retentissent les exercices bruyants, les concerts profanes et le tumulte des armes. C'en est fait; la discipline ne se relèvera plus; Lure a perdu à jamais la gloire de ses anciens jours.

A défaut des vertus religieuses, et par une triste compensation, Jean Rodolphe Stœr avait des qualités guerrières. Henri, doyen de Murbach, s'était enfermé dans le château de Hugstein pour combattre à main armée le prélat récemment élu. Mais celui-ci vint, à la tête de ses hommes assiéger la forteresse. Il s'en empara et fit Henri prisonnier, le mercredi de la semaine sainte, 1542. Deux traités mirent fin à cette déplorable lutte (1544, 1545) et Jean-Rodolphe demeura dans la paisible possession des deux abbayes. Son prédécesseur s'était montré inexorable envers quelques-uns de ses sujets qui, s'étant rappelé les prétentions des Bourguignons à la souveraineté de Lure, avaient eu la témérité de dire qu'elles étaient fondées. Cet esprit de libre examen ne plut pas davantage au nouvel abbé. Il emprisonnait les mécontents dans une tour ob-

(1) Vir plane irreligiosus qui claustrum convertisse dicitur in sphæristerium; cujus negligentiâ pravisque exemplis collabi cœpit apud Lutrenses religiosa disciplina. (Gallia Christ. iv, p. 584).

scure, et lorsqu'ils étaient délivrés, on leur faisait promettre, selon la coutume du temps, de déposer tout esprit de vengeance et de rancune (1). Quelques bourgeois voulurent se soustraire à ces mauvais traitements. Condamnés par le prévôt dans une affaire contentieuse, Delle Deschamps et Thomas Pagerel imaginèrent d'appeler de la sentence au parlement de Dole, où ils comptaient trouver des juges plus favorables, en offrant à cette cour l'espoir d'étendre sa juridiction sur un territoire étranger. Ils furent appuyés par quelques avocats du Comté et deux autres bourgeois de Lure. Jean-Guillaume, dit de Paris, et Messire Georges Potot ne craignirent pas de soutenir ouvertement leurs concitoyens. C'était attaquer l'indépendance de l'abbaye. Jean-Rodolphe présenta une requête à l'Empereur pour lui rappeler que cette maison ne relevait que du sceptre impérial. Une enquête fut ordonnée.

Les débats étaient déjà commencés lorsque les habitants de la ville, n'attendant rien de bon d'une entreprise si hardie, préférèrent recourir aux voies de la supplication et demandèrent le renouvellement de leurs franchises, conformément à la promesse qu'ils en avaient reçue. De l'aveu des capitulaires, l'abbé fit droit à leur requête et convoqua une assemblée générale de la commune. On y régla les conditions de l'affranchissement et on en dressa la charte (21 mars 1545, V. S.). Elle énumère les pertes que les habitants ont supportées durant les dernières séditions et les services qu'ils ont rendus à l'ab-

(1) Cet engagement, juré sur les Saints Evangiles, s'appelait *Urphède*. Extrait d'une enquête faite le 4 juillet 1548, devant le sieur de Mongenet, lieutenant local du bailliage d'Amont.

baye par une courageuse fidélité. Ensuite elle les délivre à jamais de la main-morte, en leur donnant la faculté de changer de domicile sans retomber dans la servitude. Quant à ceux qui viendront s'établir à Lure, ils ne pourront jouir de ces concessions qu'après avoir été présentés à l'abbé et agréés par les bourgeois. Le premier affranchissement ne s'étendait que jusqu'à la neuvième génération; les bâtards en étaient exclus, et si l'on quittait la ville, on renonçait par-là même à la liberté. Le second était au contraire perpétuel, inaliénable et universel. Il n'y eut qu'une seule exception. Elle fut portée contre les quatre bourgeois qui s'efforçaient alors de soustraire leur ville à la domination de l'abbé. Jean-Rodolphe les traite comme des ingrats et des parjures, se plaint d'eux avec une amertume mêlée de colère, et déclare qui ni eux, ni leurs successeurs nés ou à naître, ne pourront, sous quelque prétexte que ce soit, réclamer en leur faveur le bénéfice des franchises. Du reste les bourgeois avaient acheté cette charte, plutôt qu'on ne la leur avait donnée. Ils versèrent entre les mains de l'abbé cinq cent cinquante écus d'or au soleil dont ils reçurent quittance par l'acte d'affranchissement. Ils étaient en petit nombre, comme le même acte l'atteste. A leur tête paraissent les officiers municipaux dont l'un prend le titre de bourguemestre, et les trois autres celui d'échevins. Le sieur Mougin Tisserand, nommé dans cette pièce, est le premier bourguemestre dont le nom soit arrivé jusqu'à nous (1) Cette qualification en usage dans

---

(1) En visitant Lure, au mois d'avril 1845, j'ai retrouvé cette charte d'affranchissement dans les archives de la mairie où elle était complétement oubliée. (V. aux Preuves.)

l'Alsace et dans l'Empire indique assez que les mœurs et les coutumes d'Allemagne avaient prévalu à Lure (1).

Jean Rodolphe Stœr obtint de l'Empereur différents priviléges. Le droit de frapper monnaie n'appartenait pas à tous les princes de l'Empire en vertu de leur titre, mais seulement à ceux d'entre eux qu'une possession immémoriale ou une faveur particulière autorisait à en user. Cette concession fut faite aux abbayes unies de Lure et de Murbach, par des lettres-patentes de Charles-Quint, données à Spire le 7 mars 1544. Le monarque permet à l'abbé et à ses successeurs d'avoir un atelier à battre monnaie dans les deux monastères ou dans l'un des deux selon leur bon plaisir et la nécessité des temps. Cette monnaie sera d'argent seulement, de la valeur d'un écu, d'un demi écu ou d'un quart d'écu, et du même poids que les pièces frappées dans toute l'étendue de l'Empire par les électeurs et les autres Etats. Elle doit représenter d'un côté une aigle éployée de sable avec l'inscription latine : *Carolus V Romanorum imperator*, et de l'autre les armes de l'abbé écartelées de celles de l'abbaye, avec son nom et la désignation de l'année courante. Le blason des deux monastères était le suivant : parti au premier d'argent à un levrier rampant de sable, colleté d'or et bouclé de gueules, qui est de l'abbaye de Murbach ; au second de gueules, à un bras de carnation, mouvant d'une manche et élevant en haut deux doigts, qui est de l'abbaye de Lure. Jean-Rodolphe fit monnayer une grande partie

(1) L'Allemand était entendu et parlé à Lure dès la fin du 15e siècle. Les archives de l'abbaye offrent un grand nombre de lettres et de titres rédigés dans cette langue. Il en est de même de la correspondance que l'abbé de Lure entretenait avec le prince de Montbéllard.

d'écus dans l'année même où il obtint une concession si importante (1). A en juger par cette faveur, Jean-Rodolphe devait jouir à la cour impériale d'une assez grande influence. Il avait d'ailleurs deux voix dans les diètes à cause de ses deux abbayes. En 1548, cette assemblée était réunie à Augsbourg. Il s'y rendit, siégea et vota dans le collège des princes, droit dont Charles-Quint lui confirma la possession (2). Le prélat envoya des députés à une nouvelle diète d'Augsbourg en 1555, à celle de Spire en 1557; et ses successeurs se firent représenter à leur tour dans celles de Ratisbonne, en 1594, 1641 et 1654 (3).

Pendant que l'Empire tout entier traitait l'abbé de Lure comme un de ses membres, ce Prince voyait de petits bourgeois mettre en question l'indépendance et les privilèges de l'abbaye, et déposer contre lui dans l'enquête que nous avons annoncée. Elle eut lieu le 4 juillet 1548 devant le sieur de Mongenet, lieutenant local du bailliage

---

(1) Invent. des titres de l'abbaye. M. Vuilleret cite dans les notes qu'il m'a communiquées un double florin frappé en 1547 et portant d'un côté : *Carolus V Romanorum Imperator augustus*, et au revers : *Joannes Rodolphus, Dei gratiâ Murbacensis et Lutrensis abbas*. Quelques auteurs ont pensé que la monnaie de Lure ne fut jamais mise en circulation, parce que les seules pièces qu'on en connaisse ne remontent pas au-delà du 17e siècle. (D. Grappin. Recherch. sur les anciennes monnaies du comté de Bourgogne, p. 28, 29 — Id. M. Weiss. Notice sur D. Grappin, Rec. de l'académie, janvier 1836). Les titres de l'abbaye nous font voir au contraire que Jean-Rodolphe usa largement du droit de battre monnaie. Jusqu'à la domination française, les pièces de Lure ont eu cours dans la principauté, quoiqu'on leur préférât celles de France et d'Espagne qui étaient reçues partout.

(2) Note de M. Duvernoy.

(3) La convocation la plus ancienne que l'on trouve dans les archives de Lure est de l'an 1502.

d'Amont. Trente-sept témoins furent entendus : plusieurs se plaignirent des violences dont ils avaient été victimes; presque tous assurèrent que, d'après la tradition du pays, Lure dépendait du comté de Bourgogne. Mais Jean-Rodolphe s'était pourvu devant le conseil de Charles-Quint. Le chancelier Perrenot de Granvelle, mieux instruit des droits de l'Empire que les bourgeois de Lure et l'avocat Chapuis, leur défenseur, firent un rapport favorable aux intérêts de l'abbaye. Un arrêt rendu à Bruxelles le 11 octobre 1548, ordonna aux plaignants de se désister de leur appel au parlement de Dole, et les condamna au silence sur les autres questions.

Stœr ne fut pas moins heureux dans les réclamations qu'il adressa à Ferdinand, roi des Romains, contre la répartition des impôts entre les divers états de l'Empire. Au mépris des anciens traités, on demandait à Lure un contingent fort onéreux; mais un mandement de Ferdinand défendit de presser dans cette principauté le paiement des subsides (1544), et la diminution en fut réglée en 1551 (1).

En 1544, l'abbé de Lure s'était choisi pour coadjuteur Hercule Bolleti dont les titres ne furent point ratifiés, soit par les capitulaires soit par la cour de Rome. Philippe d'Helmstædt n'eut pas les mêmes difficultés à vaincre. Il reçut ses bulles en 1545 et l'union de Lure et de Murbach fut renouvelée en sa faveur. C'était la troisième fois que le même candidat était nommé aux deux bénéfices. Mais ces actes étaient peu canoniques et toujours dispendieux. On pensa donc à solliciter une union perpétuelle.

(1) Invent. des titres de l'abbaye.

Des raisons politiques en déterminèrent la demande. Pris séparément, Lure et Murbach n'étaient que des bénéfices médiocres, tandis que leur réunion offrait aux cadets des maisons princières un apanage désormais digne de leur ambition. A l'appât de ces richesses, joignons l'avantage de posséder deux voix dans les diètes et de gouverner deux villes de quelque importance, Guebwiller et Lure, avec un territoire presque continu, partagé entre deux diocèses et qui s'étendait tout à la fois dans la Bourgogne, l'Alsace et la Suisse. Cependant en cédant à ces intérêts temporels, on blessait ceux de la religion et de la justice. Les deux monastères, quoique du même ordre, avaient leurs constitutions et leurs usages particuliers. Ils n'appartenaient pas au même diocèse, et si leurs limites étaient assez rapprochées, il n'en est pas moins vrai que plus de vingt lieues les séparaient l'un de l'autre (1). Murbach s'ouvrait surtout aux religieux d'Alsace; Lure à ceux de la Bourgogne. L'administration simultanée des deux maisons présentait de graves inconvénients. Comment tenir entre elles une balance égale? comment dans le choix des religieux ne pas sacrifier l'une des provinces qui les fournissaient aux envahissements de sa rivale? Que dirai-je des querelles auxquelles l'élection de l'abbé devait donner lieu, et des embarras inévitables dans la répartition des bénéfices et des charges. De telles considérations auraient pu arrêter la consommation de cette affaire, si l'Empereur n'eût joint ses ins-

(1) Deux ou trois lieues seulement séparaient les limites des terres respectives de Lure et de Murbach. Les montagnes qui dominent Plancher étaient la frontière de Lure et le mont de Bussang celle de Murbach.

tances à celles de Jean-Rodolphe et de son coadjuteur. Le cardinal Moron, légat à latere à la cour impériale rendit, le 12 mars 1554, un décret qui unissait perpétuellement les siéges de Lure et de Murbach. Cette union fut acceptée par les capitulaires des deux églises, le 29 octobre 1558, et en 1560 le pape ratifia par une bulle le décret de son légat (1).

Jean-Rodolphe Stœr, âgé de plus de soixante ans, n'avait rien perdu ni de son activité ni de son crédit. Il mêlait les affaires aux plaisirs et n'oubliait que ses devoirs de religieux. En 1559, il fut délégué par l'Empereur pour ménager un accommodement entre l'archevêque de Besançon et le gouvernement municipal de cette ville, toujours divisés par leurs prétentions respectives au pouvoir souverain. C'est par une lettre de l'archevêque que nous apprenons cette mission (2). En 1560, la coadjutorerie de Lure était vacante pour la seconde fois. Jean-Rodolphe présenta au pape Ulric de Raittnaw, abbé de saint Maximin de Trèves. Ce sujet fut agréé par la cour de Rome (janvier 1560) (3). Mais les capitulaires mécontents de voir un étranger préféré à l'un d'eux, s'opposèrent d'abord à sa prise de possession. Un accord mit fin aux débats, en réglant le mode d'administration que le coadjuteur devait suivre, et la formule du serment par lequel il garantirait au chapitre la conservation de ses priviléges 1561 (4).

(1) Invent. des tit. de l'abbaye.
(2) Invent. des titres de l'abbaye.
(3) Les Bulles d'Ulric de Raittnaw se trouvent aux archives de la préfecture de Vesoul.
(4) Invent. des titres de l'abbaye.

Cependant l'abbé de Lure surveillait les progrès de la réforme, dangereuse étrangère, qui, après avoir reçu à Montbéliard le droit de bourgeoisie, s'introduisait, sous les auspices des ducs de Wurtemberg, dans les villages de leurs terres. La seigneurie d'Héricourt qu'ils avaient récemment conquise et où les abbés de Luxeuil et de Lure comptaient un certain nombre de sujets, ne put éviter cette triste destinée. Le prieuré de saint Valbert fut enlevé aux religieux de Luxeuil (1) ; Lure vit, au mépris de ses droits, un ministre luthérien s'établir à Tavel, et l'église de ce lieu attribuée à l'exercice alternatif des deux cultes. Quoique la souveraineté de ce village fût toujours en litige entre l'abbé de Lure et le comte de Montbéliard, le premier ne fut point consulté. Il se plaignit, il protesta ; tout demeura inutile. Des accommodements furent projetés; on y entreprit même des conférences ; enfin le duc Christophe de Wurtemberg manda à l'abbé, au mois de septembre 1567, que l'œuvre de la réforme était consommée sans retour. Jean Stœr était alors à Murbach où il faisait dresser l'état de ses revenus. Il mourut en 1570, après avoir fondé une messe pour le repos de son âme, et établi à Lure une école de belles-lettres.

Le titre de cette institution, qui est du 18 octobre 1569, a péri. On peut en recueillir quelques passages dans un inventaire des archives de l'abbaye. On lit « que » le maître enseignera et apprendra aux jeunes enfants

---

(1) (Grapplu, hist. manusc. de Luxeuil.) Cependant hâtons-nous d'ajouter que l'abbaye reçut du comte de Montbéliard une somme de douze mille francs, en indemnité des biens du prieuré de saint Valbert, situés en la seigneurie d'Héricourt et dans les autres terres de l'obéissance de ce prince. (Ephém. du comté de Montbéliard, 377).

» lettres et vertus, qu'il sera tenu leur interpréter livres
» et grammaires, dialectique, rhétorique et autres tels
» qu'il les connaîtra les plus utiles selon la capacité et
» âge de ses écoliers; mais avant que de lire et interpréter
» lesdits livres, ledit maître d'école sera tenu les montrer
» audit seigneur abbé ou à ses officiers en son absence,
» afin que l'on ne montre aux écoliers livres prohibés et
» contraires à la foi catholique et aux constitutions de
» l'Eglise romaine. » L'abbé assigne pour dot au nouvel établissement la papeterie de Magni-Vernois sur laquelle il se réserve annuellement une balle de papier fin en grand volume. Les revenus de cette propriété seront perçus par les habitants qui en rendront compte aux officiers de l'abbaye. Ils seront tenus de bâtir une maison commode et spacieuse, tant pour loger le régent avec ses clercs et ses domestiques, que pour ouvrir des cours distincts les uns des autres, selon le besoin de l'école et la capacité relative des jeunes gens qui la fréquentent. Le titulaire de cette nouvelle charge sera présenté par les habitants, mais il recevra de l'abbé son institution. Une seule réserve fut attachée à ce bienfait. Le maître suivi de ses clercs et de ses écoliers devait se rendre, les jeudis de chaque semaine, à quatre heures du soir, dans l'église paroissiale, pour chanter devant l'image du crucifix l'antienne *Veni sancte Spiritus* avec l'oraison *Fidelium* et le psaume *De profundis*. « Avant ces prières, dit l'acte
» que nous citons, sera sonné un coup sur la moyenne
» cloche de ladite église, afin que tous ceux qui y auront
» dévotion y assistent (1). »

(1) La maison d'école fut achetée en 1579. On trouve dans les siècles

Jean-Ulric de Raittnaw adossa à ses armes la double crosse et prit possession des deux principautés après en avoir reçu l'investiture. Son prédécesseur avait ordonné qu'on renouvelât la reconnaissance des revenus de Lure, comme il l'avait fait lui-même pour Murbach. Le travail était long ; et plusieurs articles en paraissaient litigieux. L'abbé en confia la rédaction à deux officiers de sa maison, François Grillot et Jean Lefebvre ; et lorsqu'elle fut achevée, il convoqua les bourgeois dans la grande salle du monastère pour entendre la lecture du terrier. Il y assista lui-même accompagné du grand prieur Pierre de St-Maurice. Le prévôt fit à haute et intelligible voix l'énumération des droits dont jouissait l'abbé, soit comme souverain, soit comme seigneur (1572). Ces droits avoués alors par les habitants furent attaqués plus tard comme abusifs et tyranniques dans les procès que la ville entreprit contre le chapitre. De pareilles reconnaissances eurent lieu dans toutes les terres de Lure, et devinrent aussi l'objet des plus vives réclamations.

Vers le même temps, un accord fut proposé entre Ulric de Raittnaw et le prince de Montbéliard au sujet de la souveraineté de Tavel et de Mandrevillers. Le prélat aurait renoncé à ses droits pour accepter en échange la totalité du village d'Echavanne. Les parties étaient tombées d'accord, lorsque les habitants d'Echavanne alarmés de ce projet, présentèrent au comte de Montbéliard

suivants plusieurs titres relatifs à cet établissement. En 1734, l'abbaye somma le corps municipal de pourvoir à la place de régent alors vacante. Le droit d'agréer les candidats ne cessa point d'appartenir au chapitre, puisqu'en 1770, le maire lui demanda un acte d'institution pour le sieur Versin qu'il présentait.

une requête qui le fit échouer. La réforme qu'ils avaient embrassée leur était chère; ils craignaient de passer sous un gouvernement catholique. Ces raisons furent favorablement accueillies, et on abandonna la négociation.

Ulric de Raittnaw résidait ordinairement à Guebwiller. Il y tomba malade en 1576 (1) et voulut alors se choisir un coadjuteur. Cette détermination prévenait différents projets que son trépas devait faire éclore. L'union des deux abbayes était trop récente pour ne pas rencontrer des contradicteurs ambitieux qui tenteraient de l'ébranler. L'abbé de Lure, après avoir communiqué ses craintes aux capitulaires, les convoqua à Guebwiller et tint conseil avec eux. Ils étaient en petit nombre. Frédéric de Rœder, doyen de Rodeck, Albert, gardien de Landenberg, Othon de Reuchlin, prévôt de Meldeck, Pierre de saint Maurice, prieur et sacristain de Lure, François de Grachault, prieur de saint Antoine, Jean, prieur de saint Delle et Thomas de Grammont : tels étaient les membres des deux chapitres et tels les titres de leurs prébendes respectives. Sur la proposition de l'abbé, ils élurent pour coadjuteur Wolfgang-Théodoric de Raittnaw, son neveu, à peine âgé de 19 ans et qui étudiait le droit dans une université d'Allemagne. Il était déjà prévôt de Bâle, chanoine de Constance et de Strasbourg. Grégoire XIII, en lui donnant l'institution de la dignité abbatiale, exigea que lorsqu'il en prendrait possession, il se démît de tous les autres bénéfices, et qu'il embrassât la règle de saint Be-

---

(1) Deux ans auparavant, cet abbé avait présidé, en qualité de commissaire Impérial, au renouvellement du magistrat de Besançon, qui s'opérait le jour de la fête St.-Jean-Baptiste. (Corresp. de Hopperus IV, f° 25 v° dans les papiers Granvelle à la bibl. de Besançon.)

noît. Il lui dicta en outre une formule de serment qu'il devait prononcer le jour de son sacre (1). Le concile de Trente commençait à être exécuté ; ses sages décrets ravivaient partout la discipline affaiblie.

Depuis quelques années Lure voyait à ses portes des soldats étrangers. Une querelle religieuse désolait la France ; les partisans de Calvin avaient demandé du secours à l'Allemagne. En 1569, Wolfgang, comte Palatin et duc des Deux-Ponts, s'était mis en marche avec une armée nombreuse dont il avait confié l'avant-garde au prince d'Orange. Celui-ci traversa le bailliage de Luxeuil, la flamme à la main. Au bruit de ses armes, les religieux de ce monastère s'enfuirent en Lorraine, laissant derrière eux plusieurs villages réduits en cendres et les autres livrés sans ressources à la fureur des soldats (février 1569) (2). Wolfgang avait pris un autre chemin. Venant de Montbéliard, il arriva devant Lure le 21 mars et trouva cette ville occupée par les Bourguignons qui voulurent d'abord résister. Mais les premières démonstrations du Duc déconcertèrent leur courage. Les portes s'ouvrirent et on fournit aux troupes de Wolfgang des vivres en abondance. Leur séjour à Lure se prolongea jusqu'au 24 ; elles en sortirent pour se diriger vers Conflans (3).

En 1578, Annibal, comte d'Ems, vint camper dans les environs avec une armée de Suisses et de Lausquenets, forte de neuf à dix mille hommes qu'il conduisait dans les Pays-Bas pour le service du duc d'Alençon. Ce voisinage si importun ne dura pas moins de six semaines.

---

(1) Arch. de la préf. de Vesoul.
(2) D. Grappin. Hist. manuscr. de Luxeuil.
(3) Notes de M. Duvernoy.

L'année suivante, ce furent les Protestants français qui tinrent le pays, sous le commandement de Paul de Beaujeu, du baron de Mallerez et de plusieurs autres. Ce corps composé de trois mille hommes occupa tour à tour les terres de Luxeuil, de Lure, d'Héricourt et de Belfort. On peut juger de la crainte qu'elles inspiraient par les mesures de sûreté que l'on prit contre leurs ravages. Les garnisons de Montbéliard, de Blamont et d'Héricourt se renforcèrent, tandis que les joyaux, la vaisselle d'argent et les titres les plus importants étaient transportés à Bâle. On donna aux troupes les vivres qu'elles demandaient. Elles prirent le parti de tourner leurs pas vers la Lorraine (1).

Au milieu de ces dangers, Lure demeurait fidèle à l'Empire. Si elle avait reçu quelques Bourguignons dans ses murs (1569), c'était à titre d'alliés et non point à titre de maîtres. Mais Philippe II ne perdait pas l'espoir de la rattacher à sa couronne. Luxeuil en relevait déjà. Les efforts que ce monastère avait faits pour conserver sa liberté, avaient cédé à la puissance de Charles-Quint. Peu à peu ses regrets s'adoucirent, et, sous le règne suivant, le crédit du cardinal de Granvelle qui joignait au titre d'abbé de Luxeuil les fonctions de premier ministre de Philippe II, triompha de toutes le répugnances et de tous les souvenirs. C'est aussi par des bienfaits que le roi d'Espagne veut entreprendre la conquête de Lure. Il charge de cette affaire Jacques de Grachault, l'un de ses conseillers, et celui-ci fait valoir auprès de l'abbé les avantages qu'il retirera, pour son église et pour lui-même, de sa soumission à un prince aussi généreux que l'est le

(1) Ephém. de Montbéllard, 405—406.

roi catholique. La lettre du négociateur établit trop bien l'indépendance de notre abbaye pour ne pas trouver place dans cette histoire.

« Monsieur, je me recommande à vous et très bonne-
» ment. Je vous ai escript par plusieurs fois comme vous
» pouvez bien congnoître que le roi demeurera seigneur
» en ce quartier. Monsieur, vous êtes saige et tousiours
» avez obvié aux accidents que sont advenus en ce quar-
» tier ; il est mieux temps que jamais que le fassiez. Le roi
» est un prince large et abbandonné (1) à ceux qui lui font
» service et plaisir, et n'inquiète point de servitude à ses
» voisins, mais leur donne du sien ; quant ils veulent
» estre bons envers lui. Combien que vostre église ne
» soit en riens subjette à la comté de Bourgongne, si est-
» elle voisine si prouchaine, et plus que de nul autre pays.
» Monsieur, quant de vostre personne vous vouldriez vous
» monstrer serviteur à luy, vous seriez cause d'un très
» grand bien pour vostre église et en auriez du grand
» bien et prouffict. Je vous en prie que vous en plaise vou-
» loir m'en escripre vostre vouloir : car, en brief, je m'en
» vas devers lui. Ainsi que m'escriprez, je vous y servirai
» de tout mon pouvoir, à l'aide de nostre Seigneur qui
» vous ayt en sa saincte garde. Escript à Luxeul, le Xe
» jour de mars, l'an 1579, par le tout entièrement
» vostre, Jacques de Grachault (2). »

Jean-Ulric de Raittnaw touchait à ses derniers moments. La lettre demeura sans réponse. Après sa mort, son neveu se fit reconnaître comme abbé (1580). Mais il fut élu deux mois après archevêque de Saltzbourg. Il

(1) (Dévoué.)
(2) Concours de 1763, mém. de D. Berthod.

partit pour prendre possession de ce siége important et envoya un peu plus tard un acte de renonciation à ses droits sur les deux abbayes. Les capitulaires de Murbach ayant reçu cette déclaration, décernèrent à Gabriel Gyet la dignité vacante. L'accord ne régnait plus entre les deux maisons. Les assemblées et les délibérations n'avaient plus rien de commun. Les troubles engagèrent l'élu à renoncer à son bénéfice ; loin de mettre fin à l'anarchie, cette décision ne fit que l'augmenter.

Quelle occasion pouvait être plus favorable pour attenter de nouveau à l'indépendance de Lure ? Les Bourguignons ne la négligèrent point. Marc de Rye, marquis de Varambon, entre dans la ville, les armes à la main, s'empare du monastère, emprisonne les religieux, puis les réunit en chapitre devant lui et leur enjoint de nommer au siége vacant Ferdinand de Rye, son frère, archevêque de Besançon (mai 1587). Les capitulaires demandent un court délai. Claude de Mugnans en profite pour s'échapper, après avoir reçu l'assurance que ses confrères ajourneront jusqu'à son retour toute délibération, et va porter leurs plaintes à l'archevêque de Saltzbourg dont on ignorait encore la démission. Mais les captifs sont pressés par les instances et par les menaces du marquis de Varambon. Résister plus longtemps devenait impossible. Ils donnent un blanc-seing à François de la Rochelle, l'un d'entre eux, pour solliciter à Rome des bulles en faveur de Ferdinand de Rye. Claude de Mugnans ne tarda pas à rentrer à Lure. Sa présence, ses conseils raniment les capitulaires; ils dressent une protestation, où après avoir peint les obsessions et les violences du marquis, ils supplient le souverain pontife de n'avoir point égard à un choix que la force leur avait arra-

arrachée (29 juillet 1587). Dans le cours de ces débats, Murbach avait offert l'administration de ses intérêts temporels au cardinal André d'Autriche (11 juillet), espérant, par le crédit d'un prélat si haut placé, se mettre à l'abri des insultes des hérétiques. Les moines de Lure avaient besoin pour eux-mêmes d'un puissant protecteur. Ils en approuvèrent le choix et demandèrent, en vertu de l'union des deux abbayes, que ce cardinal fût chargé du gouvernement de leur maison. Sixte-Quint se rendit à ce désir. Les bulles qu'il envoya au prince, datées du quatorzième jour d'octobre 1587, lui donnent la qualité d'administrateur de Lure et de Murbach. Le cardinal André d'Autriche fit prendre aussitôt possession de Lure (9 novembre 1587). Parmi les commissaires qu'il députa, un seul, François Bœr, était ecclésiastique. Il fut conduit au chœur par les religieux, et après le chant du *Te Deum*, il jura, au nom du prélat, sur le livre des Evangiles, qu'il serait fidèle administrateur de l'abbaye, qu'il en garderait les franchises, qu'il n'en vendrait ou n'en échangerait jamais les possessions sans le consentement du chapitre, et que le sceau de ce corps serait religieusement conservé. Les capitulaires prêtèrent serment à leur tour, et le maître bourgeois de Lure suivit leur exemple. Le cardinal d'Autriche fut investi des droits régaliens par lettres-patentes de l'Empereur Rodolphe II, son cousin, le 28 septembre 1588 (1).

Lure, privée de la présence du cardinal (2), espérait

---

(1) Invent. des titres de l'abbaye.
(2) Cependant il est à croire que le cardinal visita son abbaye au mois de mai 1590. Car à cette époque le prince de Montbéliard reçut de Lure, au nom du prélat, « Un petit cheval alezan, recouvert d'une housse de velours, brodée en or. » (Arch. de Montbéliard.)

en vain que le nom imposant de ce prince suffirait pour éloigner d'elle la guerre et le pillage. Son territoire est envahi tantôt par des alliés qui le rançonnent, tantôt par des ennemis qui le désolent. En septembre 1587, François de Coligny, entré par la Suisse et le comté de la Roche dans celui de Montbéliard, y demeura plusieurs jours, « après quoi (dit saint Alban) il conduisit sa petite armée » sur les terres de l'abbaye de Lure, et de là derechef dans » la Franche-Comté où tout le pays se préparoit à nous » courre sus (1). » Un détachement de l'armée des Guise voulut faire payer au comté de Montbéliard l'hospitalité que Coligny y avait reçue. Il s'y jeta par trois côtés différents. La seigneurie de Passavant servit de chemin à l'une de ses troupes qui était composée de Lorrains et d'Italiens. Après avoir traversé Plancher, elle pilla Magny-d'Anigon et Clairegoutte, emmenant plusieurs habitants prisonniers (25 décembre V. S.). L'invasion du lorrain Tremblecourt fut encore plus funeste à l'abbaye (1595). Si ce capitaine ne mit point le siége devant Lure, son passage dans les environs n'en fut pas moins signalé par toutes les horreurs de la guerre. Tels furent les excès de cette soldatesque que son nom seul jetait au loin les plus vives alarmes. En 1597 (fin de février), quelques troupes françaises se réunirent sur la frontière du comté de Bourgogne. Au premier bruit de ce rassemblement, l'épou-

---

(1) Extrait du Mémoire de J. Pape, successeur de saint Alban, imprimé dans les preuves de l'histoire de la maison de Coligny, liv. II, p. 548 et suivantes. — Il y eut, dans le voisinage de Lure, un combat assez vif entre le corps de Coligny, composé de 3,000 hommes et les Bourguignons rassemblés contre lui, au désavantage de ces derniers. (Note de M. Duvernoy).

vante se répandit de toutes parts. A Jonvelle, à Vesoul, à Luxeuil, à Lure, un grand nombre d'habitants quittèrent leur domicile où leur sûreté semblait compromise et se réfugièrent à Montbéliard avec leurs effets les plus précieux (1). *Cet effroi* de la population, dit un contemporain, *baste seul pour convier l'ennemi*.

La tranquillité reparut au commencement du siècle suivant dont la première année fut marquée à Lure par la mort du cardinal d'Autriche. Les comtes de Bourgogne recommencèrent leurs entreprises contre l'abbaye. Albert et Isabelle voulurent la traiter comme une terre de leur domaine et pourvoir au siége vacant en vertu de l'indult qu'ils avaient obtenu pour leurs états. Jean Richardot, prieur commendataire de Morteau, non moins célèbre que le président, son père, leur parut digne de cette prélature. Ils le nommèrent d'abord, puis enjoignirent aux capitulaires de réunir sur lui leurs suffrages, ménageant ainsi jusqu'à un certain point le droit d'élection que le chapitre exerçait encore. La réussite de ce projet était confiée au comte de Champlitte, gouverneur de la province, et au parlement de Dole. Le premier députa à Lure le sire de Vergy son parent pour gagner les religieux, tandis que le conseiller Antoine Brun recevait de la cour un semblable mandat. Les envoyés ne rencontrèrent point les ca-

---

(1) Note de M. Duvernoy. J'ai vu au séminaire de Vesoul une collection de pièces de monnaie recueillies dernièrement dans les environs de Saulx où elles avaient été enfouies. Elles appartiennent toutes au 16me siècle. La plus récente, portant la date de 1593, est frappée à l'effigie du cardinal de Bourbon, qui fut proclamé roi de France par les Ligueurs sous le nom de Charles X. Ce petit trésor avait probablement été mis en terre, lorsque l'arrivée des Français répandit l'alarme dans le pays.

pitulaires. Ils prirent le parti d'exposer dans une lettre l'objet de leur mission et les ordres de leurs souverains. On n'y eut aucun égard. Une forte brigue divisait le chapitre assemblé à Guebviller. Claude de Mugnans se flattait de parvenir à la mitre et il était soutenu par les religieux de Lure. Ceux de Murbach, en plus grand nombre, firent triompher l'un d'eux, Jean-Georges de Kalkenriedt (3 janvier 1601). Son compétiteur trompé dans ses espérances, appela au Saint-Siége et de l'élection, comme irrégulière, et de l'union comme abusive et subreptice. Ce procès fut porté au tribunal de la Rote. Claude de Mugnans trouva dans la noblesse de Bourgogne un grand nombre de partisans et de protecteurs ; on sut même intéresser le roi d'Espagne au succès de sa cause. Mais quelque appui que ce religieux eût procuré à ses réclamations, l'élu obtint de Rome l'institution canonique, et l'union fut confirmée par trois sentences consécutives rendues en 1602 et en 1603. Le pape Clément VIII permit à Jean-Georges de Kalkenriedt de se faire bénir par l'évêque qu'il lui plairait. L'abbé vint à Lure en 1603, prit possession de la principauté, et passa avec les bourgeois une transaction au sujet des contributions impériales. Cet article devint l'objet d'un traité conclu avec l'Autriche. On décida que Lure serait assimilée aux abbayes nobles de l'Empire, et que les impôts seraient répartis entre elles proportionnellement à leurs revenus. La formule du serment réciproque, la garde du monastère et les frais de garnison furent réglés par le même traité (1603, 12 juin). Le grand bailli de l'Alsace autrichienne le ratifia en 1605 au nom de l'archiduc son maître (1). Jean-Georges

---

(1) Invent. des titres de l'abbaye.

de Kalkenriedt ne reçut l'investiture des droits régaliens qu'à la suite de ces différents arrangements (13 octobre 1608). Mais ce retard ne l'avait pas empêché de les exercer dès son avènement au siége abbatial. Un homicide avait été commis sur la personne d'Adam Déloy. Les coupables furent découverts; le procès s'instruisit, et ils subirent une condamnation capitale. L'abbé de Lure leur fit grâce de la vie; un peu plus tard ils obtinrent encore d'être déchargés de l'amende et des frais de la cause (1607). De tous les droits du sceptre, le droit de grâce est le plus doux à exercer. C'est aussi de ce droit que les abbés de Lure usèrent le plus souvent. La justice des parlements était beaucoup plus rigoureuse.

Le gouvernement de Jean-Georges de Kalkenriedt fut troublé par les courses de quelques brigands. Pour les éloigner de ses terres, il ordonna au prévôt et au bourguemestre de les rechercher avec soin et de les punir selon toute la sévérité des lois. Cet édit a tous les caractères d'un acte de souveraineté. Les officiers auxquels il fut adressé n'étaient déjà plus à Lure les seuls représentants du pouvoir judiciaire. Un bailli avait été institué pour les causes d'appel. Il tenait ses séances sous les halles de la ville, comme le prouve un jugement rendu en 1597, par le sieur Salivet, le premier fonctionnaire qui ait porté le titre de Bailli (1).

Georges de Kalkenriedt céda bientôt la crosse à un prince dont les désirs ne pouvaient être que des lois. Léopold, archiduc d'Autriche, évêque élu de Passau et de Strasbourg, souverain du Sundgau, du comté de Ferette et du Brisgau,

---

(1) Mémoir. sur procès.

voulut encore réunir à ses domaines les abbayes de Lure et de Murbach. Il n'avait pas reçu les ordres sacrés. Aussi prit-il le titre d'administrateur qui suffisait d'ailleurs pour lui assurer les revenus de ses riches bénéfices. Georges, en se démettant, conserva la double qualification d'abbé et de prince avec tous les honneurs attachés à ces dignités. Le pape Paul V lui accorda ce privilége, en même temps que Léopold fut constitué administrateur de Lure et de Murbach (1614). Retenu habituellement dans son comté de Tyrol par les affaires de cet état (1), l'archiduc n'oublia pas les diverses églises dont le gouvernement lui était confié. Il nous reste différentes preuves de l'intérêt qu'il prenait à notre abbaye. Cette maison, alors riche et tranquille, recevait dans ses frais enclos les jeunes gens les plus distingués par leur naissance et leur donnait une éducation conforme à leur rang. Quelques-uns d'eux, après avoir été initiés à l'étude des lettres, allaient se perfectionner dans les universités d'Allemagne, ou embrassaient le parti des armes. D'autres demeuraient à Lure comme novices; et leur éducation se complétait par les exercices de la vie religieuse. L'archiduc s'informait de leurs progrès dans la vertu, reprenait sévèrement leurs fautes, et témoignait dans la correspondance dont ils étaient l'objet un grand amour de la règle (2). Les recommandations eussent été plus efficaces dans la bouche d'un abbé régulier que sous la plume d'un prince sans caractère ecclésiastique. Les préceptes n'empruntent point leur force à la dignité de celui qui les donne, mais

---

(1) Le 9 novembre 1624, il vint à Montbéliard où il reçut du prince Louis-Frédéric l'accueil le plus empressé (Ephémérides de Montbéliard).

(2) Archiv. de la préfect. de Vesoul.

à ses exemples. Quelque empressé que fussent les soins de Léopold, la discipline pouvait-elle refleurir à Lure ? Il était lui-même comme une pierre d'achoppement à la tête du monastère, puisqu'il cumulait un grand nombre de bénéfices dont les richesses grossissaient chaque jour son épargne. Il voulut néanmoins ramener dans l'abbaye la ferveur des premiers temps, et il s'adressa au pape pour commencer avec plus d'autorité une œuvre si difficile. Urbain VIII fulmina successivement deux brefs de réformation qui permettaient à l'archiduc d'user des censures ecclésiastiques contre les religieux rebelles à ses ordres, de les priver de leurs bénéfices et de recourir même à l'intervention du bras séculier (1623, 3 février et 18 novembre) (2). C'était le temps où la réforme de saint Vanne et de saint Hidulphe s'introduisait en Franche-Comté, et régénérait Luxeuil, Faverney, saint Vincent de Besançon. Mais elle y était soutenue par l'autorité des plus grandes vertus, tandis que Léopold se contentait de déployer à Lure le vain appareil d'un bref. Tout se borna à un projet stérile. Deux ans après, le prince qui s'était montré si zélé partisan de l'antique discipline, obtint du pape la permission de se marier. Il propose Léopold-Guillaume, son neveu, troisième fils de l'empereur Ferdinand II pour lui succéder dans ses bénéfices. Urbain VIII, conformément à ce désir, ordonne aux capitulaires des abbayes unies d'élire pour chef le sujet présenté par le démissionnaire. Léopold-Guillaume n'avait que douze ans. Il fut également pourvu des évêchés de Strasbourg et de Passau, après un simulacre d'élection dont le résultat était connu et réglé d'avance.

(2) V. aux Preuves.

L'administration spirituelle et temporelle du siége de Strasbourg fut donnée à Herman-Adolphe, comte de Salm-Reifferscheidt, grand-doyen du chapitre. Quant au gouvernement de Lure, il passa pour le spirituel à D. Colomban Tschudy, et pour le temporel à Paul de Laussin (1626) (1). Pierre de Cléron, l'un des religieux, était alors à Rome où il travaillait à dissoudre l'union de Lure et de Murbach. Ses confrères reçurent des plaintes à ce sujet. Ils protestèrent qu'ils n'avaient aucune part à une telle démarche et que, loin d'attaquer l'union, ils se feraient un devoir de la maintenir. Léopold-Guillaume ne quitta jamais l'Allemagne où sa conduite lui acquit la gloire d'être surnommé le prince sans défaut. Il mourut en 1662. Jusqu'à cette époque, Lure ne fut régie que par des administrateurs. Nous allons voir leur courage aux prises avec l'adversité.

(1) Inventaire des titres de l'abbaye; Grandidier. Essai sur la cathédrale de Strasbourg, p. 129 et 138. — L'archiduc Léopold avait fait frapper un assez grand nombre de pièces de monnaie. Schœpflin en a donné une copie. (Alsat. Illust. T. 2.) La pièce qu'elle représente, frappée en 1624, porte d'un côté un évêque assis et, pour légende, *S. Leodegarius*; de l'autre, les armes accolées des deux abbayes avec ces mots à l'entour : *Moneta nova Murb. et Ludr.* M. J. Vuilleret me signale une pièce semblable dans un médailler à Luxeuil. Il y en a vu une autre, sans date, représentant, au lieu de l'effigie de St. Léger, celle de Léopold, archiduc d'Autriche, et portant pour légende, d'un côté, *Leopold D. Gr. Arch. Austr. Argent. et Pass. Epts.* et de l'autre *Administrat. Murb. et Lud.; Mon. nov.*

CHAPITRE VII.

Une maladie contagieuse décime les habitants de Lure. — Approche des Suédois. — Leurs progrès. — Conduite du marquis de Conflans. — Lure évite une surprise et soutient un siége. — Elle est occupée par les Lorrains. — Les Français en prennent possession. — Retraite du marquis de Bade. — Lure tombe au pouvoir des milices comtoises. — Les Suédois s'en emparent. — Nouvelle attaque. — Désolation de la ville et des environs. — Rentrée des capitulaires. — Restauration du culte; réorganisation de la justice. — Traité de Munster. — Lure conserve ses libertés. — Louis XIV, gardien de l'abbaye. — Etablissement des capucins. — Conquête de la Franche-Comté : Lure est réuni à cette province.

———

L'année 1630 s'ouvrait sous de tristes auspices. « Il fait, dit un mémoire du temps, une très grande cherté de tout, et c'est chose grandement piteuse d'être présentement au monde (1). » Lure souffrait déjà de ce malaise général, lorsque une maladie contagieuse vint la visiter. Dans trois mois le nombre des morts s'éleva à plus de deux cents. La peste avait commencé au mois de septembre 1630; le 8 décembre elle cessa tout à coup au milieu des prières publiques. Cette miraculeuse délivrance fut attribuée à l'intercession de la Vierge dont on célèbre ce jour-là la Conception immaculée. En mémoire de ce bienfait, la confrérie du Rosaire fut établie dans

(1) Eph. de Montbéliard, p. 2

l'église paroissiale (1). Un fléau plus terrible allait fondre sur la ville; il ne lui fut pas donné d'en conjurer les fureurs.

Richelieu avait décidé que l'Espagne et l'Autriche s'abaisseraient devant lui et que la France aurait le Rhin et le Jura pour frontière. Déjà la Bresse et le duché de Bourgogne lui appartiennent, il occupera bientôt l'Alsace, la Lorraine, l'évêché de Bâle et le comté de Montbéliard, préludant ainsi à la conquête de la Franche-Comté. C'est là qu'il a mis le terme de ses exploits et des humiliations de ses ennemis. Il appelle les protestants d'Allemagne à prendre part à la querelle. Le duc de Weimar et le rhingrave Othon-Louis avaient des injures personnelles à venger sur la maison d'Autriche. Ils accourent à la voix du cardinal, croyant servir leurs ressentiments et les desseins de leur ambition, tandis qu'ils ne sont que les instruments de la France. C'est par la Haute-Alsace que les Suédois, sous le commandement de Gustave Horn et d'Othon-Louis, commencent le cours de leur rapide expédition. Benfeld est emporté dès le mois de novembre 1632 (2); Schlestadt oppose encore moins de résistance, et les impériaux qui forment la garnison de Colmar tombent avec cette place entre les mains du Rhingrave (19 décembre). Partout des intelligences secrètes favorisaient ses progrès. Guillaume, marquis de Bade-Bade, gouverneur du pays, plus fidèle au chef de l'empire qu'expert dans le

---

(1) Registre de la paroisse. — De 1630 à 1635, les curés de Lure prirent soin de tenir note de tous les évènements remarquables qui se passèrent dans la ville.

(2) Le 9, suivant le conseiller de Beauchemin; le 11, suivant l'annotateur des registres de Lure.

métier des armes, hasarda dans deux rencontres le peu de troupes qu'il avait rassemblées à la hâte. Une partie y succomba, les autres se jetèrent dans Belfort, le dernier reste d'une province gagnée en si peu de temps. Cette ville vit bientôt flotter sous ses murs les drapeaux de l'ennemi (fin de décembre 1632).

Alarmée de ces succès, la Franche-Comté songe alors à se défendre. Le marquis de Conflans (1), général plein de sagesse et de valeur, choisi par l'archevêque de Besançon et par le parlement, fait armer les frontières, ordonne des levées, et vient lui-même jusqu'aux confins de la province pour reconnaître et apprécier le danger. Il en est effrayé ; Belfort allait se rendre et le Rhingrave avait envoyé trois cents cavaliers dans les environs de Lure. Cette expédition annonçait assez les projets de l'ennemi. Conflans ne délibère plus ; il lève dans la terre de Luxeuil quelques compagnies de mousquetaires, rassemble près de deux mille hommes d'infanterie dans les bailliages de Faucogney et de Vesoul, et après avoir rassuré Lure en lui promettant un prompt secours, il consulte l'archevêque et la cour de Dole chargés du gouvernement, sur l'emploi et la disposition de son armée. Introduire à Lure une forte garnison pour arrêter devant ses murailles Othon Louis, en attendant que la Franche-Comté eût pourvu à sa propre sûreté, tel était le plan du marquis. Mais quelques difficultés en empêchèrent l'entière exécution. On jugea qu'il n'était pas prudent de prendre trop ouvertement la défense d'une ville alors étrangère à la Bourgogne. On craignait de déplaire au roi d'Espagne par un zèle

---

(1) Gérard, dit de Joux, fils de Nicolas de Watteville, marquis de Versols. Il était bailli d'Aval, et mourut après 1636.

empressé. Une seule compagnie entra donc dans la ville ; elle était sous la conduite du chevalier de Montaigu.

Cependant les cavaliers suédois dont on avait signalé l'approche s'étaient bornés à fourrager la contrée, emmenant avec eux quelques prisonniers. Belfort venait d'ouvrir ses portes au Rhingrave (6 janv. 1633). Mais l'attitude que la Franche-Comté prenait devant lui déconcertait ses projets. Il eut recours à la ruse et écrivit à l'archevêque qu'il n'entreprendrait rien sur la province, pourvu qu'on lui promît de respecter ses conquêtes. Cet engagement auquel on ne se fiait qu'à demi fut accepté pour ne pas donner d'ombrage. On ne dégarnit point la frontière, mais l'armement fut suspendu, et le marquis de Conflans après avoir échelonné ses troupes dans les principaux lieux du bailliage d'Amont, se rendit à Dole pour concerter de nouvelles mesures.

Le chevalier de Montaigu quitta Lure au commencement de février. Il voulait tenter un coup de main sur Schlestadt, violant ainsi la parole donnée. Othon-Louis n'attendait qu'une occasion semblable. Il part de Belfort avec 2600 cavaliers et un certain nombre de fantassins et arrive devant Lure le 13 février. La ruse était déjouée. Avertis de l'approche du Rhingrave par un messager que les capucins de Belfort avaient envoyé, les habitants avaient demandé du secours au baron de Vaugrenans dont la petite troupe, composée de quarante cavaliers, stationnait dans les environs. Cent soldats suisses, sous le commandement du capitaine Vallier, augmentaient ce renfort. Cette poignée d'hommes entra dans la place quelques heures avant que l'ennemi en menaçât l'entrée. C'est elle qui, dirigée par quelques religieux et renforcée de trois cents bourgeois, va défendre une petite ville contre une armée dix fois plus considérable, conduite par le vainqueur de l'Alsace.

Lure semblait à peine devoir résister au premier choc. Elle n'avait ni bastions ni contre-remparts. Une simple muraille entourée d'un fossé en défendait l'approche. L'abbaye bâtie en forme de château-fort et protégée par des tours eût fait espérer plus de résistance si elle n'eût été commandée par un tertre à cent pas de ces tours et d'une élévation égale à la leur. Le Rhingrave, en habile général, s'empare de ce poste où il dispose quelques pièces de campagne, puis dès le soir du 13, il franchit la barrière, gagne le fossé et s'avance jusqu'aux pieds des murailles. Le courage des habitants croît en proportion de leur péril. Ils mettent à profit les heures que l'ennemi accorde au sommeil. Vaugrenans pourvoit à tout. On dresse des guérites sur le rempart; on terrasse les portes; on garnit de canons les maisons les plus élevées; on parvient après de grands travaux à placer deux pièces au haut des tours de l'abbaye, afin de neutraliser autant que possible l'effet de la batterie du Rhingrave.

La nouvelle du siége de Lure hâta le retour du marquis de Conflans. Il fit de nombreuses recrues à Besançon, à Baume, à Clerval et à L'Isle, les réunit à Granges en corps d'armée et marcha vers la ville assiégée en s'assurant des forces de Rhingrave. Elles étaient dispersées sur une étendue de quelques lieues où les plus cruels ravages signalaient leur présence. Othon-Louis avait établi son quartier au village du Magny d'Anigon (1). On ne voyait aux alentours ni corps de garde, ni sentinelle, tant était grande sa sécurité au milieu des opéra-

---

(1) Village fondé sur la fin du 13ᵐᵉ siècle par Hugues de Bourgogne qui lui donna son nom : *Magny* (demeure) *Dam* (monsieur) *Hugon*.

tions du siége. « C'estoit, » dit l'historien de ces jours malheureux, « une occasion très belle pour finir cette » guerre en un coup avec un peu de hasard : et avoit » peine le marquis de se commander, proposant qu'une » occasion si belle ne se recouvreroit jamais, et que nous » aurions un perpétuel repentir de ne pas avoir conservé » en un coup la Bourgogne et l'Alsace (1). » Mais les ordres du parlement étaient formels. On avait décidé que l'on ne s'intéresserait point au sort de Lure pour ne prendre aucune part aux affaires de l'Empire. Conflans aurait pu se débarrasser du Rhingrave ; il fallut se contenter de l'attendre. Campé à Roye, petit village du Comté, à une lieue de Lure, il envoya quelques compagnies dans les montagnes de Ronchamps, passage difficile par où l'ennemi pouvait opérer sa retraite en Alsace.

Le baron de Vaugrenans, toujours vivement pressé par les Suédois, ignorait l'arrivée des Bourguignons. Les murs du monastère soutenaient le choc des boulets, et la batterie d'Othon-Louis fut bientôt condamnée au repos tant par les pièces qu'on lui avait opposées, que par la mort du chef qui la commandait. Ce colonel était le parent de Rhingrave et l'un de ses meilleurs officiers. Un boulet termina ses jours. Othon-Louis le pleura avec toute l'armée et commença à désespérer du succès de son entreprise. La fortune secondait le courage des assiégés. Après plusieurs assauts ils n'avaient pas encore perdu un seul homme. Le ciel vint aussi à leur secours. « Car, dit le conseiller de Beauchemin, sainct Desle, » protecteur de Lure où reposent ses sainctes reliques,

---

(1) Girardot de Beauchemin. Hist. de la guerre de dix ans, page 34.

» sembla vouloir estre luy mesme le libérateur de son ab-
» baye et de sa ville par une pluye qui fut envoyée du
» ciel si grande et si abondante que la campagne de Lure
» fut inondée en une nuit et les eaux du détroit de Ron-
» champs enflées, si que le Rhingrave craignant d'estre
» enfermé et voyant le ieu qui se préparoit contre luy,
» leva le siége si fort à la haste qu'il laissa un de ses
» canons par les champs et partie de ses muni-
» tions et se retira à Belfort, menaçant la ville de Lure
» de retourner à elle, aussitôt que les eaux seroient
» écoulées (1). »

Le siége fut levé le 19 février (2). Jusqu'au commencement du mois suivant, les Bourguignons et les Suédois s'observèrent mutuellement à l'entrée de l'Alsace, en se livrant les uns contre les autres à quelques actes d'hostilité. Le Rhingrave avait demandé des canons au gouvernement de Montbéliard pour tenter une seconde fois le siége de Lure. On les lui refusa et il abandonna son projet. La retraite des Suédois détermina le marquis de Conflans à s'éloigner de l'extrême frontière. Il sortit de Ronchamps et vint s'établir dans les villages de Vyt-les-Lure, Longevelle et les Esnans, où il demeura jusqu'à ce qu'Othon-Louis, tournant ses pas vers Brisach, eût renoncé à la conquête de la Bourgogne.

Le baron de Vaugrenans avait déjà quitté Lure qui

---

(1) Girardot de Beauchemin. Hist. de la guerre de dix ans, page 35.

(2) Le 21, selon le conseiller de Beauchemin. — J'ai suivi, dans tous les détails de mon texte, l'annotateur des registres de la paroisse de Lure. On ne peut, ce me semble, rien désirer de plus exact. C'est un journal écrit sur les lieux, par des témoins qui ont assisté et peut-être pris part eux-mêmes à tous les événements.

refusa de recevoir une garnison nouvelle. Elle fut bientôt occupée par Ernest de Montécuculi, vaillant général d'artillerie à qui l'Empereur avait confié trop tard la défense de cette frontière. Son armée était composée de Lorrains, soldats auxiliaires qui vivaient de pillage et traitaient en pays ennemi tous les lieux où ils passaient. On les redoutait encore plus que les Suédois, tant ils se montraient exigeants et cruels. Le 14 mars, un détachement de cent vingt hommes sortit de Lure pendant la nuit et arriva au Magny d'Anigon dont il voulait surprendre le château. Ce projet échoua; les soldats furieux se répandirent dans le village où ils commirent les plus grands excès. Quelques habitants furent menacés et quinze maisons livrées aux flammes. Le détachement se retira ensuite chargé de butin et emmenant tout le bétail dont il avait pu se saisir (1).

Après le départ de Montécuculi, Lure fut abandonnée à ses propres forces. Elle se montra reconnaissante envers la Bourgogne, en entretenant avec le parlement une correspondance sur les mouvements de l'armée suédoise. L'administrateur de l'abbaye, D. Colomban Tschudy faisait connaître à Dole la marche de Rhingrave, ses progrès dans les pays qui avoisinent le Rhin et les circonstances du siége de Brisach. Ces divers renseignements étaient précieux pour la sûreté de la province. La cour pria l'administrateur de continuer, par raison de bon voisinage, à l'instruire de la conduite de l'ennemi commun (23 juin 1633); et les capitulaires demandèrent de leur côté des conseils au parlement (juillet 1633) (2). Lure était sans provisions et presque sans argent. Cette dé-

---

(1) Ephém. du comté de Montbéllard, page 90.
(2) Inv. des tit. de l'abbaye.

tresse inspira au chapitre et aux bourgeois la pensée d'engager ou de vendre quelques domaines. L'acte où cette délibération fut consignée est lui-même une vente à rachat faite par les capitulaires au noble de Molans, de tout ce qu'ils possédaient à Genevreuille (1). Ils sentaient combien ils avaient besoin d'une garnison ; ils se repentaient d'avoir refusé celle que le marquis de Conflans leur avait offerte après la délivrance de la ville. Le soin de leur salut l'emporta sur la défiance : ils sollicitèrent des Bourguignons quelques auxiliaires pour renforcer la milice bourgeoise. Ce secours n'arriva point, et les Lorrains, ces alliés impitoyables, prirent une seconde fois possession de Lure.

Richelieu attaquait la maison d'Autriche jusque dans le centre de la Lorraine. Ses négociations, ses artifices avaient gagné presque tout ce Duché, et lorsqu'il ne resta plus que quelques places à conquérir, le roi de France vint en personne mettre le siége devant elles. Charles s'éloigna de Nancy qu'il ne pouvait plus défendre. On le voit à Besançon où il reçoit les députés du parlement, à Lure où huit mille hommes sont réunis sous ses ordres (3 septembre 1633). C'est de là qu'il menace le comté de Montbéliard, en faisant répandre le bruit que l'Empereur l'en avait gratifié. Plus ses soldats étaient misérables, plus leur insolence augmentait. Ce ramas d'aventuriers, à peine sortis de la seigneurie de Lure (14 septembre), se répand dans les villages du Magny-d'Anigon, Frédéric-Fontaine et Clairegoutte. Il ruine le temple du Magny, s'empare du château fort qui n'avait

---

(1) Archiv. de la préf. de Vesoul.

qu'une faible garnison et enlève toutes les denrées. La population presque toute s'était retirée dans les forêts du voisinage (1).

Une seule compagnie de Lorrains, commandée par le sieur de Vitrolles, était demeurée à Lure. Les bourgeois virent avec joie diminuer le nombre de ces dangereux amis. Mais ils n'étaient pas plus en sûreté et la joie fit bientôt place aux craintes les plus sérieuses. Le Maréchal de la Force qui combattait en Lorraine, quitta cette province presque entièrement soumise, pour tourner ses armes contre le duc de Féria. Celui-ci, après avoir fait le siége de Brisack, reprenait sur les Suédois toutes les villes d'Alsace, et allait opérer sa jonction avec le marquis de Conflans sur les frontières de la Bourgogne. Le général français espérait l'engager dans une rencontre avant que ce mouvement fût effectué. Suivi de huit mille hommes et de six pièces de canon, il arriva près de Lure où l'alarme fut d'autant plus vive que l'on y manquait de munitions et de bouches à feu (13 novemb. 1633). Le marquis de Conflans pourvut à tout, avec une générosité digne de son grand cœur, et la place s'apprêta à se défendre. Mais le Maréchal de la Force partit dès le lendemain, outré de dépit de n'avoir pu surprendre ni Lure, ni le duc de Féria (2).

Les Lorrains qui gardaient la ville étaient, comme on vient de le dire, en fort petit nombre. Leur séjour se prolongea jusqu'au 24 janvier 1634. Trois jours après leur départ, deux cents Impériaux se présentèrent aux portes de la ville. On leur en refusa l'entrée, et ils se lo-

---

(1) Ephém. de Montbéllard, page 338.
(2) Girardot de Beauchemin, page 49.

gèrent dans les villages du Magny et de Gouhenans. Les capitulaires se décidèrent ensuite à en admettre 80 seulement pour servir de garnison (1).

Sur ces entrefaites, la mort du duc de Féria rendit aux Suédois l'espoir de recouvrer les places que ce général leur avait enlevées (13 février). Il restait à vaincre deux chefs beaucoup moins redoutables, le marquis de Bade et le duc de Lorraine qui, renforcés par de bonnes troupes, avaient dressé leur camp dans la plaine de Cernay. Pendant l'absence du second, l'autre, toujours inhabile et confiant, est attiré dans un piége par le Rhingrave (12 mars). La meilleure partie de son armée tombe sous les coups de l'ennemi ; quelques soldats sont faits prisonniers, il s'enfuit lui-même, à l'aspect du carnage, avec 1200 hommes qui partagent sa peur et la honte de sa défaite. C'est à Lure que le marquis de Bade vient cacher cette humiliation. Mais par une odieuse feinte, il prend en entrant l'air et le ton d'un vainqueur (14 mars). Aussi ingrat envers une ville qui accueille sa misère, qu'il avait paru lâche dans la bataille, il ajoute la cruauté à l'ingratitude en mettant Lure au pillage et en exigeant d'elle une forte contribution. Des soldats qu'il avait amenés, la plupart se retirèrent dans les environs de L'Isle-sur-le-Doubs, et le 16 mars, il n'en restait plus que trois cents sous sa conduite. Ce jour là même, à trois heures après-midi, un détachement de l'armée du Rhingrave se précipita sur la ville et la somma d'ouvrir ses portes. L'administrateur qui avait prévu cette attaque et toute l'impuissance de la défense, était parti en toute

---

(1) Regist. de la paroisse.

hâte pour Remiremont, où se trouvait le colonel Hébron à la tête d'un régiment français, et il s'était placé sous la protection de Louis XIII (1). Cet acte de prudence prévint la ruine de l'abbaye. L'administrateur signifia aux Suédois le traité qu'il avait fait, et ceux-ci se retirèrent dès le lendemain (19 mars) (2).

Ce fut le dimanche 28 mars 1634, que les Français vinrent prendre possession de Lure. On avait stipulé que la garnison aurait la vie sauve et sortirait avec armes et bagages. Cette condition fut observée. Le marquis de Bade, grâce aux religieux naguères victimes de son avide et brutale lâcheté, quitta la ville tout aussi honorablement que s'il eût fait la plus héroïque défense. Ayant rallié environ sept cents hommes, il se proposa d'abord de secourir la garnison de Brisack. Mais les passages de l'Alsace étaient gardés par Jean-Philippe, frère du Rhingrave. Le marquis trop peu courageux pour les lui disputer, alla chercher un asile dans le comté de Bourgogne (3).

Le colonel Hébron était entré à Lure à la tête de trois cents soldats. Il reçut le serment des capitulaires (4) et des bourgeois et promit, au nom du Roi, de les protéger en toute rencontre. Les Suédois avaient pris possession

---

(1) Le comté de Montbéllard avait pareillement sollicité cette protection, et, dès le mois de septembre de l'année précédente, la ville de ce nom et celles d'Héricourt et de Blamout étaient pourvues de garnisons du Roi, sous le commandement du marquis de Bourbonne. (Ephém. de Montbéllard, 340, 341, 364).

(2) Regist. de la paroisse.

(3) Registre de la paroisse.—Le P. Laguille, T. II, livre XII, 120-121.

(4) Les religieux n'étaient plus qu'au nombre de quatre : Colomban Tschudy, Paul de Laussin, Jean-Claude de Vauferrans et Ambroise de Blitterswick.

du château de Passavant; il le fit rendre aux religieux comme étant une dépendance de l'abbaye. Lure occupée par les Français fut d'abord moins tourmentée qu'auparavant. Jusqu'au milieu de l'année suivante, ses annales n'offrent aucun détail digne de l'histoire. Au mois de mai 1635, on retrouve le maréchal de la Force dans les environs : il avait quitté la Lorraine avec ses vieux régiments pour secourir Montbéliard menacé par le duc Charles, qui n'en était qu'à une faible distance. Provoqué plusieurs fois au combat, mais toujours inutilement, le Duc, après quelque hésitation, fit sa retraite en Franche-Comté. Alors le Maréchal se rapprocha de Lure encore davantage. Les bois de la Neuvelle et de Saint-Germain devinrent ses retranchements; il logea ses magasins dans la ville (juin 1635). Il voulait attaquer Vesoul, dont le château délabré et la faible garnison eussent cédé au premier choc. Mais le marquis de Conflans qui s'était établi dans la place avec une compagnie de cent maîtres, faisait bonne contenance, échauffait l'ardeur des citoyens, et par ses démonstrations énergiques imposait à l'ennemi. Trompé sur la force réelle de Vesoul, le Maréchal renonça à en entreprendre le siége; aussi, quittant son camp de la Neuvelle, se dirigea-t-il par Héricourt et Montbéliard vers l'Alsace (1).

En 1636, le principal théâtre de la guerre fut transporté sous les murs de Dole; Lure entretenait toujours à ses frais une garnison française. Ce secours lui manqua bientôt. Car au mois d'octobre 1636, le marquis de Saint-Martin, à la tête des milices Comtoises, chassa les Fran-

---

(1) Girardot de Beauchemin, p. 61.

çais et demeura maître de la ville (1). En 1637, trois armées commandées par Weymar, Longueville et Médavy de Grancey occupaient presque tout le pays. Ce dernier, qui avait établi à Montbéliard son quartier-général, s'emparait du château de Dampierre et s'ouvrait le chemin des montagnes. Longueville commençait ses entreprises dans le bailliage d'Aval, tandis que Weymar, entrant du côté de Gray, allait tenter le passage de la Saône. Les Bourguignons apprirent alors qu'une somme d'argent et un train d'artillerie formé en Allemagne leur arriveraient par les frontières du Nord. Le conseiller de Beauchemin alla les recevoir. En parcourant les campagnes de Villersexel et tout le voisinage de Lure, il fut effrayé des ravages de l'ennemi, auxquels une peste affreuse venait joindre ses fureurs. Les plaines étaient couvertes de blés déjà mûrs; mais les villages étaient déserts, et l'herbe croissait dans toutes les rues (2).

Cependant Weymar avait battu le général Mercy sur les bords de la Saône, emporté Gy et Marnay, menacé Besançon et pris Baume à composition. Ces succès semblaient devoir arrêter le duc Bernard dans la Franche-Comté. Mais comme sa principale intention était de reporter ses armes au-delà du Rhin, fatigué des retards que Longueville et lui éprouvaient soit devant Salins, soit de-

---

(1) Un colonel bourguignon écrivait au parlement, le 9 janvier 1636 : » Je souhaite Lure et Montbéliard bien loin de nous, me doutant que leur » voisinage cause beaucoup de misères à cette pauvre frontière par les » courses et pilleries que les garnisons y ont faites ces jours passés.... » Ils ont brûlé une maison à Chavannes et deux enfants dedans, et n'ont » rien laissé à Saulnot qu'ils ont pillé six heures durant, sans respec- » ter le calice de l'église qu'ils ont pris sur l'autel même. » (Note de M. Duvernoy.)

(2) Girardot de Beauchemin, 170.

vant Besançon, il retourna en Alsace après avoir repris Lure sur les Bourguignons (le 20 juillet 1637) (1). Il ne laissa dans cette ville qu'une compagnie, croyant avoir assez pourvu à sa sûreté, en faisant élever sur le tertre qui domine l'abbaye un rempart d'où l'on pouvait plus facilement apercevoir et repousser l'ennemi. Le duc de Weymar s'était trompé. Le 9 juin 1638, les garnisons de Vesoul, Luxeuil, Clerval, Rougemont, renforcées de quelques troupes fournies par les châteaux voisins, marchèrent contre Lure sous la conduite du colonel Gigouley et du baron de Bouvans. Un corps de milice aux ordres du Marquis de Saint-Martin se joignit à eux; et du premier assaut ils emportèrent le fort que Weymar avait fait construire. Ceux qui le gardaient n'échappèrent au trépas qu'en se sauvant au château de Granges, à trois lieues de là. Maîtres de la colline, les Comtois livrèrent à la ville un combat opiniâtre et s'avancèrent jusqu'au premier pont, où ils placèrent un poste pour empêcher les sorties des assiégés. Ils assurèrent ensuite trois quartiers à leurs troupes. Le colonel Gigouley prit la défense du rempart, et des deux autres corps l'un se chargea d'attaquer la porte de l'abbaye, tandis que le troisième veillait sous les armes dans le prieuré de Saint Delle, à quelque distance de la ville du côté du midi (2). Investie de toute part, la garnison de Lure semblait être sans espérance; déjà les Comtois couvraient les fossés de fascines, et le 15 juin, le capitaine de la ville avait dépêché un soldat au château de Granges pour demander

(1) Le père Laguille, Hist. d'Alsace, livre XIII, tome II, page 157.
(2) C'est le prieuré dont nous avons parlé plus haut. Il avait été vraisemblablement construit dans le lieu où saint Delle acheva ses jours, après avoir confié à son disciple chéri le soin du monastère naissant.

du secours. Le messager n'y trouva que trente Suédois et courut à Montbéliard où le comte de Grancey commandait pour le roi de France. Ce général manquait de troupes. Il fit néanmoins bonne contenance et recourut, pour défendre Lure, à un stratagème assez singulier. On publia par ses ordres qu'il allait se joindre à un corps de mille cavaliers Suédois, et on pourvut à leurs vivres et à leurs logements, comme si en effet on les eût attendus. Cette nouvelle se répandit au loin. Pendant ce temps-là, il choisit trois cents soldats de la garnison de Montbéliard, auxquels se réunirent tous les capitaines et quelques autres officiers du régiment du Perche à titre de volontaires (1), prit avec lui les trente Suédois du château de Granges, et arriva le 16 juin à une lieue de Lure. Au bruit de sa venue les Comtois abandonnèrent le fort et s'éloignèrent un peu de la ville. Un combat de quelques heures détermina promptement leur retraite. Ils y perdirent 200 hommes, y compris le commandant de la garnison de Vesoul. Les colonels Gigouley et Bouvans furent grièvement blessés. Du côté des Français, le sieur de Téligny, jeune officier qui avait récemment commandé à Clerval, reçut un coup de mousquet dans la tête (2).

Ce n'était plus que pour la possession de quelques murailles que les divers partis auraient pu se disputer cette malheureuse cité. Ces marches, ces contre-marches, ces

(1) Entre autres les sieurs de Buranville, Bellemare, Lafontaine et Valhebert. On cite encore le sieur de la Boutière, capitaine au régiment de la Suze.

(2) Hist. des guerres du comté de Bourgogne, t. 1. Ce manuscrit, qui appartenait à l'abbaye de Faverney, fait aujourd'hui partie de la bibliothèque de Vesoul. Les événements militaires des 16e et 17e siècles y sont retracés avec quelques détails.

rencontres sanglantes, le mouvement continuel des corps Français, Comtois, Allemands, Lorrains, couvraient la terre de débris et en réduisaient les habitants à l'état le plus pitoyable. Ajoutez à ces hostilités permanentes, l'effroi dont la peste est suivie et la détresse qui naît de la famine. Représentez-vous le pays épuisé de sang et de vivres, l'abbaye abandonnée, les bourgeois sans magistrats. Ceux qui demeurent dans la ville se voient sans ressources ; ceux qui la quittent ne trouvent point d'asile. Terre infortunée ! j'ai interrogé en vain tes monuments sur les détails de ces calamités affreuses. Quelle plume pouvait les retracer ? Les capitulaires s'étaient enfui dans les états voisins ; les curés eux-mêmes, si exacts à noter les premiers évènements de la guerre, négligent tout à coup, dès 1635, d'en marquer la suite. Victimes de leur zèle, la mort les frappe avec leur troupeau dispersé, et trois d'entre eux se succèdent en moins de quatre ans dans le gouvernement de cette église en ruine. On peut remarquer que de 1638 à 1643, on ne compte que dix actes de baptême dans les registres de la paroisse. Ce trait seul peint assez la désolation de la ville. Une place si délabrée semblait sans importance aux Suédois, et ils avaient d'abord pensé à la brûler (19 juillet 1639). On prit ensuite le parti d'y entretenir quelques troupes. Elle était sous la protection du général français qui commandait à Montbéliard. Aussi lorsque le gouvernement de cette principauté stipulait une suspension d'armes avec les villes ou les bailliages voisins de la Bourgogne, Lure se trouvait comprise dans la trève (1642 et 1644).

Depuis 1640, les religieux imploraient la protection de Louis XIII pour rentrer dans l'abbaye, et le Roi avait ordonné au comte de la Suze, gouverneur de Belfort, et au capitaine Soulas de les remettre en possession de leurs biens. Mais ce commandement ne s'exécuta que deux ans après, sur une requête que le doyen de Murbach présenta au comte de la Suze (13 février 1642) (1). L'entremise de ce général préserva Lure de différents dangers, jusqu'à la conclusion de la paix qui eut lieu à Munster, le 24 octobre 1648. L'Alsace autrichienne et le Sundgau passèrent, aux termes de ce traité, sous la domination de la France. Mais les abbayes de Murbach et de Lure demeuraient soumises à l'empire et conservaient tous leurs priviléges, sans que le roi très chrétien pût affecter sur elles aucune espèce de souveraineté (2).

Lure se repeuplait lentement; rien n'égalait sa misère, et pour comble de maux, elle était frappée de contributions toujours nouvelles. Il fallait pourvoir à l'entretien de la chambre impériale de Spire, acquitter les deniers dont la diète de Ratisbonne avait ordonné la levée, contribuer à l'indemnité promise aux Suédois. Le peuple se plaignait de l'inégale répartition de ces charges entre la ville et l'abbaye; des plaintes il passa aux murmures, et il ne s'apaisa qu'après plusieurs transactions qui allégèrent le poids de ses dettes. Les religieux décimés par les derniers malheurs, avaient trouvé, en revenant de l'exil, leurs maisons incendiées. Ils se logèrent pauvrement, et leur premier soin fut de rétablir le culte divin. Vu leur petit nombre, ils ne pouvaient suffire à acquitter les fondations dont leur église était chargée. C'est pour-

(1) Invent. des tit. de l'abbaye.
(2) Teneatur rex christianissimus abbatias Murbacensem et Ludrensem in ea libertate et possessione immedietatis ergà Imperium romanum quâ hactenus gavisa sunt, relinquere, ità ut nullam ulterius in eas regiam superioritatem prætendere possit. (*Extrait du traité de Munster.*)

quoi ils demandèrent en Suisse et en Allemagne quelques religieux de leur ordre, et admirent en même temps parmi eux plusieurs prêtres auxiliaires auxquels ils donnaient le vivre et le couvert et qui les aidaient dans le service des autels. Leur entretien était peu coûteux : on imagina de les conserver. Lure fut bientôt abandonnée par les capitulaires qui ne la considéraient plus que comme une dépendance de Murbach. Les offices solennels cessèrent; on ne célébra désormais que deux messes basses chaque jour, et les somptueux ornements que possédait cette église furent transportés à Murbach avec les chartes les plus importantes. Tel fut l'état de l'abbaye jusqu'à la fin du dix-septième siècle.

On ne négligea toutefois ni d'en éteindre les dettes, ni d'en recouvrer les revenus. Ces dettes étaient énormes, et plus de cinquante ans s'écoulèrent avant qu'on les eût acquittées. Quant aux revenus, ils se trouvaient presque réduits à rien. Les villages étaient dépeuplés, les moulins détruits, les églises ruinées, les seigneuries de Lure et de Passavant ressemblaient à de vastes solitudes et les ronces croissaient dans les meilleurs terrains, autour des temples, jusqu'au seuil des habitations. Vers 1658, les défrichements recommencèrent, comme si cette terre déserte eût été cultivée pour la première fois. Dans chaque village on laissa sans labours une certaine partie du territoire pour s'appliquer à féconder le reste. Les paysans étaient trop pauvres et trop peu nombreux pour payer les redevances curiales. L'abbaye établit alors dans toutes les paroisses de son patronage des vicaires dont l'entretien demeura à sa charge, jusqu'à ce que le temps eût un peu adouci le sort de ces malheureuses populations (1).

---

(1) Mémoire des religieux de Lure.

Les religieux s'occupèrent aussi de la réorganisation de la justice. Au lieu d'un simple bailli, un tribunal fut institué en forme de cour souveraine. Il était composé d'un président, de deux conseillers, d'un procureur fiscal, du capitaine de la ville, et, par une singulière anomalie, du prévôt qui rendait la justice à un degré inférieur. Le président était un bénédictin. Des deux conseillers, l'un appartenait au monastère, l'autre était un laïc pourvu du grade de docteur ès-droits. Le capitaine faisait les fonctions de chevalier d'épée. Enfin le fiscal se qualifiait *procureur-général aux terres souveraines de Lure, Passavant et membres en dépendants*. Quand le père Maurus Sindling, supérieur du monastère était absent, c'était le père Jérôme Lindmann, conseiller ecclésiastique, qui présidait. Les jugements de ce tribunal sont mêlés dans les registres du bailliage de Lure à ceux de la justice inférieure. Le plus ancien est du 13 mai 1658.

Un certain nombre d'édits rendus dans le courant du dix-septième siècle font voir que les matières de police étaient d'abord réglées par l'abbaye et que, si les bourgeois avaient eu auparavant quelque juridiction dans la ville, les guerres de 1636 avaient mis fin à leur pouvoir (1). Le tribunal supérieur les traitait avec un assez grand dédain. Il leur faisait sans cesse des injonctions

(1) Extrait de l'inventaire des titres de l'abbaye de Lure : 1668, tenues de justice où il est défendu de mener le bétail à part ; il est ordonné aux maîtres-bourgeois et échevins de réparer les chemins publics. En 1669, il est enjoint à tous les bourgeois et manants de se pourvoir d'une arme à feu ; il est défendu d'en vendre aux étrangers sous peine de 5 fr. d'amende, à moins qu'on en ait deux. Défense aux aubergistes de donner à boire après neuf heures du soir.

nouvelles, tantôt leur laissant quelque liberté, tantôt s'opposant à leurs délibérations. Je n'ai pas besoin de dire combien de contestations s'élevèrent entre la ville et l'abbaye. Les bourgeois y gagnaient peu; et jusqu'à la réunion de Lure à la Franche-Comté, ils vécurent dans la plus grande dépendance.

Léopold-Guillaume, archiduc d'Autriche, administrateur de Lure et de Murbach, mourut en 1662 (1). Il n'avait régi ces abbayes que par des délégués. Nous avons cité Paul de Laussin et Colomban Tschudy. Ils eurent pour successeur Jean-Bénédict d'Almandingen, dont le pouvoir presque souverain cessa à la mort de l'archiduc. Les capitulaires sentaient depuis longtemps combien un abbé commandataire étaient peu favorables à leurs intérêts. Ils voulurent se soumettre à un prélat régulier, et D. Colomban d'Andlau fut élu. Cependant François-Egon de Furstemberg, évêque de Strasbourg, ne put se décider à renoncer aux deux riches bénéfices que ses prédécesseurs avaient possédés. L'élu lui en céda l'administration, et l'abus de la commande se perpétua.

L'évêque de Strasbourg était tout dévoué aux intérêts de Louis XIV. L'accroissement, chaque jour plus grand, du pouvoir royal en Alsace s'étendit bientôt sur l'abbaye de Lure; et quoique la paix de Munster eût garanti à cette maison religieuse la conservation de ses privilèges, il était aisé de voir qu'elle appartenait beaucoup moins à l'Empire qu'au roi de France. Ce monarque avait appris que les comtes de Ferette étaient les gardiens-nés du monastère.

---

(1) Il était en outre évêque de Strasbourg, de Passau, d'Halberstadt, d'Olmutz et de Breslau, grand-maître de l'ordre teutonique, et de 1647 à 1656, gouverneur-général des Pays Bas et du comté de Bourgogne.

Comme il possédait leurs domaines, il n'eut pas de peine à faire valoir les droits qui y étaient attachés. En 1664 (13 mars), Colbert, intendant d'Alsace, renouvela au nom de Louis, les anciens traités de gardienneté, reçut le serment des capitulaires, et leur promit aide et protection. Ceux-ci s'engagèrent à n'admettre parmi eux que des sujets du Roi. Cette clause consacra l'exclusion des Francs-Comtois, soumis alors à la domination de l'Espagne (1). Lure n'en était pas moins considérée comme un fief de l'Empire. Ainsi elle envoya des députés à la diète de 1652; Léopold I lui assura sa bienveillance (1661); et l'évêque de Strasbourg, qui administrait les deux abbayes, obtint de cet empereur la concession des régales pendant quatre mois, avant même d'en avoir reçu l'investiture (1664) (2).

Les capucins avaient été reçus à Lure en 1624 à titre de missionnaires, et sous la condition expresse qu'ils ne mendieraient point dans la ville. En 1665, ils demandèrent la permission de bâtir un couvent dans la rue de Fahy. Les services qu'ils avaient rendus pendant la guerre, la douceur de leur commerce, la régularité de leur conduite parlaient en leur faveur. Les officiers de l'abbaye signifièrent au conseil de ville un mandement qui lui ordonnait de s'assembler pour donner son avis sur la proposition des capucins. Dans sa réponse, le corps municipal déclara que l'établissement permanent de ces reli-

---

(1) Aux états de Franche-Comté, tenus en 1629, on se plaignait déjà du refus fait par l'abbaye de Lure de recevoir des gentilshommes de la province. Il fut décidé que la question serait portée devant le roi d'Espagne.

(2) Arch. de la préfect. de Vesoul.

gieux serait agréable à la population, et que le choix de l'emplacement n'était nullement préjudiciable; le tout néanmoins *sous le bon plaisir de son altesse, l'abbé prince de Lure* (1). Le suffrage de ce prélat était déjà assuré aux capucins. Ils commencèrent la construction de leur couvent.

La monnaie frappée au coin de l'abbaye était la seule dont la police de la principauté favorisât la circulation. Un édit de 1656 défendit l'usage des pièces étrangères. On comprend quelle gêne il en résultait dans les marchés. Ajoutons à cela que les relations commerciales étaient interdites entre Lure et le comté de Bourgogne. Les bourgeois portèrent leurs réclamations devant le conseil souverain d'Alsace (1667) (2). Les évènements politiques plus décisifs que les arrêts de cette cour, firent bientôt cesser une si rude contrainte.

L'invasion française de 1668 n'a point laissé de traces à Lure. On voit seulement les officiers de l'abbaye établir des gardes pour la sûreté de la ville. La conquête de la Franche-Comté abandonnée cette fois, fut entreprise de nouveau en 1673. Le 30 décembre de cette année, le comte d'Alveda, gouverneur du comté de Bourgogne, envoya à Lure le sieur de Bligny à la tête d'une compagnie suisse. On hésitait à le recevoir. Pendant le cours des délibérations, le capitaine commença à ravager les environs de la ville et à enlever le bétail. A l'aspect de ces déprédations, des officiers de l'abbaye se hâtèrent d'ouvrir les portes. Mais son séjour fut de courte durée. Il fut remplacé par cinq compagnies d'infanterie et dix-

(1) Arch. de la préfect. de Vesoul.
(2) Inv. des tit. de l'abbaye.

huit cavaliers du régiment de Mahiette. Cette petite garnison montra un courage au-dessus de ses forces, lorsque le marquis de Renel, maréchal-de-camp des armées de Louis XIV, arriva devant Lure, le 1er juillet 1674. Les assiégés étaient trop peu nombreux pour défendre avec succès la place toute entière. Ils le comprirent et abandonnant la ville à l'ennemi, se réfugièrent dans l'abbaye qu'ils regardaient comme un lieu de sûreté, à cause du marais qui s'étend autour d'elle. Cependant Renel devenu maître de la ville, attaque l'abbaye du côté du marais, et fait avancer et jouer toutes ses batteries (3 juillet). Le bombardement dure six heures ; soixante volées de canon viennent frapper les murailles ; enfin la brèche est ouverte et les assiégés, perdant tout espoir, demandent à capituler. On convient que la garnison sortira sans armes, et que, parmi les soldats dont elle est composée, les Comtois se retireront dans leurs foyers, tandis que les étrangers demeureront prisonniers de guerre. De ce nombre se trouva seulement le général Mahiette avec ses dix-huit cavaliers et quelques Flamands.

Les peuples conquis paient toujours les frais de la victoire. Lure fut en proie aux vexations des Français ; elles devinrent même assez grandes pour que les capucins prissent le parti de recourir à l'intervention du duc de Duras, gouverneur du comté de Bourgogne. Ce seigneur accueillit leurs plaintes avec bonté, et défendit qu'on inquiétât les religieux, sous peine d'encourir sa disgrâce (3 décembre 1674) (1).

Lorsque la tranquillité reparut, les capitulaires songèrent à transporter dans l'église abbatiale les reliques de

(1) Pièce communiquée par M. J. Vuilleret.

saint Delle et de saint Colombin, qui jusque-là avaient été conservées dans le prieuré de saint Delle, situé au midi de la ville, et presque ruiné durant les dernières guerres. La translation se fit le 23 et le 24 mai 1676 (1). Ces restes sacrés furent accueillis par le peuple avec des transports d'allégresse. On se souvenait des fléaux qu'ils avaient conjurés; on voyait dans leur entrée triomphale le gage le plus sûr de la prospérité publique.

En 1678, le traité de Nimègue vint ranger la Franche-Comté sous le sceptre de Louis XIV. Quelle devait être la destinée de Lure? Considérée par l'Empire comme une attenance du comté de Ferette et par les souverains de Bourgogne comme un domaine que l'usurpation avait détaché de leur couronne, cette principauté disputait depuis longtemps sur ses limites contre les Comtois et les Alsaciens. La question agitée depuis 1622 avait été traitée plusieurs fois après la paix de Westphalie, sans amener de solution irrévocable. Louis XIV la trancha d'un mot. Il réunit Lure au comté de Bourgogne. Le ministre expédia les lettres qui décrétaient cette union, et le marquis de Montauban de la Tour, lieutenant-gé-

---

(1) Anno MDCLXXVI, die XXIII maji, hæc sacra ossa S. Columbini, secundi abbatis Ludrensis, discipuli S. Deicoli, cum tumulo lapideo translata sunt de ecclesiâ extra monasterium versus meridiem positâ, et destructâ tempore Gallorum, quando abbatiam fortificaverunt; sub episcopo Argentinensi Francisco Egone, principe Murbacensi et Ludrensi.

Anno MDCLXXVI, die XXIV maji, hæc sacra ossa S. Deicoli, primi abbatis Ludrensis, cum tumulo lapideo translata sunt (ut suprà).

Ces deux inscriptions, gravées sur des plaques de cuivre, sont conservées dans la châsse de saint Delle et de saint Colombin.

néral du gouverneur de la province, se rendit à Lure pour recevoir le serment de fidélité des habitants. La prise de possession eut lieu le 11 août 1679.

Ainsi finit la puissance de Lure. L'abbé qui marchait l'égal des souverains, n'est plus qu'un médiocre seigneur dont les droits et les revenus sont sans cesse contestés. Les bourgeois l'inquiètent, les parlements le jugent et le condamnent; on supprime les titres de sa grandeur déchue. Aux affaires importantes succèdent les tracasseries locales, et celles-ci ne se termineront que lorsqu'un grand bouleversement aura consommé la ruine totale de l'abbaye.

CHAPITRE VIII.

Lure après la conquête. — Description de la ville. — Le parlement étend sa juridiction sur elle. — Suite des abbés de Lure. — Désiré de Bressey, ses brigues, ses procès. — Création des charges municipales. — Accord entre la ville et l'abbaye. — Reconstruction de l'église paroissiale. — Sécularisation de Lure et de Murbach. — Le chapitre de Lure entreprend d'importants travaux. — Révolution française. — Les chanoines sont chassés; leurs maisons sont vendues; l'église est démolie. — Lure moderne : ses principaux monuments. — Honneurs rendus aux reliques de saint Delle.

—◦✻✻✻◉✻✻✻◦—

L'histoire de nos villes et de nos abbayes finit, pour ainsi dire, à l'époque où la domination française commença dans la province. Soumises au même maître et aux mêmes lois, elles ont partagé le même sort, et leurs annales sans intérêt politique offrent peu d'évènements dignes d'être retracés. Les faits qui nous restent à parcourir se rapportent pour la plupart aux changements que la conquête introduisit à Lure, soit dans l'abbaye, soit dans l'organisation judiciaire et municipale de la ville.

Donnons d'abord une idée de l'aspect que présentait l'ancienne Lure. En 1674, elle était mal peuplée et mal bâtie. Quatre rues seulement en partageaient l'enceinte : la rue des *Carmes* ou des *Prêtres*, la *Grande-rue*, celle de *Fahy* ou des *Capucins*, et la rue de la *Font*. Celle-ci, dans la direction du levant au couchant, était terminée, comme aujourd'hui encore, par le gouffre du même nom qui sépare la ville de l'abbaye. Lorsque les eaux sont très basses, on aperçoit encore au bord de cet abîme des restes de fortifications. A côté s'élevaient les tours du cloître. Elles étaient au nombre de cinq, de forme carrée, percées de meurtrières. Un mur épais les unissait, et ce mur était entouré de vastes marais qui servaient de fossés. La ville avait trois portes : l'une au sud-est, connue sous le nom de porte *du bas*; la seconde au nord, appelée porte de *Bordieu*, et non loin de celle-ci au nord-ouest, une troisième qui communiquait avec le château. Les deux premières existaient encore au commencement de notre siècle. On voyait aussi sur la porte *du bas* les armoiries de l'Empire, et celles de l'abbé Jean-Rodolphe Stœr. Outre le monastère, les principaux édifices de Lure étaient le couvent des capucins, dont la distribution ne différait en rien de celle des autres maisons de l'ordre ; l'hôtel de ville, dont l'existence remontait au treizième siècle, et où se trouvaient aussi l'arsenal et les prisons (1); l'église paroissiale dédiée à saint Martin. Ce dernier édifice n'avait encore qu'un siècle de durée. Son emplacement primitif était hors la porte de *Bordieu*. Les guerres, le danger du pillage, la commodité des paroissiens l'avaient fait abandonner, et l'on avait construit le nouveau temple dans la Grande-rue, au centre de la ville.

La position topographique de Lure, sous le rapport militaire, avait fixé l'attention de Louis XIV qui résolut d'abord d'en faire un entrepôt d'approvisionnements pour les places fortes de l'Alsace et ses armées d'opéra-

---

(1) Dans un des angles de ce bâtiment, on remarquait un faune grossièrement travaillé, qui sert aujourd'hui d'ornement à une fontaine.

tion sur le Rhin. Un plan fut tracé. Mais on en ajourna l'exécution, et les malheurs qui signalèrent la fin du règne du grand roi, le firent oublier tout-à-fait. La destruction des remparts avait été ordonnée après la conquête. On en donna les pierres à l'abbaye et au comte de Grammont, et le terrain à la ville qui l'accensa. Toutefois cet acensement qui blessait les droits des religieux, anciens propriétaires de tout le territoire, fut toléré par eux plutôt que reconnu. La prescription finit par le mettre à l'abri de leurs réclamations.

Après la réunion de Lure à la Franche-Comté, le parlement de Besançon se hâta d'étendre sa juridiction sur l'abbaye et sur toutes ses dépendances. Le tribunal institué par les capitulaires fut aboli. Son dernier acte est du 26 février 1680. Lure devint le siége d'un simple bailliage. Dès-lors le procureur-général ne fut plus qu'un fiscal ordinaire, et le juge d'appel un bailli du seigneur. Le premier président Jobelot leur enjoignit de se reconnaître juridiques de la Cour, comme les autres tribunaux du Comté. Il leur donna ensuite un règlement pour l'administration de la justice dans toute l'étendue de leur ressort (1681). L'abbé de Lure, à titre de seigneur, a conservé le droit d'instituer tous les officiers, tant bailli que prévôt, procureurs, tabellions, receveurs, maires, sergents, forestiers, dans la ville et les villages de la terre. Mais il devait obtenir l'aveu préalable des capitulaires, comme le reconnut le parlement par un arrêt rendu en 1707. Ainsi l'abbé donnait l'institution, et les religieux la confirmaient. Il fallait encore l'autorisation du parlement pour que le sujet choisi entrât régulièrement en fonctions. En 1708, la cour pourvut par provision à la charge de procureur-fiscal. Un arrêt du conseil, porté le 2 mars de la même année, maintint les bailliages ou prévôtés de Lure, Luxeuil, Saint-Claude, Vauvillers et Faverney, dans le droit de publier les substitutions et d'insinuer les donations. Le privilége de la publication des testaments fut également conservé au bailliage de Lure. Les officiers de ce siége n'adoptèrent qu'en 1733 le costume d'audience des autres tribunaux, à la suite d'un ordre du parlement qui leur en imposa le devoir. Le présidial de Vesoul chercha en vain à s'arroger une juridiction sur eux. Ils continuèrent à dépendre immédiatement du parlement de la province, et leur révocation, comme leur nomination, ne cessa point d'appartenir à l'abbé et à son chapitre.

Louis XIV nommait aux bénéfices de Franche-Comté en vertu d'un indult que les rois d'Espagne, comme comtes de Bourgogne, avaient obtenu dans le 16me siècle, et qu'il faisait lui-même valoir au même titre depuis la conquête de ce pays. L'union de Lure et de Murbach rendait douteuse la question de savoir si l'indult était applicable à ces deux abbayes, puisque l'une appartenait à la Franche-Comté et l'autre à l'Alsace. Néanmoins le Roi, par un brevet du 26 janvier 1682, désigna le comte Félix-Egon de Furstemberg pour la coadjutorerie des deux maisons dont François-Egon de Furstemberg, son oncle, était encore abbé commandataire. Celui-ci mourut à Cologne, le 1er avril 1682. Il eut pour successeur, sur le siége de Strasbourg, Guillaume-Egon, son frère, qui devint cardinal en 1686. Cette année-là fut signalée par le décès du comte Félix, et les capitulaires se réunirent pour procéder à l'élection d'un chef. La cour de France ne crut pas devoir y mettre obstacle; mais elle dirigea le choix des religieux en leur demandant leurs suffrages pour le comte de Lœwenstein, chanoine de Strasbourg. Il fut élu au mois d'avril 1686. Alors et depuis 1676, le comté de Montbéliard était occupé par les armes de la France. Sur les réclamations de l'abbaye de Lure, sanctionnées par un arrêt du parlement de Besançon, l'église de Tavel venait d'être rendue aux catholiques (16 mai 1684). Le traité de paix de Ryswick, conclu en 1697 entre l'Empereur et le roi de France, fit restituer au duc Georges de Wirtemberg le comté de Montbéliard et toutes les terres qui en dépendaient. Mais l'exercice exclusif du culte catholique fut maintenu à Tavel, aux termes d'un article de ce traité.

Le comte de Lœwenstein ne reçut qu'en 1703 ses bulles pour l'abbaye de Lure, et plus tard des lettres d'attache (23 septembre 1704) avec un arrêt d'envoi en possession (9 novembre 1706). Célestin, baron de Béroldingen-Gundelhart fut nommé coadjuteur à la prière de l'abbé. Les bulles sont des kalendes d'avril 1704, et les lettres du Roi du 12 août 1706. Il était né le 9 novembre 1673 et faisait partie du chapitre de Murbach et de Lure depuis le 22 avril 1691. Le procès-verbal de son élection, daté du 24 février 1704, montre que les capitulaires exerçaient encore, du moins pour la forme, le droit de choisir les dignitaires de leur corps.

L'espèce d'abandon où l'abbaye de Lure était réduite depuis un demi-siècle, fut le sujet de différentes plaintes portées à la cour de France. Le ministre Louvois donna des ordres sévères pour rapporter à Lure les titres et les ornements qui en avaient été enlevés. Célestin de Béroldingen, à qui l'abbé laissait le soin spirituel de ses bénéfices, était un prélat ami des règles et du bon ordre. Il faisait une profession ouverte de la vie religieuse,

Soins assidus, conseils, autorité de l'exemple, rien ne fut épargné pour relever ces deux abbayes. A Lure, il augmenta le nombre des prêtres desservants, en attendant que le chapitre fût complet, se livra à d'actives investigations pour recouvrer les titres perdus dans les dernières guerres et projeta des réparations considérables. Mais le relâchement devenu naturel aux cloîtres mit à ses efforts un obstacle invincible. Dans les monastères de l'ordre de Saint Benoît où la réforme n'avait pu pénétrer, une oisive opulence entretenait tous les vices du monde : la vertu y était assez rare, et la prière qui en est le langage, y semblait presque oubliée. Deux savants bénédictins qui visitèrent Lure au commencement du 18me siècle, ne furent que très médiocrement satisfaits de la piété des religieux. « Nous passâmes, disent-ils, le dimanche avec
» eux, et nous assistâmes à leur grande-messe qu'ils
» chantèrent en musique. Le chœur ne chanta point le
» *Gloria in excelsis*; il ne chanta même que la moitié
» du *Credo* jusqu'à *et homo factus est*. Comme cela
» nous surprit, nous leur en demandâmes la raison et
» ils nous répondirent que c'était pour ne pas prolonger
» les offices (1). »

Un capitulaire remuant troublait alors la ville et l'abbaye par les questions qu'il soulevait, et par les brigues qu'il formait pour les appuyer. C'était Désiré de Bressey, un de ces hommes habiles à semer les discordes et qui sont dans les monastères les fléaux les plus dangereux. Il avait obtenu du souverain pontife des lettres d'institu-

---

(1) Voyage littér. de deux Bénédictins (les PP. Martenne et Durand), I, 170.

tion pour le prieuré de saint Antoine, bénéfice dépendant de l'abbaye de Lure, auquel cette maison prétendait avoir seule le droit de nommer, selon une coutume immémoriale. Le chapitre refusa de le mettre en possession du prieuré. Mais le parlement passa outre, et, selon la teneur des lettres apostoliques, Désiré de Bressey fut autorisé à jouir du bénéfice comme d'un bien séparé de la manse abbatiale (1714). Ce succès encouragea le religieux révolté. Il se pourvut devant la cour contre l'union des deux abbayes, mit les bourgeois de son côté et intéressa à sa cause la confrérie de saint Georges. Il avait facilement fait entendre aux membres de cette compagnie que la noblesse de la province exclue du chapitre au profit des Alsaciens, ne pouvait recouvrer des droits qu'en obtenant la dissolution de l'union. Ce projet fut goûté ; on n'oublia rien pour en assurer la réussite. Au parlement de Besançon, Désiré de Bressey eût triomphé sans peine. Mais le Roi jugea cette affaire assez importante pour en prendre connaissance lui-même. Elle fut évoquée en 1715 et renvoyée, l'année suivante, au conseil privé. Les procédures étaient finies lorsque le père de Bressey, prévoyant que la décision lui serait fatale, trouva moyen de l'éloigner. Enfin le 7 septembre 1722, intervint un arrêt par lequel Louis XV se réservait de prononcer sur la question quand bon lui semblerait. Il fut ordonné à Célestin de Béroldingen de payer au religieux une pension alimentaire de 1500 liv., et à celui-ci de se retirer dans l'abbaye de Saint-Claude, d'où il ne pourrait sortir tant que le procès demeurerait indécis. Désiré de Bressey poursuivit encore la conclusion de l'affaire. Un second arrêt rendu en 1730 l'ajourna de nouveau, en approuvant provisoirement l'union. La mort du demandeur qui arriva quelques mois après, recula la solution du procès jusqu'à la sécularisation des abbayes.

Depuis la réunion de Lure au comté de Bourgogne, la commune était en guerre ouverte avec l'abbaye. En 1686, un bourgeois avait présenté requête à l'intendant de la province pour être pourvu, à l'insu de l'abbé, de la charge de maire. D'autres réclamations vinrent appuyer la sienne. Cependant l'intendant reconnut et confirma les droits du monastère, en répondant aux habitants que l'élection des officiers municipaux devait avoir lieu, comme auparavant, en présence des capitulaires ou de leurs délégués et que les sujets élus continueraient à prêter serment entre les mains de l'abbé (1). Mais le maire étendit peu à peu sa juridiction à divers objets de police. En 1696, il prononça plusieurs jugements pour dommages commis dans les bois, pour vente de pain et de vin non autorisée. Le Roi créa en 1700 un office de garde-scel des sentences à rendre à l'hôtel-de-ville, office qui fut plus tard réuni à celui de maire, et dont la ville paya la finance. Des règlements pour le parcours des communaux, l'établissement de certaines amendes, la réception de messiers et de nouveaux habitants et d'autres actes émanés du pouvoir municipal, parurent attentatoires aux droits de l'abbaye. Le 6 juin 1703, l'abbé et les religieux donnèrent assignation au sieur Singlin, maire de la ville, en cessation d'actes de juridiction, avec menace de le poursuivre criminellement, si de tels attentats continuaient. Dès-lors les officiers municipaux interrompirent le cours

(1) Lettre du 27 décembre 1692. Aux archives de Lure, à Vesoul.

de leur justice, et prirent la part la plus active aux réclamations et aux poursuites du père de Bressey, pensant que si ce religieux obtenait gain de cause, leurs prétentions personnelles triompheraient plus aisément de la résistance de l'abbaye Un évènement déplorable envenima la querelle.

Le comte de Lœwenstein, abbé commandataire de Murbach et de Lure, venait de mourir (1720), et son coadjuteur, Célestin de Béroldingen, allait prendre possession de son siége. On l'attendait à Lure le 11 décembre, lorsque dans la nuit de son arrivée, un vaste incendie se déclara au milieu de la ville, en détruisit une partie, et répandit partout l'effroi et la désolation. Faut-il en croire la chronique du temps? Les capitulaires n'interrompirent point les réjouissances par lesquelles ils voulaient accueillir le prélat. Les fanfares ne cessèrent de retentir dans l'enceinte de l'abbaye et le bruit de la fête se prolongea au loin, mêlé aux pleurs et aux malédictions du peuple. L'indignation était à son comble.

Les années suivantes sont remplies de procédures sur les objets en litige entre la ville et le monastère. Les actes d'obéissance paraissent trop onéreux aux bourgeois. On veut secouer le joug, on s'anime mutuellement, on délibère plusieurs fois, on résout enfin que, le jour de la Purification, le maire et les échevins n'iront point, selon l'usage, recevoir les cierges des mains de l'abbé, parce que cette cérémonie est une marque de dépendance (1728). Une réaction plus terrible n'était pas fort éloignée.

Cependant l'abbaye faisait tous les jours de grands sacrifices pour conserver les restes d'une autorité mal affermie. Quand Louis XV créa les charges de gouverneur, lieutenant de roi et major des villes closes (1722), il en établit à Lure, et l'abbé se vit obligé de les acheter pour pouvoir en disposer à sa volonté (1). En 1733 le Roi érigea en titre d'offices royaux, les fonctions de maire, lieutenant de maire, conseillers, assesseurs, procureur, contrôleur et secrétaire de la ville. Les trois premières étaient mi-triennales et alternatives, c'est-à-dire que ceux qui en étaient revêtus devaient les exercer pendant dix-huit mois seulement, après quoi elles étaient reprises, pour le même laps de temps, par d'autres officiers élus avec les premiers et décorés des mêmes titres. Le double emploi de ces charges profitait au trésor de l'état en doublant le prix de leur acquisition. La ville ne put payer que l'une des deux charges de maire et celle de secrétaire et de procureur. Néanmoins tous les offices furent réunis à l'hôtel-de-ville, en 1749, et le Roi déclara que les bourgeois les posséderaient comme s'ils les avaient acquis. L'abbaye intervint jusqu'alors dans le choix des fonctionnaires municipaux, non plus, il est vrai, pour leur conférer leurs charges, mais pour présenter ceux qui devaient les remplir (2). Les édits de 1763 changèrent encore les formes de l'administration communale. Elle prenait ainsi de nouveaux accroissements, et le pouvoir des religieux diminuait en proportion. Bientôt le maire de Lure s'arrogea le titre pompeux de vicomte, à l'exemple des principaux maires de la province. Mais à Vesoul, à Baume, à Gray, à Besançon, cette qualification rappelait

(1) Le 4 mai 1734, le Roi ordonna qu'on expédiât à l'abbé la provision des charges qu'il avait acquises. La finance de l'office de gouverneur avait été fixée à 5,000 liv., celle de lieutenant du roi à 3,000 liv, et la troisième à 2,000 livres.

(2) Le dernier acte de présentation est du 2 octobre 1746.

du moins les anciennes vicomtés, tandis qu'aucun souvenir ne la justifiait à Lure.

La mort du père de Bressey avait ôté aux bourgeois l'espoir d'une décision favorable à leurs prétentions. Ils prirent le parti de signer un accommodement avec les capitulaires. Cette transaction conclue en 1727 fut homologuée le 16 mars 1742. Elle régla les tailles et autres droits seigneuriaux, la réception des bourgeois, l'usage des bois et des communaux, la forme des élections, le droit d'éminage, l'entretien des chemins (1).

Les habitants s'engagèrent par le même accord à ne plus attaquer l'union des deux abbayes, et les religieux à faire les réparations nécessaires dans le chœur de l'église paroissiale. Mais cet édifice que l'incendie de 1720 avait détérioré, était devenu inhabitable. Le 8 janvier 1740, le conseil de ville en vota la reconstruction, et le 20 mars suivant, le cimetière fut transféré au boulevard. Cependant, par une délibération nouvelle, on décida que le chœur et les cloches seraient conservés (10 août 1741) (2). Les travaux furent achevés en 1745, et le 13 juin on bénit l'église, et on y célébra la messe (3). Le chapitre fut maintenu plusieurs fois, par arrêt du parlement,

---

(1) Archiv. de la préfect. de Vesoul.

(2) Dans l'ancienne église, le clocher se trouvait entre la nef et le chœur. Pour reconstruire la nouvelle, on se contenta de démolir la nef, et le clocher se trouva par là placé derrière l'église. Quant à l'ancien chœur, il sert aujourd'hui de salle pour les catéchismes. On y remarque des boiseries d'une sculpture fort élégante, et enrichies de sentences tirées de l'Écriture sainte.

(3) Pendant les cinq années employées à la construction de l'église, les offices de la paroisse furent célébrés chez les capucins. En reconnaissance de ce service, le conseil de ville décida que leur chapelle se-

dans le droit de nomination à la cure; il y avait aussi une familiarité. Mais elle fut toujours peu nombreuse, et en 1781 elle n'était composée que de deux membres.

Célestin de Béroldingen s'occupa dans les derniers jours de son gouvernement de la reconstruction de l'église abbatiale. Des plans furent dressés par ses ordres, mais l'exécution en était réservée à son successeur. Il résigna son bénéfice en 1737 et mourut dans la même année. Le père Laguille fait son éloge en termes qui montrent assez que ce prélat était digne de vivre dans un siècle plus favorable à la ferveur des cloîtres (1). Il fut le dernier abbé régulier de Lure. François-Armand-Auguste de Rohan-Soubise, chanoine capitulaire de Strasbourg, connu alors sous le nom d'abbé de Ventadour, reçut en 1737, en vertu de la résignation de son prédécesseur, des bulles pour les deux abbayes. Il n'avait que dix-neuf ans. On lui donna pour coadjuteur Léger de Rathsamhausen, chanoine de Murbach et de Lure, en qui l'expérience d'une vie déjà longue s'unissait à un esprit plein de sagesse et de générosité. Le prince de Rohan vint se faire reconnaître dans ses deux bénéfices, et en partagea les revenus avec les capitulaires. En 1742, il fut nommé coadjuteur de Strasbourg, sous le titre d'évêque de Ptolémaïde. La mort du cardinal de Rohan, son oncle, le mit en possession de

---

fait réparée aux frais de la commune et qu'ils recevraient en présent une pièce de vin rouge.

En 1747, on grava sur le frontispice de la nouvelle église ces vers chronographiques où sont exprimées les vicissitudes diverses qu'elle a subies :

Ista VetVsta forIs, eX tVnC bIs In Vrbe noVata
Regla MartInI terqVe saCrata Deo.

(1) Histoire d'Alsace, liv. XV, p. 233-234.

ce siége qu'il gouverna jusqu'en 1756. Il ne prit aucune part à l'administration de Lure ; ce fut Léger de Rathsamhausen qui en demeura chargé.

Aux contestations soulevées par le père de Bressey, se rattachait une question sur laquelle l'abbaye de Lure ne pouvait transiger ni avec les bourgeois ni avec l'autorité royale. Arguant toujours de l'union des deux monastères, elle ne cessait pas de se considérer comme terre d'Alsace par une suite naturelle de l'indivisiblité qu'il y avait dans l'administration, les dignités, les charges de Lure et de Murbach. Un arrêt du conseil rendu le 11 janvier 1749, mit fin à cette opposition. Il déclara nuls les actes d'investiture, lettres de protection et autres titres tendant à soustraire l'abbaye et son territoire à la mouvance du Comté, les flétrit d'un style énergique *comme attentatoires à la souveraineté de sa majesté et de ses prédécesseurs comtes et comtesses de Bourgogne*, défendit aux abbés et religieux de s'en prévaloir désormais, et leur enjoignit de prêter dans le terme de six mois, à la chambre des comptes de Dole, foi et hommage de fidèles sujets, par l'aveu de leur dépendance et le dénombrement de leurs terres. Le Roi se réserve de prononcer incessamment sur l'union des deux abbayes; et sa volonté se manifesta en 1754, par un arrêt où cette union fut confirmée. Le parlement ne consentit à l'enregistrer qu'à différentes conditions. Ainsi la visite de l'abbaye, l'inventaire des titres, la nomination d'un administrateur pendant la vacance du siége furent, de la part de la cour, l'objet d'une réserve expresse; elle voulut en outre que les titres et papiers de Lure ne fussent sous aucun prétexte transportés à Mur-

(1) Recueil des édits, t. IV, p. 85.

bach, qu'on en dressât promptement un inventaire et que les sujets de la terre ne fussent point traduits hors du ressort de la province.

La sécularisation des deux monastères, fruit de tant de disputes et d'arrêts, date aussi de l'an 1754. Mais les bulles qui l'autorisèrent conformément aux lettres du Roi, ne furent envoyées qu'en 1765. Lure et Murbach furent convertis en deux chapitres nobles, composés le premier de six membres et le second de huit. Cette nouvelle organisation les séparait l'un de l'autre. Néanmoins on leur laissa un chef commun avec le titre d'abbé-Prince, qu'il devait transmettre à ses successeurs. Deux autres dignitaires, le grand-prévôt et le grand-trésorier furent établis dans chaque corps. Les chanoines devaient être nobles de nom et d'armes par quatre générations. Enfin il fut convenu qu'on ne pourvoirait pas, pendant six ans, aux places devenues vacantes par la mort des titulaires.

Cette dernière disposition avait pour objet de grossir les revenus du chapitre et de hâter ainsi l'achèvement des travaux commencés pour la reconstruction de l'église et des maisons canoniales. On les avait entrepris en 1749, après avoir desséché plusieurs marais dans le voisinage. Tout fut élevé sur pilotis, et plusieurs fois les eaux du gouffre de la Font vinrent par leur débordement suspendre le cours des constructions. L'église fut terminée en 1753. On la plaça sous le vocable de saint Pierre et de la sainte Vierge. Elle était à trois nefs, et les piliers qui en formaient les divisions, étaient couronnés par des chapiteaux de l'ordre corinthien. Une frise fleuronnée les surmontait. On admirait le bon goût qui avait présidé à la disposition de l'édifice et le choix heureux des ornements. Les autels et les retables étaient d'un stuc qui ne le cédait au plus beau marbre ni par le poli ni pour la variété ou la richesse des veines. La croix du maître-autel passait pour un morceau de grand prix.

Après la mort du prince de Rohan-Soubise, évêque de Strasbourg, qui arriva en 1756, Léger de Rathsamhausen échangea son titre de coadjuteur contre celui d'abbé. La sécularisation du monastère ne lui laissait guère qu'une simple prééminence sur les chanoines. L'autorité résidait dans le chapitre, qui l'exerça sans contrôle jusqu'à la révolution. Le dernier abbé fut Casimir-Frédéric de Rathsamhausen qui ceignit la mitre vers 1780. On ne le connut point à Lure. L'abbé de Reinach, grand prévôt du chapitre, y vit encore dans les souvenirs des anciens. Il fit bâtir un magnifique hôtel qui devait se trouver au centre des nouvelles constructions. Mais on ne put les achever du côté du midi où le terrain rempli de sources et inondé par les eaux du gouffre de la Font, mit en défaut toutes les ressources de l'art. Un jeune architecte, devenu peu d'années après général en chef de l'armée française, Jean-Baptiste Kléber, alors établi à Belfort, traça le plan de l'une des maisons canoniales. On remarque dans toutes une distribution pleine de goût, de vastes appartements, des décorations où l'élégance s'unit à la richesse, d'agréables jardins, des dépendances commodes et habilement ménagées (1). Il restait encore une maison à construire lorsque la révolution éclata.

(1) En jetant les fondations des écuries du grand-prévôt, on découvrit plus de 200 tombeaux en pierre mêlés à des ossements à demi-consumés. Ces tombeaux servent aujourd'hui d'auges de puits à Lure et dans les villages voisins.

Je passe sous silence la plupart des faits qui la précédèrent immédiatement. Des démêlés entre le chapitre et la ville, des procès (1767-1768), une aigreur toujours croissante (1) ; les bourgeois rachetant les corvées seigneuriales par la cession d'une forêt (1785), l'affranchisment des habitants de Vouhenans (1783), voilà dans le même tableau les derniers faits que nous retracent les annales de l'abbaye, et les signes avant-coureurs d'une prochaine catastrophe. Prenons-y garde, la révolution était déjà accomplie. Lure avait tout perdu : ses libres élections, sa souveraineté territoriale, son droit de battre monnaie, ses priviléges ecclésiastiques, sa règle, tout, jusqu'au nom de monastère. Les richesses étaient le seul bien qu'un pouvoir jaloux lui eût laissé, le seul au contraire dont il eût fallu la dépouiller. Elles n'étaient plus consacrées au soulagement des pauvres, à la prédication de l'évangile, aux œuvres que la foi inspire, entretient et achève. Dieu s'était retiré de ces instituts monastiques où on l'oubliait depuis si longtemps et qui étaient devenus le patrimoine de l'ambition. Il laissa faire aux hommes ; les coups qu'ils portèrent servirent les décrets de sa providence.

Après le grand mouvement du 14 juillet 1789, l'effervescence populaire ne tarda point à se communiquer à presque toutes les communes de France. Les habitants de la terre de Lure, soulevés et conduits par quelques-uns de ces pillards qui se répandaient alors dans le royaume, vinrent les armes en main et la menace à la bouche aux portes du chapitre, demandant à cris redoublés les titres

---

(1) Au point même d'arguer de faux, en 1778 et 1779, les reconnaissances générales des habitants de Lure faites en 1572. (Note de M. Duvernoy.)

des redevances seigneuriales (fin de juillet 1789). L'hôtel du grand-prévôt fut livré au pillage; on enleva quelques papiers; d'autres furent dévorés par les flammes. Mais les bourgeois craignant pour eux-mêmes les excès de cette émeute, prirent le parti de la comprimer. L'abbé de Reinach s'était retiré dans son château de Binningen; les autres chanoines se dispersèrent, après avoir mis en sûreté une partie de leurs meubles précieux et les titres les plus importants de leurs archives qu'ils firent, dit-on, conduire à Mulhouse.

Cependant le calme se rétablit, et MM. de Girardy, de Laubespin et d'Andlau reparaissent à Lure au commencement de l'année suivante. Le 1er mai 1790, les officiers municipaux veulent, en exécution des décrets de l'assemblée nationale, procéder à l'inventaire des meubles et des papiers du chapitre. Les chanoines refusent d'abord de comparaître, prétendant que ces décrets ne leur sont point applicables, parce qu'ils ne concernent que les ordres religieux. L'inventaire est commencé en présence du régisseur; puis M. de Girardy consent à répondre au nom de ses collègues. On les accuse d'avoir soustrait aux recherches de la commune et leur trésors et leurs archives; diverses explications sont échangées sans amener aucun résultat et le 21 août 1790, l'inventaire est clos par Joachim Nomberg, Maire de la ville.

Bientôt les évènements dépassent toute prévision. L'abbaye est fermée; on la déclare bien national avec toutes ses dépendances; les chanoines se sauvent une seconde fois des mains d'un peuple furieux; 1793 arrive avec ses orgies, et les administrateurs du district ordonnent qu'on jette au feu les reliques de saint Delle et de saint Colombin *afin de s'en débarrasser*. Cependant ce dernier attentat ne put être consommé. L'odeur que les ossements sacrés répandent dans le lieu du crime force les administrateurs à révoquer leur ordre. Un concierge arrache les reliques du milieu des flammes, les cache, à l'insu du district, dans un réduit obscur de son humble demeure, et c'est à ses mains fidèles que Lure devra la conservation de son plus cher trésor (1).

L'église était encore debout; on la livre aux spéculateurs, après une estimation dérisoire, et la démolition commence (1796). Les stalles, les colonnes, les chapiteaux disparaissent sans retour; les autels seuls sont destinés, par une consolation de la fortune, à orner l'église paroissiale. On s'attaque aux dernières pierres du sanctuaire, tout est vendu, tout est détruit, le sacrifice est consommé. Aujourd'hui le voyageur qui, plein des souvenirs de l'ancienne Lure, demande à visiter les ruines de l'église abbatiale, est conduit dans une cour malpropre où il ne reste pas pierre sur pierre, et son guide, en lui montrant le sol qu'il foule, lui dit avec tristesse : » Voilà la terre des saints, on l'a creusée jusqu'au fond » de ses entrailles, on en a tiré des ossements sans » nombre, on a jeté au vent la poussière des tombeaux. »

Encore quelques années, et les derniers témoins de cette grande destruction ne seront plus. On cherchera en vain le lieu où fut cette antique église dont aucun monument, aucune inscription ne consacre la mémoire parmi les hommes. La demeure du grand-prévôt est devenue l'hôtel de la sous-préfecture; les autres maisons canoniales sont des propriétés particulières.

(1) Papiers conservés dans la châsse de saint Delle.

Depuis 1790, la ville éprouva dans son administration de notables changements. La loi du 26 février, lui donna un district composé de sept cantons. Elle est, depuis le 18 brumaire an VIII, le chef-lieu du troisième arrondissement du département de la Haute-Saône. Son ressort administratif et judiciaire comprend dix cantons et deux cent deux mairies. Des marchés hebdomadaires, des foires au nombre de huit (1), plusieurs établissements industriels, de grandes routes et des chemins vicinaux bien entretenus favorisent son commerce, et lui promettent de nouveaux développements. Le territoire assaini par le desséchement des marais et fécondé par une culture intelligente, produit abondamment des grains et des légumes de toute espèce, des fruits et des fourrages de la meilleure qualité. La population prend un accroissement rapide. En 1780, elle ne s'élevait guère au-dessus de 2,000 habitants; en 1810, elle était de 2,210; le dernier recensement en a porté le chiffre à 3,058. Quelques édifices sont dignes de l'attention publique. Nous citerons la Halle aux grains, élevée en 1837; les bâtiments ajoutés depuis peu à l'ancien couvent des capucins qui est devenu le collége communal, et le vaste hôtel qui est placé à l'angle de la Grande-rue et de la rue de la Font. Cette belle construction, achevée en 1834, présente dans son ensemble un quadrilatère et se divise à l'intérieur en deux parties distinctes. L'une d'elles sert de palais de justice et appartient au département,

---

(1) Les marchés ont lieu tous les mardis Les foires tombent le premier mardi des mois de janvier, février, mars, avril, mai, juillet, août et septembre. Elles ont été fixées ainsi par un décret du 10 mars 1806.

l'autre, bâtie aux frais de la commune, compose l'Hôtel-de-Ville et ses dépendances (1).

Notre siècle a vu aussi s'élever, à côté de ces monuments profanes, un autel où reposent les reliques de saint Delle et de saint Colombin. Ces vénérables ossements furent déposés dans la sacristie de l'église paroissiale par celui qui les avait sauvés durant l'orage. En 1825, M. Gousset, alors professeur de théologie au séminaire de Besançon, vint en faire la reconnaissance authentique (2). Elle fut renouvelée, le 25 janvier 1838, par M. Bergier, vicaire-général du diocèse, dans une cérémonie où la piété des peuples rivalisa avec le zèle du pasteur pour orner, vénérer et bénir les restes des saints fondateurs de Lure. Une châsse élégante, achetée avec les dons des fidèles, laisse voir sous un verre poli ces précieuses dépouilles, monument historique consacré par les suffrages de l'église et par la reconnaissance d'une population tout entière.

Et nous-même qui, pour raconter les splendeurs de l'abbaye, avions dévoué notre temps à de longues recherches dont l'exactitude fait tout le mérite, étranger à ces lieux, nous les avons visités avec les préoccupations de l'historien, en interrogeant tous les monuments et en recueillant de la bouche des vieillards les traditions des anciens jours. Ce n'est point sans douleur que nous avons remarqué combien de débris s'étaient effacés sous les pas de l'indifférence, et de quel œil on voyait s'engloutir dans les abîmes de l'oubli les derniers restes

(1) Annuaire de la Haute-Saône, 1842, p. 107.
(2) Papiers conservés dans la châsse de saint Delle.

d'une puissance religieuse et politique de huit siècles. Rempli de ces tristes pensées, nous avons tourné nos regards vers l'humble chapelle dépositaire des reliques qui furent le commencement de la gloire de Lure et qui en ont été les derniers témoins. Ainsi, au milieu de tant de ruines, elles seules ont conservé leur nom. Lure a adopté la France et ses destinées. Elle a oublié les disputes des cloîtres pour les intérêts civils et industriels, une indépendance inquiète pour une obéissance honorable. Mais saint Delle est encore servi et vénéré dans ses murs; ce nom sacré triomphera dans l'avenir des bouleversements qui renouvelleront la face de cette terre : tant il est vrai que la religion imprime aux souvenirs qu'elle adopte un caractère particulier, et que ses pieuses traditions, quelque humbles qu'elles soient, survivent par elle aux œuvres du travail, aux prestiges de la puissance, aux magnificences de la gloire !

NOTICE HISTORIQUE

SUR

LE PRIEURÉ DE SAINT-ANTOINE

ET SUR

LES SEIGNEURIES DE LURE ET DE PASSAVANT.

I. PRIEURÉ DE SAINT-ANTOINE.

A une demi-lieue de Plancher-les-Mines, sur un des monts qui dominent le village, s'élève une chapelle, connue sous le nom de *Saint-Antoine-des-Froides-Montagnes*. On l'appelle plus vulgairement encore *Fromont*, *Frodmont* ou *Froidmont*. Ce lieu est mentionné pour la première fois dans la donation que Clotaire II fit à saint Delle vers l'an 615 (1). Ainsi, sa haute antiquité n'est pas douteuse. Quant au nom qu'il porte, si l'on en croit les traditions du pays, c'est un pieux ermite qui le lui a donné. Ce personnage, différent du patriarche des moines orientaux, s'est, dit-on, sanctifié dans nos montagnes par une vie très austère. On montre encore la source où il allait puiser de l'eau dans un panier d'osier qu'il

---

(1) La légende parle *des vignes qui sont à Saint-Antoine*. Je ne veux point prendre à la lettre ces expressions que la qualité du terrain et la rigueur du climat semblent démentir. Cependant on ne pourrait pas tirer de l'état actuel des choses une conclusion sans réplique contre les assertions du légendaire. Car il est prouvé que plusieurs contrées, la Normandie par exemple, où l'on ne cultive plus la vigne aujourd'hui, produisait autrefois de bons vins.

avait fabriqué lui-même, et le rocher où il se retirait pour vaquer à la prière.

L'héritage du saint solitaire devint un prieuré dans le 12ᵉ siècle. On en rapporte la fondation à Constantin, moine de saint Bénigne de Dijon, qui en reçut l'acte des mains de l'archevêque Anséric, à la prière de trois autres religieux de son monastère, Humbert, camérier, Guy de Caudenay et Guy de Reims. Les lettres dans lesquelles l'archevêque consigna ses volontés sont signées de Pierre, doyen de saint Etienne, de Hugues, doyen de saint Quentin et de plusieurs autres chanoines. La date ne s'y trouve pas (1). On conservait ce titre dans les archives de Saint-Bénigne.

J'ignore également comment cette propriété était sortie des domaines de Lure et comment elle y rentra plus tard. Au 18ᵉ siècle, Lure et Saint-Bénigne se la disputaient encore.

Le plus ancien prieur connu est frère Thomas, nommé dans le cartulaire de Bithaine.

Frère Hugues de Myon était prieur en 1406.

F. Jean de la Baume en 1421.

F. Pierre de Laviron, 1429.

Le prieur jouissait des droits de main-morte à Ternuay. On ne pouvait y vendre du vin sans sa permission et il fallait user de la mesure du prieuré. Nous apprenons ces différentes circonstances par un acte de 1433.

F. Amat Ducloz, 1446.

F. Henri de la Tournelle, 1458.

Ayant échangé son bénéfice contre l'emploi de sous-chancelier à Saint-Bénigne de Dijon, il laissa pour successeur à Saint-Antoine :

F. Guillaume de Beauffremont, aussi religieux de Saint-Bénigne. Celui-ci trouva un compétiteur dans un capitulaire

(1) On peut fixer cette fondation à l'une des années 1133 et 1135 : car Pierre, (de Traves) doyen de Saint-Etienne, paraît pour la première fois dans un acte de 1133, et l'archevêque Ansériс mourut au mois d'avril 1134.

de Lure, François de Montjoie. Il gagna son procès, mais se soumit ensuite à l'abbé de Lure, suivant un acte de 1489 qui en fait foi. Guillaume de Beauffremont était en même temps prieur de Marast.

François Petit posséda sans trouble le bénéfice de Saint-Antoine. Après sa résignation en 1479, Humbert Petit, moine de Baume, en fut pourvu et le céda au suivant :

Jean Virot, institué en 1479. On a de lui différentes lettres de 1481 et 1493. En 1362, Rodolphe IV, duc d'Autriche, avait donné au prieuré une rente en vin à Thann. Elle fut fixée à 20 mesures par une sentence rendue en 1494.

Jean Virot, ayant été élevé sur le siège abbatial de Lure, céda Saint-Antoine à Jean Duval, clerc séculier, qui le posséda pendant deux ans à titre de commande. Celui-ci mourut en 1507 et l'abbé de Lure obtint de nouveau le prieuré.

Pierre d'Uselle, qui succéda à Jean Virot dans ce bénéfice, mourut en 1523. Georges de Massmünster, abbé de Lure, lui donna pour successeur François-Claude de Mailly, lequel, malgré sa nomination, ne négligea point de demander des bulles. Il les reçut en 1525. Après lui, on ne trouve plus d'institutions régulières, et les noms des prieurs ne sont connus que par différents actes d'administration.

Antoine de la Roche, 1545.

François de Grachault, 1570. Il exempta les habitants de Champagney de différentes servitudes et leur accorda quelques immunités.

L'abbé de Lure disposait du bénéfice comme d'une faveur révocable à volonté. Néanmoins le prieur ne put se soustraire en 1607 à la visite de l'ordinaire. Alors le revenu du prieuré s'élevait à 100 fr, et il s'y faisait un grand concours de peuple à la fête du saint patron. Ces deux faits sont constatés dans le procès-verbal de cette visite.

Jean-Claude de Vauferrans était prieur de Saint-Antoine en 1619. Il figure sous le même titre dans un contrat de 1636.

Une nouvelle visite fut ordonnée par l'archevêque de Besançon en 1667. On lit dans l'acte qui en contient le récit, que le prieuré possède une partie de la mâchoire de saint Antoine, qu'il est mal tenu, qu'il manque d'ornements et que de déplorables superstitions s'y sont introduites. Les reliques de saint Antoine étaient portées à certaines époques de l'année dans les villages environnants, et l'on faisait suivre cette procession d'une quête.

Désiré de Bressey fut l'avant-dernier prieur (1714). Nous avons raconté les brigues qu'il excita, les procès qu'il soutint, sa retraite au monastère de Saint-Claude. Messire de Raittnaw, capitulaire de Lure, lui succéda (1750). La sécularisation de l'abbaye mit fin à ces titres particuliers. Le dernier acte qui concerne le prieuré de Saint-Antoine, est l'affranchissement de Jean-Georges Dubret et de ses enfants, donné par le chapitre le 31 décembre 1772. Les sujets dépendants de ce domaine résidaient dans les villages voisins. On ne voyait à Saint-Antoine qu'une maison attenante à l'église, et sur laquelle les armes de l'abbaye avaient été gravées. Ces deux édifices sont maintenant en ruine, les ossements du saint ont disparu et l'on a bâti à la place du prieuré la petite chapelle dont nous avons parlé au commencement de cet article. Elle est fréquemment visitée par des personnes pieuses de la Haute-Saône et du Sundgau qui viennent prier saint Antoine de préserver de toute maladie leur bétail et leurs propres personnes. — Ces pèlerins laissent pour signe de leur passage, des petites croix, des médailles bénites, des fleurs, des pièces de monnaie. L'unique ornement de cet oratoire est une statue en bois, représentant un religieux. Elle est fort ancienne à en juger par le travail et les dégradations qu'elle a éprouvées. C'est, dit-on, l'image de saint Antoine.

II. SEIGNEURIE DE LURE.

Les possessions de notre abbaye étaient divisées en deux seigneuries, celle de Lure et celle de Passavant. La première comprenait en totalité Lure, Magny-Vernois, Froideterre, Frotey, Vouhenans, Palante et Lyoffans. — Magny-Jobert, Bouhans, saint Germain, Genevreuille, Brotte, Servance, Vyt-les-Lure, Ecromagny en dépendaient seulement pour une partie de leurs terres et de leurs habitants. On peut y rattacher aussi quelques cens et droits seigneuriaux que le monastère avait à Amblans, Velotte, Montessaux et Adelans (1). L'histoire de la ville de Lure, mêlée à celle de l'abbaye, nous a déjà occupé. Nous donnerons une courte notice sur les villages de la seigneurie.

Bouhans. L'église de ce lieu est fort ancienne. Elle relevait de l'abbaye, comme le prouve une bulle de 1178 émanée du pape Alexandre III. En 1279, cette maison acquit de l'abbé de Bithaine tout ce qu'il possédait à Bouhans. Les moines de Lure n'y conservaient dans le 18ᵉ siècle que quelques droits de main-morte, des corvées, des cens et une redevance pour le guet et la garde de l'abbaye.

Brotte offre les ruines d'un château-fort qui fut assiégé et pris par Jean de Faucogney sur la fin du treizième siècle, alors que les seigneurs du pays s'opposaient, les armes en main, à la transmission de notre province à la maison de France. La place du pont-levis se distingue encore, ainsi que les embrasures qui étaient pratiquées dans les murailles de la

---

(1) Plus une dixme sur partie du canton des Alleux, au territoire de Clairegoutte, reconnue en 1572. (Note de M. Duvernoy.)

forteresse (1). L'abbaye de Lure possédait à Brotte un certain nombre de dîmes, et partageait avec Luxeuil le patronage de la cure. En 1635, les religieux ayant emprunté 1800 francs du noble de Molans, cédèrent à celui-ci les dîmes de Brotte pour six années. Mais ils ne rentrèrent dans leurs droits qu'en 1660, conclurent en 1730, avec les habitants, un accord qui fixait les redevances au 50e des récoltes, et fournirent en 1748, à la moitié des frais de la reconstruction de l'église. Luxeuil se chargea de l'autre moitié.

Ecromagny. L'abbé de Lure possédait dans ce village avec les sires de Faucogney, des étangs très poissonneux. Des actes de 1491, 1493, 1497, 1504, 1511, mentionnent différentes acquisitions faites par les religieux. Un jugement de l'intendant de la province, rendu en 1695, déclare que dans la répartition des charges communales, les habitants d'Ecromagny ne pourront imposer l'abbé de Lure pour ses étangs, s'il les fait valoir par lui-même, tandis que, s'il les amodie, il sera soumis à la condition commune.

Froideterre. Nous avons dit avec quelle générosité Guy et Henri de Montjustin abandonnèrent à l'abbaye six parts sur dix dans tout ce qui leur appartenait à Froideterre (1220). Guy ratifia cette libéralité en 1228. Les habitans étaient assujettis à tous les droits seigneuriaux, et plusieurs d'entre eux demeurèrent main-mortables jusqu'à la révolution de 1789. On trouve cependant des affranchissements particuliers en 1545 et en 1696. La dîme se percevait au 10e, la taille, en 1730, était fixée à 14 l. 4 s. 8 den., y compris les droits de guet et de garde.

Frotey-les-Lure, compris dans la bulle de 1178, était divisé en plusieurs mouvances. En 1272, Estevenin de la Coste, écuyer, reprit de l'abbaye quelques terres situées dans ce

(2) Annuaire de la Haute-Saône (1842).

village. Le comte de Montbéliard obtint, sa vie durant, la jouissance de tous les biens que le monastère avait à Frotey, moins le patronage de l'église, l'usage des bois et de la fontaine (1285). Il reconnut, en 1295, que ces propriétés devaient après sa mort retourner à l'abbaye, sauf un fief tenu alors par Henri de Cubry (1). En 1324, le curé du lieu avoua le patronage de l'abbaye, et cet aveu fut réitéré par un de ses successeurs en 1427. Les religieux achetèrent en 1331 tout ce que Vuillemin, maire de Lyoffans, possédait à Frotey. En 1631, le comte de Montbéliard leur contesta la jouissance d'une partie des dîmes. Quelques terres furent affranchies de cette redevance par l'abbé de Lure en 1753. Les autres continuèrent à la payer au 10e. En 1771, les habitants achetèrent, moyennant une rente de 100 livres, payables au chapitre, le droit de faire moudre leurs grains partout où ils voudraient ; les tailles étaient de 39 livres, en deux termes.

Genevreuille. La bulle de 1178 est le premier titre qui en fait mention. En 1280, les biens de l'abbaye s'accrurent par la donation d'Agnès de Montjustin, et en 1292 par un échange du fief de Vyt-les-Lure contre les domaines dont Vuillemin de Montjustin jouissait encore à Genevreuille. En 1490, l'abbé de Lure donna aux habitants la permission de s'assembler en fait de communauté. La haute justice fut disputée à ce prélat, dès le commencement du dix-septième siècle, par le seigneur du village (1608). Quoique celui-ci eût été maintenu dans ce droit, par sentence du bailliage de Vesoul, l'abbaye l'exerça elle-même en 1613. Engagé en 1633, Genevreuille rentra en 1660 dans le domaine de ses anciens maîtres. De nouveaux débats s'élevèrent en

---

(1) Ce fief, dépendant de la suzeraineté du prince de Montbéliard comme grand baron de Granges, avait passé, en 1618, à Jacques du Buget, sieur de l'Auvergnay, capitaine et commandant au château de Granges. Plus tard, on le trouve dans les mains des sieurs Henrion et Griboulot, résidant à Quers. Il était en généralité de main-morte. (Note de M. Duvernoy.)

1679, entre les religieux et M. Iselin de Lanans, alors seigneur territorial sous la mouvance de la baronnie de Granges (1). Condamnés derechef à Vesoul en 1680, les religieux appelèrent de ce jugement, puis abandonnèrent leur appel par l'avis de plusieurs avocats. Les nobles de Poinctes et de Molans et les chanoines de Calmoutier partageaient avec l'abbaye les corvées et les cens. Un procès soutenu en 1735 établit que cette maison avait alors un droit de main-morte sur certains habitants.

Saint Germain. On voit dans les environs la fontaine où saint Delle s'arrêta en venant à Lure, et les restes de la voie romaine que nous avons déjà signalée. Le monastère y jouissait de quelques cens et de quelques étangs.

Lyoffans appartenait déjà aux religieux en 1178, d'après la bulle d'Alexandre III. Il fut cédé en 1286 à Jean d'Oiselay et à sa femme, pour leur vie seulement et sous la réserve expresse du patronage de la cure. La mairie du lieu tenue en 1578, par Jeannette, fille de Gérard Jouennant de Frotey, passa à l'abbé de Lure, cette année-là, en vertu d'un échange.

Les reconnaissances de 1572 fixèrent les tailles à onze liv., payables en deux termes. Le baron de Granges, les seigneurs de Melisey, d'Aucelles et de Lomont possédaient à Lyoffans certains droits qui firent la matière de plusieurs contrats avec l'abbaye (1503, 1741). Auparavant le sire d'Aucelles avait obtenu de cette maison un dédommagement de 200 florins pour les usurpations qu'elle s'était permises à son préjudice (1503). Le patronage de l'église fut assuré à l'abbaye par une sentence de 1730. Il valait, d'après un ancien titre, 12 quartes de froment, 13 gros, 4 niquets à chaque saint Martin. Une ver-

---

(1) En 1263 et 1300, Pierre de Verchamps, tenait la *forte maison* de Genevreuille. Son frère Amaury était abbé de Montbenoît, et son fils, Simon, chanoine, puis doyen du chapitre de Montbéliard (1318—1347). Etienne de Verchamps, écuyer, possédait ce fief en 1385. (Note de M. Duvernoy.)

rerie, existait dans ce village en 1707. Au commencement de la révolution, la haute justice et le droit de triage dans les bois de Lyoffans faisaient déjà depuis quarante ans la matière d'un procès pendant d'abord au parlement de Besançon, puis en appel à celui de Dijon, entre l'abbé de Lure et le comte de Montbéliard, en qualité de baron de Granges.

Magny-Jobert. En 1738, l'abbaye n'avait plus qu'un mainmortable dans ce village; mais elle y levait encore des dîmes considérables dont la perception provoqua en 1745, un accord avec les habitants.

Magny-Vernois, libéré de la main-morte en 1449, demeura soumis à tous autres droits seigneuriaux, en sorte que les habitants ne pouvaient pas même affermer leurs propriétés communales sans le consentement de l'abbé. A lui seul appartenait le droit d'admission des étrangers. En 1583, Jean-Rodolphe Stœr accorda aux mêmes habitants le libre pâturage dans les forêts de Lure et dans les bois *Renaud.* La taille était de 56 livres 15 sous 4 deniers; la dîme se percevait au dixième, et ses amodiateurs devaient faire présent à l'abbé de 4 livres de cire, 4 oisons, 1 livre de poivre, 2 quartes de fève, 2 de pois, 56 aunes de toile. Ainsi l'avaient réglé les reconnaissances de 1572. La papeterie de Magny-Vernois, cédée à la ville par l'abbaye dans le 16e siècle, fut convertie en une forge et accensée sous ce titre, en 1739, pour 200 l. par an. C'est aujourd'hui une vaste usine à fer qui donne les plus grands produits. Ce village, ancienne dépendance de la paroisse de Lure, a, depuis 1840, une église qui vient d'être érigée en succursale, et dont le titulaire résidera dans la ville jusqu'à la construction d'un presbytère.

Palante. En 1202, l'abbé de Lure acquit de Liébaud de Lyoffans tout ce qu'il avait à Palante. Jacques de Franquemont, dit de Montbéliard, écuyer, percevait, dès 1459, une rente annuelle de 23 francs sur les habitants. Dans le subside de 400,000 flor., accordé par les états d'Alsace à l'empereur Maximilien, le village paya pendant 8 ans 17 liv., 4 gr. chaque année (acte de 1514). Les cens dus à l'abbaye s'élevaient en 1754 à 50 liv. 12 s. 4 den. et 7 liv. pour guet et garde. Affranchi en 1449, Palante demeura soumis à tous les droits seigneuriaux, comme le prouvent les comptes encore existants du siècle dernier.

Servance. Ce village n'appartenait point en totalité à l'abbaye de Lure. Les biens qu'elle y possédait furent achetés en 1552 du comte de Lupfen et de Barbe de Ferette, sa femme. Le détail porté dans l'acte de vente à son profit comprend maisons, prés, terres, hommes, femmes, bourgeois, bourgeoises, justice, rentes, pâturages et cours d'eau. Jean Clerc, bailli de Luxeuil, en devint propriétaire le 5 juin 1653, sous réserve de rachat. Vingt ans après, il céda cette terre à l'abbé de Bithaine, Antoine-Pierre de Grammont, et les moines de Lure la retirèrent des mains du prélat en 1607, en remboursant le prix de l'engagement. En 1725, les sujets se reconnurent main-mortables du monastère comme l'avaient été leurs aïeux, relevant de sa justice, assujettis aux droits de lods et de retenue, et obligés de présenter leurs contrats à Lure, sous peine de commise. La taille fut fixée à 5 l. 10 s. 8 d. Ils avouèrent de plus que lorsque l'abbé venait à Servance, ils étaient obligés d'allumer des flambeaux à la lampe du sanctuaire, puis de venir lui faire la révérence, et de se tenir debout, derrière son siège, la torche à la main, pendant toute la durée de son repas. Ils étaient dispensés de cet acte de servitude, si les autres habitants, non sujets, y mettaient empêchement. En 1659 et 1675, quelques hommes de l'abbaye obtinrent d'être affranchis de la main-morte. — La propriété du ballon de Servance fut le sujet d'un grand nombre de difficultés. En 1552, elle était réclamée par les habitants. L'abbé forma opposition à leur demande, et il amodia la montagne en 1559. En 1584, cette possession lui fut disputée de nouveau; et, en 1599, l'archiduc Albert et le cardinal André d'Autriche échangèrent diverses lettres sur le droit de souveraineté dans ces lieux. Un arrêt rendu au parlement de Dôle, en 1614, adjugea au comté de Bourgogne, à cause de sa seigneurie de Faucogney, les bois, collines et montagnes du val de Servance.

Vouhenans n'était qu'une ferme dans le milieu du 13ᵉ siècle. Il fut compris, sous cette dénomination, en 1265 dans l'accord fait entre l'abbé de Lure et le comte de Ferette. On y voyait une vigne que les habitants du lieu et ceux de Magny-Vernois devaient cultiver ensemble au profit de l'abbaye. En 1445 l'abbé Elyon de Lantenne affranchit le village de la mainmorte. Ses successeurs conservèrent le droit d'y instituer un échevin. Les dîmes se percevaient au 10ᵉ, et la taille à raison de 18 l. 2 gr. Les habitants de Vouhenans firent au commencement du siècle dernier quelques démarches pour être détachés de la paroisse de Lure. Elles donnèrent lieu à un procès entre le village et l'abbaye. Il fut terminé, le 8 juin 1725, par une transaction qui, en autorisant le démembrement, mettait à la charge des habitants l'entretien de l'église et du curé. Ce traité fut homologué par un arrêt du parlement. En 1735, l'abbaye s'opposa à la prise de possession du sieur Alix, qui avait obtenu la cure de Vouhenans au concours.

Vyt-les-Lure. La maison de ce nom a donné un prélat à l'église de Lure. Elle était déjà connue dans le 12ᵉ siècle. Pierre et Olivier de Vyt fleurissaient, l'un en 1144, l'autre en 1181. Le premier, père de deux fils, Hugues et Aimon, se fit moine à Vaucluse; on compte le second parmi les bienfaiteurs de Cherlieu. Plus tard, la même maison fournit des chanoines à la métropole, aux monastères de saint Paul et de Lure; aux prieurés de Gigny, de Lanthenans et de

Courtefontaine. Guy de Vyt fut bailli d'Amont et châtelain de Vesoul de 1337 à 1342. Thomas de Vyt qui mourut en 1709, fut le dernier de sa race. Il avait été marié à Adrienne de Beaujeu. — En 1280, un meix situé à Vyt-les-Lure fut donné à l'église de saint Delle. En 1295 et 1296, différents actes constatent que l'abbaye avait accordé à plusieurs habitants la jouissance de certaines propriétés. Jacques de Molans et Guyotte de Lambrey, sa femme, cédèrent en 1333 aux religieux tout ce qu'ils possédaient à Vyt. Pierre de Vaudrey leur assigna, en 1480, une rente sur ses terres du même lieu. Il vendit ensuite à Pierre Daux, seigneur d'Igney-le-Duc, un moulin dont l'acquéreur prit possession du consentement de Jean Stœr, abbé de Lure. Ce monastère ne conserva guère à Vyt que le patronage de la cure dont la bulle d'Alexandre III lui avait assuré la possession en 1178.

III. SEIGNEURIE DE PASSAVANT.

« Quand le prince-abbé de Lure jugeait à propos d'imposer extraordinairement, en vertu de ses droits régaliens, les sujets des terres de Lure et de Passavant, la taxe était recouvrée ainsi qu'il suit : Un quart sur la ville de Lure, un quart sur les villages de Magny-Vernois, de Froideterre, de Vouhenans, de Frotey-les-Lure, de Palante et de Lyoffans, dont le monastère était souverain ; l'autre moitié était payée par les habitants de la seigneurie de Passavant *qui s'égalaient entre eux, le fort portant le faible* (1). — Cette seigneurie tirait son nom d'un château qui s'élevait sur une hauteur, entre Plancher-Bas et Champagney. Usurpé sur l'abbaye par quelques chevaliers du voisinage (2), il fut rendu en 1439 et servit de retraite à Jean Stoer pendant les longs procès qu'il soutint avec son compétiteur. Il existait encore en 1633 (3). On présume qu'il fut détruit par les Suédois en 1637, ou au plus tard par les Français qui passèrent sur les terres de Champagney, pendant le printemps de 1674, alors que l'illustre maréchal de Turenne allait prendre position en Alsace pour favoriser la conquête de la Franche-Comté par Louis XIV. Les ruines de cette forteresse furent employées en 1815, à la construction d'une redoute derrière laquelle on espérait pouvoir résister à quelque

---

(1) Reconnaissance de 1572.
(2) Un document de la chambre des comptes parle de Vauchier, seigneur de Passavant, qui vivait en 1253, et une autre charte de 1259 fait mention de Jean de Passavant, sire de Saulx. (Note de M. Duvernoy.)
(3) Documents inédits, t. II. Négociat. de P. Vessaux.

parti ennemi. Mais le désastre de Waterloo vint paralyser tous les moyens de défense qu'avait préparés le courageux patriotisme de la population.

Assez éloignés de Lure, les habitants de la seigneurie jouissaient d'une liberté plus étendue que les peuples établis dans le voisinage de l'abbaye. Les affranchissements sont en plus grand nombre et les redevances moins à charge. En 1751, l'abbé voulut contraindre les notaires de la seigneurie à remettre leurs minutes au tabellion général du monastère. Cette prétention fut repoussée. Des difficultés s'étant élevées entre les sujets et l'abbaye, le chanoine Boitouset de Besançon fut délégué par le Saint-Siége pour y mettre fin. Il rendit une sentence qui constata que l'abbé ne pouvait établir ni magasin à sel, ni imposition nouvelle, sans le consentement des habitants. — La seigneurie de Passavant comprenait : Châlonvillars, Champagney, Eboulet, Errevet, Frahier, Plancher-le-Bas, et Plancher-les-Mines, villages dont l'abbé de Lure était tout à la fois seigneur et souverain ; Mandrevillars et Tavel qu'il ne possédait qu'en partie, Saint-Dizier et Buc où il jouissait de quelques droits féodaux (1).

Châlonvillars, (villa Calonis), séjour de Verfaire, seigneur Burgonde et de Berthilde, sa femme, fut donné par celle-ci à saint Delle vers l'an 610. Cédé au comte de Montbéliard en 1285, par l'abbé de Lure, devenu en 1295 l'objet d'un nouvel accord, entre les deux princes, il rentra dans les domaines de l'abbaye après le décès du comte (mars 1522, N. S.). En 1507, Colin, maire de Châlonvillars vendit à l'abbé tous ses droits dans ce village et dans plusieurs autres. La vente fut ratifiée en 1510,

(1) De même qu'à Couthenans, dont le couvent donna le fief tenu par Jean d'Accas à Hugues de Bourgogne suivant titre du mois d'octobre 1290. (V. Pièces justif. ci-après). Ajoutez aussi le fief de Chatebier, au territoire actuel de Frahier, longtemps en contestation avec le comte de Montbéliard. (Note de M. Duvernoy.)

par Gérard, fils de Colin, qui s'obligea en outre à payer chaque année aux religieux le quart d'un muid de vin blanc et une certaine quantité de froment, le jour de saint Delle. D'autres acquisitions furent faites par l'abbaye, en 1525, sur Perrin de Châlonvillars et, en 1530, sur Girard, habitant du même lieu. Des actes de 1533 et 1534, confirment ces donations et ces ventes, et les étendent même à un territoire plus considérable.

L'église de Châlonvillars est fort ancienne. On lisait dans le siècle dernier, ou du moins on croyait lire sur une tombe posée à l'entrée de la porte principale, le nom d'un habitant du lieu et la date de sa mort, MLXXXVIII. Au devant de l'édifice s'élevait une tour en pierre de taille d'une hauteur assez remarquable. Les Suédois enlevèrent en 1636, les cloches qui y étaient placées ; ils dévastèrent l'église et laissèrent le village en ruines.

Nous allons indiquer les principaux événements du lieu depuis la fin du 15e siècle, d'après les archives de l'abbaye de Lure et les notes prises par un curé de Châlonvillars :

1449. Affranchissement de la plus grande partie des habitants.

1488. Claude Plectret, curé. Il reçoit un bref concernant les offrandes faites à son église, dont les paroissiens voulaient retenir une partie, en s'appropriant les clefs du temple.

1495. Jean Verdon succède à Claude Plectret, le 28 avril.

1509 — 1526. Pierre Jobert, curé.

1526 — 1542. Pierre Clerc, idem.

1542 — 1560. Ulric Oost, idem.

1560 — 1569. Jean Chargey, idem.

1569 — 1575. Guillaume Tisserand, idem.

1575 — 1583. Humbert Sarvigney, idem.

30 juin au 30 juillet 1583. Pierre Garge, idem.

1583 — 1599. François Demougin, idem.

Dans le courant du 16ᵉ siècle, plusieurs habitants de Châlonvillars furent encore affranchis par l'abbaye, qui fit faire en 1572, le terrier des droits qu'elle avait à Châlonvillars. Dans leur nombre le premier en ordre est le patronage de la cure.

Une famille déjà ancienne et fort considérée habitait alors le village, celle des Monigoz. Les tombeaux de plusieurs de ses membres que l'on voyait dans l'église, portaient les dates de 1510 et 1599. Elle s'est éteinte vers le milieu du siècle suivant.

1599-1636. Pierre Balay, curé. Il fut chargé, en 1618, par l'archiduc Léopold, abbé-prince de Lure et de Murbach, d'une enquête sur les droits de ce prélat à Tavel et à Mandrevillars, droits fort amoindris depuis l'introduction du protestantisme dans ces deux villages. Le procès-verbal, dressé par Pierre Balay, fut déposé au greffe du bailliage du Lure. L'auteur se qualifie sous-doyen de Granges. Il cessa de vivre pendant la durée de la peste qui désola sa paroisse après l'invasion des Suédois. La mortalité fut si grande, que le cimetière devint insuffisant. On fut obligé de creuser des fosses profondes sur plusieurs points du territoire et d'y déposer les nombreuses victimes du fléau. Jusqu'en 1650, Châlonvillars demeura sans prêtre et sans sacrifice, aussi bien que Frahier, Essert et Buc. Jean-Joseph Emonin, prévôt du chapitre de Belfort, vint alors célébrer, à tour de semaine, la messe dans chacun de ces quatre villages. En 1650, il commença à Châlonvillars un registre des actes de catholicité, et continua le service de la paroisse jusqu'en 1663.

Jean-Joseph Chevillot, institué curé de Châlonvillars en 1663, mort en 1691.

Jean-Baptiste Cochard, son successeur, changea en 1692 de bénéfice avec Pierre Péquignot, curé de Calmoutier.

Pierre Péquignot, 1692—1707.

Pierre Jacques, 1707—1725. Vers l'an 1710, la tour de l'église fut démolie, parce qu'elle menaçait ruine, et l'on employa partie des pierres à la bâtisse de la maison curiale.

François-Gabriel Levain, 1725—1766. C'est à ses soins que l'on doit les quelques détails que nous venons de reproduire.

N. Jacquet, de Besançon, installé en 1766.

Claude-Antoine Jacquet, 1788—1814.

MM. Bourquin, 1815—1817.
    Peroz, 1819—1834.
    Kolb, 1834—1845, transféré à Servance.
    Petremand, depuis 1845.

L'église paroissiale est dédiée à la Vierge. Il y a en outre deux petits autels dont l'un est placé sous le titre du saint Scapulaire, l'autre sous celui de sainte Radegonde. Une image de cette reine des Francs attire à Châlonvillars une foule de pieux pèlerins. On lui attribue plusieurs miracles.

Champagney, compris dans la vallée que bornent au nord-est les montagnes connues sous le nom de Ballons, et qui est arrosée par les eaux rapides du Rahin, date d'une époque fort ancienne. Il en est fait mention dans la vie de saint Valbert, abbé de Luxeuil. Un habitant de Montbéliard attaqué de paralysie, recouvra l'usage de ses membres en touchant à Champagney, où ils s'était fait conduire, les reliques de ce saint, fort célèbres alors par les miracles qu'elles opéraient (895) (1). Champagney devint dès le 12ᵉ siècle l'un des plus beaux domaines de l'abbaye de Lure. En 1256, elle en acquit la mairie; des donations de 1282, 1306, 1307 et 1355 rappelées dans les inventaires accrurent encore ses propriétés. Au 15ᵉ siècle, l'abbé de Lure et le seigneur de Ronchamp eurent des débats très animés, soit pour les limites de leurs terres respectives, soit pour le pâturage des commu-

(1) Ephém. de Montb. p. XXI.1.

naux et l'exploitation des forêts. On dressa des procès-verbaux d'abornement; ils furent renouvelés en 1734.

Les premières chartes de franchises données à Champagney datent de 1479. Elles comprenaient quelques habitants seulement. En 1547, l'abbé de Lure donna les mains à un affranchissement général. Les droits seigneuriaux furent, selon la coutume, expressément réservés et spécifiés dans un grand détail. On fixa plus tard la taille à 78 livr 6 s. 8 den., et le droit de garde à 8 l. 6 s. 8 d. (1697). Parmi les corvées se trouvait l'obligation d'aller chercher les dîmes de Saint-Dizier et de les transporter au château de Passavant. En outre, lorsque les chasseurs de l'abbé tuaient quelque bête fauve dans les montagnes, les habitants étaient tenus de la conduire à Lure. Ils étaient soumis au même devoir pour la pêche des étangs. Mais, dans ce dernier cas, on leur devait une carpe par chaque cheval employé à ce service.

L'église de Champagney est nommée en 1178, dans la bulle déjà citée d'Alexandre III. Le droit de patronage fut réglé en 1522. Le curé déclara devoir chaque année à l'abbé de Lure 2 émines de froment, 8 quartaux de vin blanc, mesure de Belfort, et 2 livres de cire, avec les deux tiers des oblations, en pain, en vin, en argent et en cire.

L'armée française, conduite en Alsace par le vicomte de Turenne, passa à Champagney en 1674 et y enleva un registre de la commune remontant à l'année 1580. La preuve de cette soustraction se lit en ces termes dans le registre subséquent : *Quo anno D^{nus} de Turenne è Lotharingiâ in Alsatiam cum numerosâ exercitu transivit.... registrum (sic) ab anno 1580 usque ad annum 1674 inchoatum, à militibus Turenicis ablatum fuit et nunquam recuperatum.* (1). Après la destruction du château de Passavant, le chef-lieu de la terre fut transféré à

(1) Annuaire de la Haute-Saône., 51, 55 (1812).

Champagney et les religieux de Lure y instituèrent un bailli. Dans le siècle dernier, il n'y eut plus qu'un simple greffier.

Au mois de juin 1685, Louis XIV poursuivant le voyage qu'il avait entrepris pour visiter les contrées réunies à la France par le traité de Nimègue, vint avec la reine à Champagney et s'y reposa pendant une nuit. La reine fit don de trente louis d'or à l'église pour l'entretien d'une lampe qui brûlerait toujours. C'est ce qu'atteste l'inscription suivante qui fut gravée sur une pierre incrustée dans une muraille de cet édifice : *Ludovicus XIV, die 21 junii 1685, unâ cum reginâ pernoctavit in Champagné. Hæc 30 nummos aureos huic ecclesiæ dedit ut ex eorum censu lampas arderet; hæc lapis jussu regis posita est* (1).

Alors Champagney et son territoire n'avaient qu'une population peu nombreuse : car d'après un ancien dénombrement, on y comptait à peine 300 âmes au commencement du 18ᵉ siècle. Mais cette population s'accrut progressivement d'une manière remarquable : en 1766, elle comprenait 1200 habitants, en 1800, 2000; elle s'élève aujourd'hui à plus de 4000. La source de cette prospérité est principalement due à l'exploitation d'une mine de houille, autorisée dès 1746, et dont M. d'Andlau, le neveu de l'un des derniers chanoines de Lure, est le propriétaire actuel. Une ordonnance royale du 5 mai 1830 a régularisé cette possession d'après les anciens titres.

Eboulet, Hameau dépendant de Champagney, affranchi, comme lui, en 1547.

Errevet ne figure dans les titres de l'abbaye de Lure que pour les droits seigneuriaux qu'elle y possédait en totalité.

---

(1) Annuaire de la Haute-Saône, p. 54, 55 (1842). — Le lendemain, 22 juin, Louis XIV et la reine, venant de Besançon, étaient à Belfort, où le marquis de Louvois, ministre de la guerre, les avait précédés. La présence de *Monsieur*, frère du roi et celle de son épouse, ajoutaient à l'éclat du cortége royal.

Frahier. Ce village reçut en 1449, une charte d'affranchissement. Son église nommée dans la bulle de 1178, est de la filiation de celle de Châlonvillars qui conserva sur elle jusque dans le 18ᵉ siècle ses droits de maternité (1).

Plancher-Bas. La bulle de 1178 indique ce lieu parmi les possessions de Lure. Il avait un seigneur territorial qui paya un droit d'aide à l'abbé Pierre de Beauffremont pour la reprise de ses régales (1288). En 1317, Jehannenot, maire de Plancher, fit avec le monastère un traité dans un but semblable. En 1335, Guy de Plancher, chevalier, messire Alard, chanoine de Remiremont, et Jehannenot, frères, vendirent à l'abbaye toutes leurs possessions en ce village. Guyot de Plancher, écuyer, et Béatrice, veuve de Guillaume de Lomont appartenaint à la même famille. Ils paraissent dans un acte de 1385. — Des affranchissements particuliers eurent lieu en 1424 et 1527. L'affranchissement général est de 1582. Mais les droits seigneuriaux furent toujours expressément réservés dans ces divers titres. Les habitants étaient tenus d'approvisionner et de pêcher les étangs, et de transporter à Passavant le gibier tué dans les montagnes. Les tailles furent fixées à 104 liv., 13 gros, 6 niquets, et le droit de garde à 8 l. 4 gros. Il y avait autrefois quatre foires dans ce village. Elles tombèrent en désuétude ; une requête présentée à l'abbé pour en obtenir le rétablissement demeura sans effet.

En 1295, le curé de Plancher avoua le droit de patronage que l'abbaye de Lure exerçait sur son église, et les redevances qui y étaient attachées. Elles s'élevaient à 5 mesures de froment,

---

(1) Perreciot, dans son Almanach du Comté de Bourgogne pour 1789, pag. 145, avait cru trouver Frahier dans le nom de *Franahis* d'une charte du douzième siècle au profit de l'abbaye de Bithaine. Mais ce document, qui est du 23 août 1152 (*Histoire des sires de Salins*, I, pr. Nº 50), désigne *Franabit* et *Genubit*, deux localités voisines, dont la première (*Franabie*) a disparu au quatorzième siècle, et la seconde (*Chenebie*) n'a jamais cessé de faire partie de l'ancienne seigneurie d'Héricourt.

8 setiers et une *channe* de vin. En 1527, l'abbé céda aux habitants les deux tiers des offrandes qui se faisaient dans l'église. En 1732, après de longues difficultés, il conclut un accord avec le desservant, en vertu duquel celui-ci devait percevoir désormais le quart des dîmes attribuées au monastère, de plus 100 liv. pour supplément de portion congrue et 120 liv. pour les dixmes novelles. Belfahy et Plancher-les-Mines dépendaient de l'église de Plancher-Bas. Leurs habitants cherchèrent à s'en détacher et y parvinrent non sans peine. Un curé fut établi à Plancher-les-Mines. En 1745 il prit possession de cette paroisse dont Belfahy était une dépendance. Enfin ce dernier village a, depuis 1840, une église qui vient d'être érigée en succursale (1844).

Plancher-les-Mines, autrefois nommé *Plancher-Haut*, est depuis longtemps célèbre par les mines que l'on exploite sur son territoire. Elles appartenaient à l'abbaye de toute ancienneté. Le premier acte connu qui en parle est daté de 1425. C'est un désistement de Jean, comte de Thierstein, reconnaissant qu'il n'a aucun droit sur ces mines et quelles font partie du domaine de l'église de Lure. L'abbé Claude de Rye découvrit vers 1456 une mine d'argent qu'il fit exploiter. La propriété en fut disputée à son successeur, Jean Stœr, par le grand Bailli d'Alsace, Pierre de Hagenbach (1469), dont nous avons raconté les exactions et les violences. Après des enquêtes et des procédures, Charles-le-Téméraire permit à l'abbé de jouir par provision des mines de Plancher (1472). Des traités d'amodiation eurent lieu en 1515, 1645, 1661, 1680. Les enquêtes de 1548 portent à 9500 liv. le produit annuel de cette exploitation. Abandonnée à la fin du 17e siècle, elle fut reprise en 1705 par les ordres du comte de Lœwenstein, abbé-prince de Lure et de Murbach. Son secrétaire dressa un ample mémoire sur l'état de ces mines. On y voit qu'elles étaient au nombre de six, savoir : la *Grande montagne*, mine de plomb; la *Notre-Dame*, mine d'argent; *la Montagne sainte Barbe*, mine de plomb; *Cramaillot*, et *Saint Jacques*, mines de cuivre. Le comte de Lœwenstein, après avoir essayé de les faire valoir à ses frais, dut abandonner ce travail et céda à Claude Sterchle « la jouissance de telle mine qu'il lui plairait » pour en recommencer l'exploitation (1717). Ses résultats demeurèrent nuls ou à peu près. En 1755, Floid, anglais de nation, chef d'une société d'entrepreneurs, ayant obtenu plusieurs concessions soit en Alsace, soit en Bourgogne, voulut aussi faire valoir les mines de Plancher. Il construisit des usines dans la forêt de Saint-Antoine, éleva des fonderies et des raffineries, et sur les réclamations de l'abbé, lui offrit une somme de 500 florins d'or pour les bois qui avaient été coupés, et le 40e des produits de l'extraction. Ces propositions ayant été acceptées furent l'objet d'une convention qui ne s'exécuta point. Floid quitta quelque temps après, pour aller s'établir à Giromagny, dans la Haute-Alsace, laissant à un autre Anglais la direction des travaux de Plancher. Le territoire de ce lieu fournissait alors peu de minerai d'argent, mais en revanche, beaucoup de plomb et de cuivre. Au contraire celui de Giromagny plus abondant en argent, manquait des deux autres métaux. On les tirait à Plancher, pour raffiner les fontes d'argent faites à Giromagny. Le 50 novembre 1756, les entrepreneurs reçurent du Roi des lettres-patentes qui leur assuraient toutes les concessions qu'ils avaient obtenues précédemment. Mais l'abbé de Lure, lésé dans ses droits, se pourvut au conseil d'Etat. Il réclama le dixième du produit, selon le taux fixé par les anciens traités. Cette affaire n'eut pas de suite, à cause de la cessation des travaux. La mauvaise direction qu'on leur avait donnée et les ressources insuffisantes des entrepreneurs firent abandonner les mines en 1760. Dans ces derniers temps, plusieurs projets ont été formés pour la reprise de l'exploitation; mais ils sont restés sans effet, bien qu'il y ait lieu de croire que plusieurs filons pourraient être exploités avec bénéfice.

Sous le gouvernement de l'abbaye, Plancher-les-Mines avait sa justice particulière, ses officiers, ses franchises. Plusieurs faits le démontrent suffisamment. En 1485, une sentence criminelle fut rendue à Plancher par les juges du lieu. Elle condamna deux individus, l'un à une peine pécuniaire, l'autre au supplice de la roue pour homicide. En 1551, le prévôt des mines fut affranchi par les religieux. On trouve des tenues de justice de 1666 et 1673. L'abbé avait une résidence dans le village, et en 1755, on y voyait encore les restes d'une prison.

Mandrevillars (moindre ou petit village) à une lieue d'Héricourt, au nord-est, est mentionné dans une charte de l'abbaye de Lieucroissant d'environ 1160, et dans une bulle du pape Célestin III, contenant les possessions du chapitre de saint Mainbœuf de Montbéliard (1196). Une concession de rente faite à l'abbaye de Lure par Otton, avocat de Montbéliard, chevalier (1229), et une vente de l'an 1307, par laquelle Colin, maire de Châlonvillars, cède à notre monastère ses droits sur plusieurs villages, offrent encore le nom de Mandrevillars. Ce lieu était, comme Tavel, sous la souveraineté commune de l'abbé de Lure et du seigneur d'Héricourt qui prétendaient tous deux y avoir droit à l'exclusion l'un de l'autre. De là des contestations qui avaient commencé dans la seconde moitié du 15e siècle et qui éclatèrent principalement de 1562 à 1573 (1). En 1714, les officiers de la seigneurie d'Héricourt s'opposèrent à la plantation du poteau, signe de la justice seigneuriale, que les officiers du bailliage de Lure avait entrepris de placer sur le territoire de Mandrevillars. Néanmoins cette plantation eut lieu, et procès-verbal en fut dressé. Depuis la réunion de la

---

(1) Annuaire de la Haute-Saône, 213.

paroisse de Buc au diocèse de Strasbourg, Mandrevillars, qui en faisait partie, est devenu une dépendance de l'église de Chagey, quant à ses habitants catholiques. Mais leur usage est encore de faire à Buc leurs devoirs paroissiaux, et l'autorité ecclésiastique l'a toléré jusqu'à présent.

Tavel. Nous avons rapporté dans le cours de l'histoire de l'abbaye de Lure, les principaux traits relatifs à ce lieu dont les annales ont une assez grande importance. Il suffira d'ajouter ici que les sujets du monastère formaient la majorité de la population, et que le culte catholique rétabli à Tavel par arrêt du parlement de Besançon (16 mai 1684) et garanti aux mêmes conditions par la paix de Ryswick (1697), y fut seul exercé publiquement jusqu'à l'an II de la république. Mais à l'entrée de l'an V, le culte simultané recommença dans l'église de Tavel. Il subsiste encore aujourd'hui. On peut consulter sur les démêlés qui s'élevèrent entre l'abbé de Lure et la maison de Wirtemberg, au sujet de la souveraineté de Tavel et de la réforme, la partie des titres de l'ancien comté de Montbéliard, maintenant déposée aux archives de la préfecture de la Haute-Saône (1).

(1) Girard, curé de Tavel, fut en même temps l'un des chapelains de Renaud de Bourgogne, comte de Montbéliard, qui lui accordait une grande confiance. En l'année 1301, lorsque ce prince était sur le point de se rendre à Paris pour y négocier la paix entre le roi de France et les grands barons du comté de Bourgogne, armés contre le monarque, il chargea Girard « de prendre en » l'arche de la grande tour du château quatorze cenz et quatorze livres, en gros » tournois et estellins en argent et en menus deniers, pour faire lou paëment » des robes que furent achetées pour ledit conte et sa maignie » et pourvoir aux autres dépenses du voyage, auquel prit part le bon curé. — Un autre curé de Tavel, Jean Catherin, était chanoine de Montbéliard, et fit son testament en 1388. (Note de M. Duvernoy.)

LISTE CHRONOLOGIQUE DES ABBÉS DE LURE.

1. Saint Delle, ... 610—620
2. Saint Colombin, . . . 620.
3. Hicco ou Hicca, expulsé en 865.
4. Baltram, ... vers 945—959.
5. Werdolphe, ... 959.
6. Hicca II, ... 978—980.
7. Milon, ... 1016.
8. Durand, ... vers 1040.
9. Gérard, ... 1049.
10. Humbert, ... 1118.
11. Ulric, ... 1157.
12. Guy, ... 1178.
13. Thiébaud de Faucogney, . 1215 †après 1250.
14. Viard, ... 1257—1283.
15. Pierre I de Beauffremont, . 1284—1300.
16. Alard de Gouhenans, . . 1300, 1314........
17. Foulques de Melincourt, . 1323.
18. Pierre II de Montbozon, élu en 1329.
19. Jacques de Vyt, . . . 1330.
20. Guillaume I, ... 1355.
21. Othon, ... 1361.
22. Henri, ... 1367—1379.
23. Guillaume II, ... 1379—1387.
24. Pierre III de Montbozon, 1389—1410.
25. Jean I de Beaumotte, . . 1410—1422.
26. Jean II de Beaumotte (1), . 1422—1438.

(1) Il avait été prieur de Froidefontaine, en Haute-Alsace Ce bénéfice, dépendant de Cluny, devait sa fondation en 1105 à Ermentrude de Bourgogne, veuve de Thierry I, comte de Montbéliard, de concert avec Frédéric et Thierry, ses deux fils aînés.

27. Elyon de Lantenne, . . . 1438—1452.
28. Claude de Rye, ... 1453—1458.
29. Jean III Stœr, ... 1458—1486.
30. Pierre IV, ... 1487.......
31. Jean IV Virot, . . , . . 1506—1510.
32. Jean-Georges de Massmünster, confrère de St.-Georges, 1511—1542.
33. Jean-Rodolphe Stœr, confrère de St.-Georges, . . . 1542—1570.
34. Jean-Ulrich de Raittnaw, . 1571—1576.
35. Wolfgang-Théoderic de Raittnaw, démissionnaire, . . . 1580.
36. Gabriel Gyet, démissionnaire, 1580.
37. André d'Autriche, cardinal, 1587—1600.
38. Jean-Georges de Kalkenriedt, 1601—1614.
39. Léopold, archiduc d'Autriche, 1614—1626.
40. Léopold-Guillaume, archiduc d'Autriche, ... 1626—1662.
41. Colomban d'Andlau, . . 1662.
42. François-Egon, comte de Furstemberg, . . . 1662—1682.
43. Félix-Egon, comte de Furstemberg, . . . 1682—1686.
44. Philippe-Eberhard, comte de Lœwenstein-Wertheim, . 1686—1720.
45. Célestin, baron de Béroldingen-Gundelhart, . . 1720—1737.
46. François-Armand-Auguste, prince de Rohan-Soubise, . . 1737—1756.
47. Léger de Rathsamhausen, 1756.
48. Casimir-Frédéric de Rathsamhausen, ... 1787—1790.

LISTE CHRONOLOGIQUE DES CURÉS DE LURE.

Pierre	1304—1307.
Othon de Gouhenans (1) . . .	1330.
Jean du Vernois	1401.
Othon de Branne	1436.
Etienne Semedey	1459.
Jean de Raincourt (depuis chanoine de Montbéliard), vicaire . .	1543.
Jean Chaudier, curé (2) . . .	1553—1573.
Jean-Rodolphe Stœr	1573—1600.
N. Stœr	1600—1630.
Jean-Rodolphe Elion	1630—1635.
Rodolphe Elion	1635—1637.
Antoine Dorin	1637—1645.
François Tallouche	1645—1665.
Nicolas Hennemand	1665—1708.
Ferdinand Parisot	1708—1734.
N. Parisey	1734—1750.
Devault	1752—1761.
Boulangier	1761—1764.
Vuillemot	1764—1782.
Vuillemot, parent du précédent.	1783—1791.
Bourreret	1791—1793.
Claude-François Praileur, administrateur	1793—1797.
Paul-Ambroise Pouthier, administr.	1797—1800.
Pierre-François Bouvier, curé (3).	1800—1825.
M. Jean-Baptiste Bergier (4). .	1826—1836.
M. Jean-Claude Boillot (5) . .	1836—1842.
M. N. Guiron, curé actuel . .	1842.

(1) Devenu prieur de Dannemarie dans la seigneurie de Blamont, de 1313 à 1349.
(2) Il commença, le 13 avril 1553, le registre des actes de catholicité.
(3) Son vicaire, en 1813, était M. Gousset, archevêque actuel de Reims.
(4) Aujourd'hui vicaire-général du diocèse de Besançon.
(5) Transféré à Vesoul en 1842.

ÉGLISES

Dont la Collation appartenait à l'abbaye de Lure.

L'église de Châlonvillars, dédiée à l'Assomption.
— Champagney, à saint Laurent.
— Frahier, à saint Valbert.
— Frotey-les-Lure, à saint Laurent.
— Vyt-les-Lure, à saint Germain.
— Lyoffans, à saint Martin.
— Lure, à saint Martin.
— Plancher-Bas, à saint Pancrace.
— Arpenans, à saint Valbert.
— Vouhenans, à Notre-Dame-de-Pitié.

Il est à remarquer que les trois églises de Roye (dédiée à saint Hippolyte), Tavel (à saint Germain) et Dambenoît (à saint Benoît), qui font l'objet de la donation de Lothaire, roi de France, passèrent, dans la suite des temps, à d'autres collateurs, savoir : Roye, à l'abbaye de Saint-Vincent de Besançon (1) ; Dambenoît, au chapitre de Calmoutier, depuis transféré à Vesoul ; et Tavel, au comte de Montbéliard, en qualité de seigneur d'Héricourt.

(1) Dès avant 1178, date de la bulle d'Alexandre III.

PIÈCES JUSTIFICATIVES

POUR SERVIR A L'HISTOIRE

DE L'ABBAYE ET DE LA VILLE DE LURE.

I.

1118. — 20 Juin. *Translation des reliques de saint Colombin.*
(V. p. 55.)

Anno ab incarnatione Domini millesimo C. octavo decimo, indictione XI, XXVI Ep., uno concurrente, Paschali apostolico eodemque anno obeunte, tempore Humberti, Dei gratiâ abbatis hujus loci, Raynardique prepositi, nec non Anserico, Dei gratiâ archiepiscopo Bisuntinensi, promittente XII kalendas Julii cenobio Luthre interesse, sed, alio negotio posteà valdè magno interveniente, absente Hugone, filio comitis Gerardi, ejusdem loci advocato, cum matre suâ Hilvidi (1), est facta sancti Columbini translatio. Et hoc in tempore Henrici romani imperatoris, Brochardo (Montis) Biliardi archidiacono, Hubertoque Grangias archidiacono testibus, Haimone Falconiense, Gerardoque atque Hugone Grangias, Haimoneque sancte Marie testibus.

(*Original déposé aux arch. de la préf. de Vesoul.*)

II.

1157. — 14 novembre, Montbarrey. *Frédéric-Barberousse donne à Ulric, abbé de Lure, l'assurance de sa protection et confirme les priviléges de ce monastère, à la prière de l'impératrice, Béatrix de Bourgogne* (V. p. 54.).

In nomine sancte et individue Trinitatis. Fredericus, divinâ favente clementiâ, Romanorum imperator augustus ; imperialem celsitudinem decet predecessorum suorum pia facta, non solùm inviolabiliter conservare, sed etiàm censurâ sue auctoritatis alacriter confirmare, ut dum pietatis eorum emulatores existemus, eterne retributionis mercedem quam pro temporalibus bonis merentur accipere, cum ipsis participemus. Noverit igitur omnium Christi imperii nostri fidelium tàm presens etas quàm successura posteritas, qualiter Udalricus, abbas Lutrensis, ut à novis et indebitis vexationibus ecclesiam suam eriperet, obtulit nobis immunitates Pipini quondàm regis, et Caroli, nec non et Ludovici, ac progenitoris nostri; Domini Henrici secundi, dive memorie imperatorum, in quibus invenimus insertum qualiter ipsi eamdem

---

(1) Sous-entendu *presentibus.*

regalem abbatiam Lutrensem, ob amorem Dei, tranquillitatemque fratrum ibidem Deo famulantium, sub plenissimâ deffensione et immunitatis nostre tuitione semper habuissent. Sane ut recenti morbo vexationis quo prefata ecclesia laborat, auxilii nostri novâ medicinâ succurrere, precibus suprà dicti abbatis inclinati et petitione Beatricis, dilectissime consortis nostre imperatricis Auguste devicti, auctoritatem regum et imperatorum priorum nostrâ confirmavimus auctoritate, et suprà dictam abbatiam Lutrensem cùm omnibus possessionibus suis, quas nunc habet, vel in posterùm liberalitate imperatorum, largitione principum, oblatione fidelium, infrà poterit adipisci, in nostram imperialem tuitionem suscipimus et libertatem, quam felix parens noster Henricus secundus imperator aliique imperatores memorate ecclesie contulerunt, nos omni corroborationis munimine eidem confirmamus. Decernimus igitur, et omni evo precipimus observandum, ut nullus judex publicus vel qualibet judiciaria potestas, in ecclesias vel loca aut agros, aut aquas, aut piscationes, seu reliquas possessiones quas suprà dicta abbatia infrà ditionem imperii nostri legaliter habet vel deinceps habuerit, ad causas audiendas, vel feuda exigenda, aut mansiones faciendas, aut fidejussores tollendos, aut homines ejusdem monasterii tam ingenuos quàm et servos distringendos, aut illicitas occasiones tam à judiciariâ potestate quàm à parte pontificum requirendas, nostris futurisque temporibus ingredi audeat, vel suprà memorata exigere, sicut in precepto priorum imperatorum continetur; sed quidquid ibidem tam de munificentiâ imperatorum quàm ceterorum Dominum timentium hominum legaliter fuerit traditum, perpetuò maneat inconvulsum. Et liceat memorato abbati suisque successoribus res predicti monasterii sub immunitatis nostre deffensione quieto ordine possidere; abbatem inter se fratres eligant, quatenus eos pro nobis et conjuge nostrâ atque stabilitate imperii à Deo nobis concessi et conservandi, jugiter Dei misericordiam exorare...... Et ut hoc nostrum preceptum maneat inconvulsum, manu nostrâ sub... firmavimus et sigilli nostri impressione jussimus insigniri; decernentes ut si quis hujus privilegii et statuti nostri temerator extiterit, imperiali banno subjaceat, et centum libras auri purissimi componat, medietatem camere nostre, et medietatem suprà dicte ecclesie. Testes quosque in quorum presentiâ hec facta sunt, subter notari fecimus, quorum nomina hec sunt : Humbertus, Bisuntinus archiepiscopus, Heberhardus, archidiaconus, Matheus, dux Lutharingie, Bertolfus, dux de Ceryngen, Uladislaus, dux de Bohemiâ, Udalricus, comes de Lentzburch, Hugo, comes de Dagsburch. Ego Reginaldus cancellarius, vice Stephani Viennensis archiepiscopi et archicancellarii, recognovi. Data in Monte Barri, indictione quintâ, anno Dominice incarnationis, millesimo c. LVII, regnante

Domino Frederico, Romanorum imperatore gloriosissimo, anni regni ejus VI, imperii verò III. Actum in Christo XVIII calendas decembris, in Monte Barri, in regno Burgundie, feliciter. Amen.

(*Archiv. du sém. diocés.—Communiqué par M. l'abbé Brocard.*)

III.

1178.— 5 mars. *Le pape Alexandre III énumère les domaines de l'abbaye de Lure et en assure la possession à l'abbé Guy* (V. p. 35.).

Alexander episcopus, servus servorum Dei, dilectis filiis Guidoni, abbati monasterii sancte Marie Luthrensis ejusque fratribus, tàm presentibus quàm futuris, regularem vitam professis in perpetuum. Quoties à nobis petitur quod religioni et honestati convenire dignoscitur, animo nos decet libenti concedere et petentium desideriis congruum impertiri consensum. Ea propter, dilecti in Domino filii, vestris justis postulationibus clementer annuimus et prefatum monasterium quod Beati Petri juris extitit, in quo divino mancipati estis obsequio, ad instar felicis memorie predecessoris nostri Adriani Pape, sub beati Petri et nostrâ protectione suscipimus et presentis scripti privilegio communimus, statuentes ut quascumque possessiones, quecumque bona idem monasterium in presentiarum justè et canonicè possidet aut in futurum, concessione pontificum, largitione regum vel principum, oblatione fidelium seu aliis justis modis, prestante Domino, poterit adipisci, firma vobisque successoribus et illibata permaneant, in quibus hec propriis duximus exprimenda vocabulis : *Luthram* cum appenditiis suis ; possessionem de *Vulnens* ; possessionem de *Ponte*; possessionem de *Ballete* ; possessionem de *Boens*; possessionem de *Geneverulis*; ecclesiam de *Vy*, cum appenditiis suis ; *Bracteos* et ecclesiam cum appenditiis suis; *Campantacum* et ecclesiam cum appenditiis suis; *Planchiacum* et ecclesiam cum appenditiis suis ; *Frais* et ecclesiam cum appenditiis suis ; possessionem de *Domno Benigno* cum ecclesiâ ; *Chalunviler* et ecclesiam cum appenditiis suis ; *Tavez* et ecclesiam cum appenditiis suis ; possessionem de *Gur*, *Lofens* et ecclesiam cum appenditiis suis ; *Frosliers* et ecclesiam cum appenditiis suis ; in Alsatiâ curiam de *Wincenei* (1) cum appenditiis suis; ecclesiam de *Lobits* (2) cum appenditiis suis ; curiam de *Volvesset* (3) cum appenditiis suis ; curiam de *Fortenset* (4) cum appenditiis suis ; capellam de *Werre* (5) cum omnibus appenditiis suis; jus quod habetis in capellâ de *Tutcellenem* (6) cum omnibus que ad ipsum jus pertinent; pastionem *Falconiensis* terre quam Henricus *Falconiensis* dedit

---

(1) Wintzenheim. (3) Wolfesheim. (5) Wœrth.
(2) Lauw. (4) Forstwyr ? (6) Tuttelheim.

domui *Fontis* que ad Luthram pertinet. Statuimus etiam ut neque advocatus loci ab eo aliquid injustè exigat, neque his que ad eumdem locum pertinent, injustitiam faciat. Decernimus ergò ut nulli omninò hominum liceat suprà dictum monasterium temerè perturbare, aut ejus possessiones auferre, vel ablatas retinere, minuere, seu quibuslibet vexationibus fatigare, sed omnia integrè et illibata serventur, eorum pro quorum sustentatione ac gubernatione concessa sunt usibus omnimodis profectura, salvà sedis apostolice auctoritate. Ad indicium autem hujus à sede apostolicà percepte libertatis, decem solidos Basiliensis monete nobis nostrisque successoribus annis singulis persolvetis. Si que igitur in futurum ecclesiastica secularisve persona hanc nostre constitutionis paginam, sciens, contrà eam temerè venire temptaverit, secundò, tertiòve commonita, nisi presumptionem suam congruà satisfactione connexerit, potestatis honorisque sui dignitate careat, reamque se divino judicio existere de perpetratà iniquitate cognoscat et à sacratissimo corpore ac sanguine Dei et Domini nostri Jesu Christi aliena fiat, atque in extremo examine districte ultioni subjaceat; cunctis autem eidem loco jura servantibus, sit pax Domini nostri Jesu Christi, quatenùs et hi fructum bone actionis percipiant et apud districtum judicem premia pacis inveniant. Amen, amen.

Ego Alexander catholice ecclesie episcopus, etc.... Datum Laterani per manum Alberti, presbyt. card. et cancell., tertio nonas martii, indict. xii, incarnat. Dom. an. m clxxviii, pontif. verò Domini Alexandri pape iii anno xx.

(*Communiqué par M. J. Vuilleret.*)

IV.

1229.—Avril. *Othon, avoué de Montbéliard, chevalier, assigne à l'abbaye de Lure un cens de deux sols bâlois sur les propriétés qu'il a dans les villages de Buc et de Mandrevillars.* (V. p. 57.)

Ego Otto, miles de Montebiligardo, dictus advocatus, notum facio omnibus presentem paginam inspecturis, quod ego de consensu et laude uxoris mee et filiorum et filiarum mearum qui..... laudare poterant, pro remedio anime mee et predecessorum meorum (1), dedi, concessi in elemosinam puram, et liberè in perpetuum possidendam do ecclesie Lutrensi duos solidos censuales, apud *Buc* et *Mandreveler*, persolvendos annuatim in festo Sancti

---

(1) Le plus ancien des prédécesseurs connus d'Otton, était Walon, aussi avocat de Montbéliard, qui fleurissait en 1102.

Johannis Baptiste, ab duobus mansis quos indè habeo (1); ità quod quicumque unum ex eisdem mansis tenuerit solidum unum persolvet; et si unus ex mansis vel ambo habitati non fuerint, omnes fructus mansi uti amborum mansorum tam in feno quam in tragiis, uti in proventibus aliis, in manus ecclesie Lutrensis erunt, donec eis satisfactum fuerit de duobus censualibus stephaniensibus antè dictis. In cujusdem testimonium, venerabilis Dominus H, decanus Columbe monasterii, ad preces meas, sigillum suum presenti scripto fecit apponi. Actum anno gratie M. CC. XX. nono, mense aprili.

(*Arch. de la préf. de Vesoul, titres de l'ancienne abb. de Lure.*)

V.

1254. — Mai. *Association de prières et de bonnes œuvres entre les monastères de Luxeuil et de Murbach.* (V. p. 45.)

Notum sit omnibus quod talis societas et confraternitas constituta sit inter Ecclesiam Murbacensem et Ecclesiam Luxoviensem, S. ecclesiam Luxov. feliciter regente, H. verò Murbac. : quod commune capitulum ad invicem habebit, et si abbas Luxoviensis in Murbacensem monasterium venerit, capitulum, si voluerit, tenebit et vices abbatis quantùm ad ordinem supplebit; hoc quod abbas Murbacensis Luxovium faciet, quotiescumque eò venerit. Si verò fratres Murbacenses apud Luxovium morari voluerint, hi quasi unus de professis ejusdem loci ibi recipientur; hoc idem fiet de fratribus Luxoviensibus quotiescumque venerint in monasterium Murbacensem. Obeunte verò abbate Murbacensi, triennarium pro eo fiet in ecclesià Luxoviensi; hoc idem fiet de abbate Luxoviensi in monasterio Murbacensi, et prebenda pro eis ad invicèm dabitur, sicuti dari solet pro abbatibus defunctis. Audito verò obitu monachorum utriusque cenobii, signa omnia pulsabuntur et septem misse celebrabuntur, et unusquisque de sacerdotibus missam privatam unam celebrabit et alii non sacerdotes quinquaginta psalmos dicent. Pro omnibus verò fratribus utriusque cenobii infrà annum defunctis, generale tricenarium fiet ad invicem quod .... (2) singulis annis in crastino omnium sanctorum. Et ut hec societas inviolata et inconcussa perpetuam habeat perseverantiam, nos abbates nominati sigillo conventuum nostrorum fecimus presentem paginam roborari. Actum anno Domini M. CC. XXX. quarto, mense maio.

(*Arch. de la préf. de Vesoul, titres de l'ancienne abb. de Lure.*)

(1) Otton Voës (avoué, avocat) de Montbéliard, écuyer, fils du chevalier Otton, donna en 1218, deux meix de terre « situés à Mandrevillers, en la paroisse » de Bue, » à l'abbaye de Belchamp, près Montbéliard, ainsi que tout ce qu'il possédait en dixmes, bois, prés et autres choses au village et territoire de Dôle.

(2) Lacune par vétusté.

VI.

1256. — Août. *Cession de la mairie de Champagney au monastère de Lure.* (V. p. 48.)

Je Vautiers Pogresse de Planchiers, home de léglise de Lure, faz à savoir à toz cés qui varront et orront ces présentes lattres que je aie aquité et aquite nostre signor labé et liglise de Lure de totes les greuses et de totes les covenances que je aie aues ne que aués. ie ai envers ledit abé ne envers ladite église, por chiez (1) de la mairie de Champagné ou por autres choses, ne je, ne autres por moi nen pouons rien réclamer envers ladite iglise. Et se je ou autres volient aucune chose réclamer ou por lattres ou por autres choses envers ladite église, que cil recheus (2) ou cil requist (3) ne valist rien. Et por totes les convenances que lidite iglise envers moi a aués en quelque menière que ce fust, il me donent à ma vie la grange de Planchiers et la tenure (4) qui y afiert et......... trois bichóz de blef chascun an de lor dimes. Et por ce que soit seure chose, ie lor ai doné ces lettres en tesmoignaige, scéllées des scels nostre signor Guion de Ronchamp, nostre signor Viet d'Estobon, nostre signor Simon de Clérégote et nostre signor Regnaut de Champagné (5). Ces présentes lettres donées en lan que le milliaires corroit par M. et no et LVI ou mois d'aoust.

(L. S.)   (L. S.)   (L. S.   (L. S.)

(*Arch. de la préf. de Vesoul, titres de l'abb. de Lure.*)

VII.

1287 sept. et 1323 février (V. S.). — *Lettre de Hugues de Bourgogne, curateur d'Othon, comte de Montbéliard, à l'official de Besançon, renfermant l'acte d'une vente faite en 1287 par l'abbé Viard à Richard de Belfort des possessions de Lure dans diverses localités.* (V. p. 48 et 85.)

Viro venerabili et discreto Domino officiali Bisuntino, Hugo de Burgundià, curator datus ex causa nobili domicello Othoni, comiti Montisbiligardi, filio quondam nobilis et potentis viri Domini Regnaudi de Burgundià, fratris nostri, quondam comitis Montisbiligardi prædicti, executorque testamenti dicti Regnaudi, salutem in Domino. Cum religiosus vir frater Fulco de Melincurià, abbas monasterii Ludrensis, ordinis sancti Benedicti, Bisuntinæ diœcesis, nomine suo suique conventûs et monasterii Ludrensis

---

(1) Pour chef, pour cause.   (4) Immeubles, terres.
(2) Recherche.   (5) Ce sont les curés de ces quatre villages
(3) Réquisition, requête.

prædicti, pluries nos interpellaverit et requisiverit, et de die in diem interpellare et requirere non desistat, super villâ de Tavez, terris, redditibus et appenditiis quæ ad dictam villam dignoscuntur pertinere, quam pridèm villam cum prædictis terris, redditibus et appenditiis dictus abbas asserit ad jus et proprietatem dicti monasterii pertinere, eas tamen Regnaudus, tempore quo viam universæ carnis est impensus, tenebat et ante pe. multa tempora tenuerat et indè fructus percipiebat et levabat : supplicans humiliter dictus abbas quod nos de prædictâ villâ, terris, redditibus et appenditiis ejusdem, ipsi abbati et conventui dicti monasterii de Ludrà gaudere et fructus percipere permittamus. Et cùm nos eidem responderimus quod quamvis prædicta quondàm ad jus et proprietatem dicti monasterii de Ludrà pertinuerint, tamen olim, jure et titulo litterarum infrà scriptarum, ad dictum Regnaudum fratrem nostrum et suos prædecessores prædicta omnia de hæreditariis bonis ipsius ecclesiæ fuerant acquisita, et insuper præscriptione longi temporis ipse Regnaudus et sui prædecessores præscripserunt, titulo emptionis in ipsis litteris memoratis; idem abbas replicabat dictum titulum tanquàm minùs sufficientem non valere, et insuper præscriptionem prænotatam multimodò fuisse interruptam. Nos ad quem pertinet, quibus suprà nominibus, jus dicti Othonis deffendere, nec tamen vellemus jus dicti monasterii de Ludrà in prædictis in aliquo impedire, nec decens est quod de causâ quæ itâ nos tangit, ut præmissum est, cognoscamus ; vos affectuosè rogamus et requirimus, et nobis placet quod vos, vocatis illis qui erunt vocandi, de juro dicti abbatis et conventûs, nomine dicti monasterii, in prædictis, simpliciter et de plano sine figurâ, prout volunt novissimæ sanctiones, secundùm qualitatem negotii cognoscatis, et utrique partium auctoritate ordinariâ jus suum decernatis, dictum negotium sine debito terminantes itâ, quod nobis non possit impingi quod nos simus calumniosè jurium dictæ ecclesiæ impeditores, nec negligentes in dicti Othonis juribus deffendendis pariter et tuendis. Et sequitur tenor memoratarum litterarum:

Nos Viars, par la grâce de Deu, abbés de Lure, et toz li covens de ce meime leu, façens savoir à toz ces que varront ces présantes lattres, que nos, por lou grant profit de nostre iglise qui estoit oppressée de debtes en mains des uns et d'autres debtours, avons vendu antièrement à Rechart de Belfort (1), le fil dou Vilame de Roppe qui fut, à lui et ses hoirs permainablement, quanque nos avons et dabvons avoir à Tavez, c'est à savoir an iglise, an

---

(1) Lui et son frère Boureard sont déjà mentionnés en 1243. Mort avant 1284, il laissa deux fils, Villaume et Gauthier de Belfort, ce dernier trésorier de l'église de Morinle, plus tard Térouenne (V les N°s VIII et XVI ci-après), et une fille, Oudelnet, femme de Henri de Delémont, écuyer.

dismes, an homes, an terres, an prez, an bois, an champs et an aigues, et an totes les appandises de cel leu ; c'est à savoir à Bruvelier quanque nos i avons, et ce que nos avons à Bians, à Laire et à Tromoins et à Cothenans et à Désendans le tout, et tel rason come nos davons avoir à Montenois, et ce que nos avons à Symondans et à Héricourt et à Banveler, en tous ces leus, fuer le fié de Banveler et celui de Cothenans (1), pour VIIIc livres et cinquante d'estevenans (2), lesquels nos recehues avons en pécune nombrée et paies ès debtes de nostre église ; et totes ces choses devant dites nos li davons garantir vers totes gens en bonne foy. En tesmoignaige de ces choses nos Viars et toz li covens de Lure devantdit avons scélé ces présantes lattres de nos scelx. Ce fut fait en l'an que li milliaires coroit mil douz cenz cinquante sept ans où mois de septembre.

In quorum omnium testimonium sigillum nostrum præsentibus litteris duximus apponendum. Datum die Jovis ante festum Beati Mathiæ apostoli, anno Domini M. CCC. vigesimo tertio.

(*Arch. de la préf. de Vesoul, titres de Lure.*)

VIII.

1283 (V. S.) — 11 Mars. *Renaud de Bourgogne, comte de Montbéliard et Guillemette, sa femme, remettent à l'abbé de Lure et à sa communauté une partie de la dette qu'ils avaient contractée envers son prédécesseur, le comte Thierry III. Ils obtiennent, en échange, la jouissance des villages de Châlonvillars et de Frahier pendant trente ans.* (V. p. 50.)

Nos Renaudus de Burgundiâ, comes Montisbiligardi, et Guillemeta ejus uxor, notum facimus universis præsentes litteras inspecturis, quod viri religiosi frater Petrus, electus Lutrensis, totusque conventus ejusdem loci, pensatâ et consideratâ utilitate ecclesiæ Lutrensis prædictæ, diligentique deliberatione et tractatu super hoc habitis; pro exoneratione plurimarum pecuniæ summarum quibus prædicta ecclesia Lutrensis, ex certis et justis causis, erat in nostris manibus obligata, ratione successionis inclytæ recordationis Thierrici, quondam comitis Montisbiligardi, nobiscum composuerunt et nos cum ipsis composuimus et concordavimus super præmissis unanimiter in hunc modum : Quod nos deliberato consilio, ex merâ voluntate et liberatione nostrâ, non vi, non metu ducti, sed ex certâ scientiâ quittavimus, quittamus, remisimus et remittimus, communiter et divisim, et quittos clamamus prædictum electum et conventum ecclesiæ Lutrensis,

(1) Voir le No IX à la page 206.
(2) Somme équivalente à 20,000 francs et au-delà de notre monnaie actuelle.

hoc tractantes et gratanter à nobis recipientes et acceptantes nomine dictæ ecclesiæ, nec non et ecclesiam suam, super omnibus debitis in quibus ipsi nobis et dicto Thierrico prædecessori nostro, quondàm comiti Montisbiligardi, et aliis prædecessoribus ipsius Thierrici qui fuerunt comites Montisbiligardi, à temporibus retroactis usque ad diem confectionis præsentium, quâcumque de causâ fuerint obligati, et specialiter et expressè omnia debita, omnia jura, omnes actiones reales et personales quæ et quas habebamus, tàm nomine nostro quàm omnium .... nostrorum prædecessorum nostrorum existentium tunc et in temporibus retroactis, nec non et omnia debita in quibus tenebantur nobis ratione bonorum Verneri de Estobon, confiscatorum in manu nostrâ, nec non et omnia debita pro quibus villæ de Fraiero et de Chalonveler nobis et prædecessoribus nostris sunt et fuerant obligata, et omnia alia debita quæ ad manus nostras devenerunt ratione successionis prædictæ, quocumque modo et nomine censeantur. Pro nobis verò et nostris retinuimus tria debita, videlicèt debitum in quo dicta ecclesia Lutrensis tenetur Vuillelmo de Grangiis et suis hæredibus, et debitum in quo tenetur Bysancio de Fraiero, et debitum in quo tenetur magistro Guillelmo de Belloforti : de quibus tribus debitis non quittamus ecclesiam suprà dictam, sed de omnibus aliis debitis contingentibus prædictos electum et conventum et ecclesiam Lutrensem absolvimus penitùs et quittamus; promittentes eisdem quod si aliqua instrumenta vel aliquæ litteræ invenientur in posterùm vel exhibeantur de quibus quittationem facimus, nullius erunt efficaciæ seu valoris, et dictos religiosos et ecclesiam Lutrensem prædictam in pace tenebimus et in pace teneri faciemus, et indemnes ab omnibus suprà dictis, omnibus et singulis debitis prænuntiatis, præter quàm de tribus debitis quæ superiùs sunt specialiter excepta. Hanc autem quittationem promittimus et tenemur dictos religiosos et ecclesiam Lutrensem in perpetuùm prosequi, tenere et observare inviolabiliter; nos terram nostram, hæredes et successores nostros in manibus præd. religiosorum et ecclesiæ Lutrensis, per juramenta nostra super sancta Dei Evangelia corporaliter præstita, pro prædictis expressè et specialiter obligantes. Et si occasione prædictæ quittationis, prædicti religiosi et ecclesia Lutrensis damna aliqua aut aliquid interesse incurrerint aut sustinuerint, nos damna et interesse hujusmodi eisdem resarciri et restaurare tenemur : ad quod faciendum nos et hæredes nostros obligamus, sub obtentu præstiti juramenti; renuntiantes in hoc facto omni juris scripti et non scripti beneficio, etc............ Et ego Guillemeta prædicta, beneficio restitutionis et privilegio dotis et donationis propter nuptias, de utroque certiorata specialiter, renuntio et expressè in hoc facto.

Et pro quittatione hujusmodi, electus et conventus ecclesiæ Lutrensis suprà dicti nobis et hæredibus nostris dederunt, concesserunt et tradiderunt duas villas suas videlicèt Chalonveler et Fraiers cum omnibus juribus, redditibus et pertinentiis earumdem villarum, usquè ad trigenta annos, incipiendos et continuè complendos et venturos à die confectionis præsentium litterarum, à nobis et hæredibus nostris continuè possidendas et tenendas, exceptis præsentationibus ecclesiarum et patronatibus villarum prædictarum, quas et quos dicti religiosi in hujusmodi donatione sibi retinuerunt; in quibus præsentationibus et patronatibus nos nihil juris habere confitemur. Post autem trigenta annos elapsos, immediatè villæ prædictæ, cum omnibus juribus et cum omnibus acquisitis quæ ibidem fient, et cum omnibus bonis mobilibus et immobilibus quæ in prædictis villis nos et hæredes nostri habuerimus, et omnis possessio prædictorum omnium juris et facti, in eo statu in quo erunt, anno tricesimo à confectione præsentium, ad jus et proprietatem prædictæ ecclesiæ Lutrensis revertentur et pacificè remanebunt, sine reclamatione et perturbatione qualicumque, tamquàm hæreditas propria ecclesiæ supràdictæ. In cujus rei testimonium sigilla nostra præsentibus duximus apponendum et cum sigillis nostris sigillum venerabilis capituli S. Maimbodi Montisbiligardi fecimus apponi. Nos autem capitulum S. Maimbodi prædictum, ad preces et requisitionem nobilium Renaudi, comitis Montisbiligardi et Guillemetæ ejus uxoris prædictorum, unà cum sigillis suis, sigillum nostrum præsentibus duximus apponendum. Actum, anno Domini, M. CC. octogesimo tertio, undecimo mense Martis (1).

(L. S.) (L. S.) (L. S.)

De ces trois sceaux le premier représente l'aigle de Bourgogne, et on lit encore autour : ....*Montisbiligardi*; le second porte cette inscription : *S. Guil...... comitissæ Montisbiligardi* †. Le sceau du chapitre de saint Maimbœuf est entièrement détruit.

(*Arch. de l'ancienne abbaye de Lure, préf. de Vesoul.*)

IX.

1290. — Octobre. *Donation du fief de Couthenans faite à Hugues de Bourgogne, chevalier, par l'abbé et le couvent de Lure.* (V. p. 88.)

Nos frères P., par la grace de Deu, abbes de Lure, et toz li couant

---

(1) V. N° XI ci-après.

de cel meimes leu, façons savoir à toz cés qui varont et orront ces présentes lettres, que nos avons donei et donons en hérilaige permégnable à noble baron monsi Hugue de Borgougne, chevalier, frère noble baron monsi Othe, conte de Borgougne tel fye come Jehanz de Aceaz (1) tient et doit tenir de nos an la ville et ou finaige de Quottenans, et quant que affiert à dit fie. En tesmoignaige de vérité nos avons ballié à dit monsi Hugue ces présantes lettres saelées de noz séez pendanz, que furent faites en l'an nostre signour M. CC. et nonante, ou mois de Octembre.

(*Ancienne Chambre des comptes, Cote Q, 44. aux archives du Doubs.*)

X.

1291 (V. S.). — Mars. *Second acte de pariage entre l'abbaye de Lure et Hugues de Bourgogne.* (V. p. 52.)

Je Hugues de Bourgoigne, frère noble baron Othe, conte de Bourgoigne palatin, fais savoir à tous cés qui varront et orront les présantes lettres que je d'une part, et l'abbé et li couvent de Lure d'autre part, avons accru la compaignie que fut faite entre moi et eux, c'est à savoir qu'ils m'ont accompaignié à ma vie tant seulement à tout quanque la dame de Monjustin (2) tenoit de lour en sa vie à Genevreul, en homes et en toutes autres choses, et en tout quanque ils aient acheté en la dite ville de Genevreul de Guillaume de Monjustin, duquel achat je dois payer la moitié, et dois avoir en ladite ville de Genevreul et au finaige la moitié en cette accroissance de toutes choses et de tout et en tout, à la forme et à la manière de la première compaignie. Et m'oblige par mon serment que je garderai auxdits religioux bien et léalment cette accroissance, et après mon décès je lour donne et outroie à tousiours, mais à tenir en pur amour, en ladite ville de Genevreul, lou meix Abois, lou meix son frère dit Mauleclerc, et lou meix Perrin que siet en la coste, et tout quanque j'ai et puis avoir en lad. ville et ou finaige de Genevreul, et lour ai promis procurer garantie contre toutes gens. En tesmoignaige desquelles choses j'ai mis mon scel pendant en ces présantes lettres faites et données en l'an de Notre Seignour mil deux cent quatre vint et onze, ou mois de Mars.

(*Titre de Lure, arch. de la préf. de Vesoul.*)

(1) Jean d'Achey, mort en 1327 avait épousé Catherine, dont la famille est inconnue. Gile, veuve de Renaud de Delle, chevalier, tenait sous la mouvance de cette Dame un fief situé à Bourogne, Grandvillars et en la rivière de ce nom.
(2) Agnès, dame de Montjustin en partie (V. page 10), femme de Guillaume d'Arguel, chevalier.

XI.

1295. — Juin. *Renaud de Bourgogne, comte de Montbéliard, ratifie la transaction du 11 mars 1585 (V. S.) et donne au monastère de Lure, pour en jouir après sa mort, tous les biens, situés à Châlonvillars et à Frotey, qui dépendent de son comté de Montbéliard, à l'exception d'un fief. (V. p. 53.)*

Nos Renaut de Bourgoigne, cuens de Montbéliart, façons savoir à toz que come li religious homs et discret frère Pierre par la grâce de Deu, abbé de l'inglise de Lure et tot li covent de celi mesme leu, nos aient donei, baillié et délivré à nostre vie seulement quanque il ont, povent et doivent avoir à Chalonveler et à Frahiers, ès appendices et ès appertenances desdiz leus, an homes, an rentes, an deimes, an censes, an justices, an bois, an prez, en chams et an totes autres choses, fuer que lou don et la présentation de l'inglise de Frahiers et de Chalonveler, et por çou noz lor aiens quittie et rendu çou qu'il noz avaient donei à Froustiers et ou finaige de Froustiers à nostre vie, nos recognoissons par ces présantes lattres que totes les choses devant dites que il nos ont donei à nostre vie esdiz leus à Frahiers et à Chalonveler, après nostre décès, reparent quittes et délivre à ladite inglise de Lure, sans réclamation et sans chalonge de nos hoirs. Et est à savoir que noz, en remeide de nostre arme, avons donei et donons an aumone permaignable, après nostre décès, à ladite inglise de Lure lou meix de terre, les chams et les prez tot entièrement que nos avons à Chalonveler et ou finaige de par nostre contei de Montbéliart, et lou bannement (1) que nos avons à Froustiers sur les homes de lad. inglise de Lure, fuer çou que an affiert à Henri de Cubry, escuier, de quoy il est nostre home : louquel fie nos retenons à nos et à nos hoirs. Et por cest don que nos façons à lad. inglise de Lure après nostre décès, li abbez et li covent de Lure devantdiz et lor successors permeignablement doivent célébrer nostre aniversaire chescun an solempnellement en l'inglise de Lure, lou jour de nostre obit. En tesmoignaige de ces choses dessus dites nos avons baillié ès avantdiz l'abbé et covent de Lure ces présantes lettres scellées de nostre grant scel, faites et donées l'an de grace courant par M. CC. quatre vint et quinze, ou mois de juing.

(*Titre de Lure, à la préf. de Vesoul.*)

---

(1) Droit de cri public, de haute justice.

XII.

1303. — 5 Mai. *Thiébaud, comte de Ferette, mande aux abbé et couvent de Lure qu'il a cédé à Hugues de Bourgogne, pendant sa vie seulement, l'avouerie et gardienté de leur monastère* (V. p. 54.).

Nos Thiebauz, cuens de Ferattes, à relligiouses persones l'abbey et lou couvent de Lure en la dyocèse de Besançon, salut et dilection. Nos vos façons savoir que nos avons lessié et outroié à noble home Monsi Hugues de Bourgoingne, chevalier, à la vie doudit Monsi Hugues tant soulement, la guarde et la vouherie de Lure, des appertenances et appendices doudit luc, et quelque droit que nos hi avions, avoir povions et doions en quelque méniere que ce fust, en la guarde et en la vouherie de Lure dessusdites, et l'an avons fait procurous come la sue chose à sa vie tant soulement, pour demander, lever, retinre et requerre par lui ou par son comandement les droiz et la raison de la guarde et vouherie dessus dites, et pour les guarder et sauver et faire quanque hi afflert, sans riens retenir à nos. Porquoi nos vos prions, mandons et commandons que vos lou reciviez come votre guardyenes, et li lassiez et faites joir des droiz et de la raison de la guarde et vouherie dessusdites paisiblement et en repos sans contredit, et li faites honor et obéissance à lui come à votre guardyen, saichanz que nos avons doné audit Monsi Hugues et donons généraul, pléniere et libéraul puissance d'antrer de sa propre auctoritey, par lui ou par son comandement, ès droiz et ès raisons de lad. guarde et avouherie, et de user des droiz et des raisons de lad. guarde et avouherie come gardiens souverain. Laquel chose nos volons que vos ahiez ferme et estauble sanz venir encontre; et nos sumes devetuz de lad. guarde et avouherie, et loudit Monsi Hugues en avons envestu à sa vie tant soulement, par la tradicion de ces lettres, et des droits et de la raison de lad. guarde et vouherie aussi. En tesmoignaige de laquel chose nos avons mis nostre scel pandant en ces présentes lettres, faites et donées l'an de grace courant par mil trois cenz et trois, lou lundi après la feste Sainz Phelippe et Jasque ou mois de may.

(*Chambre des comptes, L. 193, aux archives du Doubs.*)

XIII.

1304. — 5 Mai. *Jeannette et Simonette, filles de Boquart, de Lure, donnent la mairie de ce lieu à l'abbé Alard de Gouhenans, en reconnaissance des services qu'il leur a rendus.* (V. p. 54, 55.)

Nos Jannette et Symonette de Lure, filles Boquart de Lure que fut, façons savoir à tous, que nos regardanz et consideranz les bienfaits et les courtoisies que frère Alard, par la grâce de Deu, abbey de Lure et tout le covent de cest même leu nos ont fait par plusiours fois, et s'efforcent encore chascun jour de faire, désirant lesd. bienfaits et courtoisies recognoistre, et pour le remède des armes de nos, avons donné, quittie, et ouctroié esdits abbey et covent, au nom de lourdite iglise de Lure, tel droit et telle rason comme nos avons, pouhons et davons avoir en la mairie de Lure et ès choses que appartienent à ladite mairie, sans rien retenir, fuer que tant que je ladite Jannette en ai retenu à moi et à mes hoirs un meix que siet entre chez Perrin le tavernier et la Font de Lure; item une pièce de prel que siet ès planches dit le pré Villercy; item un pré qui siet au pré de la mairie dit le pré Villemain; item le pré à pont dit le pré des fils Thierry; item deux journalx de terre: les quels meix, prels et champs je reliens. Et je la dite Symonette encore reliens à moi et à mes hoirs un champ qui siet à dessoubz de Froideterre; item le champ à la Folletière de lès les champs ès fils Toinsel, et une oiche de lès la vie de Roye; lesquels champs et oiche je reliens. Et cesdits don, quittance et octroy promettons maintenir et garder, garantir, appaisier et deffendre esdiz abbey et covent en tout leu et contre totes gens par nos foys données corporellement; et nos en dévestons et nos hoirs, et lesdiz abbey et covent en envestons et ladite iglise. Et renunçons par nos foys données comme dessus à l'exception d'ingratitude et de non pas être bien avisées, et à totes exceptions de mal, de lésion, de circonvention que nos porroient profiter en ce fait, et esdit abbey et covent nuire: espécialment à droit que dit que générale renunciation ne vault. En tesmoignaige de laquel chose, nos avons feit sceller ces présentes lettres dou scel de la cort noble baron Monseignour Hugues de Bourgoigne duquel on use ou monastère, et dou scel Monsieur Pierre, nostre curie de Lure. Et je ledit Pierre, à la requeste desd. Jannette et Symonette, ai mis mon scel en ces présentes lettres, ensemble lou scel de la dite cort en signe de vérité; que furent faites et données le dimanche jour de l'invention sainte-croix, en l'an de grâce mil trois cent et quatre, ou mois de may.

(*Arch. de Lure à la préfecture de Vesoul.*)

XIV.

1507. — 30 Décembre. *Colin de Châlonvillars vend à Alard, abbé de Lure, les mairies de Châlonvillars, de Frahier, de Champagney et de Mandrevillars.* (V. p. 55.)

Nos officiaulx de la court de Besançon façons savoir à tous que en présence de Estienne de Haynans, clerc juré de nostre dite court, nostre notaire et espécial comandement à cui nos avons plenière foy et à quel nos avons comis et comettons par les présantes lettres nostre puissance, por ce personnalement et espécialement establi Colins, maire de Chalonveler, en la dyocèse de Besançon, fils lou maire Abri de Chalonveler que fùt, vant, quitte et délivre et ait vandu, quitté et délivré en héritaige permeignablement por ly et por les suens, non contrainz, non deceñu, mas de sa propre volunté, à religiouse personne frère Alart, par la grâce de Deu, abbey de Lure, et à covent de ce meisme leu, acheptant ou nom de lour inglise, la mairie de Chalonveler, de Fraier, de Champagné et de Mandreveler, et tot lou droit, la raison, action que lidit Colin ait, puet et doit avoir, par quelque cause que ce soit, en lad. mairie et èsd. villes et es finaiges d'icelles en homes, en femes, en champs, en prés, en bois, en revières, en pascheries, en justice et en amandes, en corvées, en dismes, en terraiges, en fouresteries, en censes, en tailles, en rantes et en totes autres menières et choses queles que eles soient, et coment que eles soient appelées, sans riens retenir à lui ne ès suens, por le prix de trois cenz livres de estevenans et vint livres de doubles de la menoye dou roy de France; lesqueles somes d'argent lid. Colins ait confessé en droit pardevant nostredit comandement lui avoir baue et recehu entièrement desd. religious en bone et léaule menoye, coursable, prenable et metable en l'archeveschie de Besançon, et tornée en son grant proufict. Et la vandue ci dessus ai promis et promet lidit Colins, por li, por ses hoirs et por ses successours, par sa foy donée corporalement, tenir, garder, etc. . . . . En tesmoignaige de quoi nos officiaulx dessusdit, à la prière et à la requeste doud. Colins à nos faite, avons mis le scel de la cort de Besançon en ces présentes lettres ; ce fut fait en présance Monsi Jehan curie de Aboncour, Mons Point curie de Lure, Mons Jehan de Frostiers, prévoire (1) et plusiours autres tesmoings por ce requis et appelés, l'an nostre Seignour M. CCC et sept, lou vanredi après la nativité nostre Seignour.

(L. S.)

(*Arch. de l'abb. de Lure, préf. de Vesoul.*)

(1) Prêtre.

XV.

1307 (V. S.). — 18 Mars. *Perrin de Châlonvillars ratifie la vente précédente faite par son père.* (V. p. 55.)

Je Perrins de Chalonvelers, fils Colins de ce mesme leu, fait savoir que je ne deceheus, ne contrainz, ne baretez, mais de ma propre et franche volunté, recognois, come confesse en véritey, que je veu et a voluy que la vandue, tele come alle est entiérement, que mes peres Colins dessus dit ai fait à religiouse et honeste Monsieur Alart, par la grâce de Deu, abbé de Luyre, et au covent de la dite abbaye, soit et siese permeignablement, sauf ce que je a retenu et retien por moi et por mes hoirs, tel partie, tel droit et tele rason come je ai, puis et dois avoir en Chatoubie etc..... En tesmoignaige de la quel chouse je Perrins dessusdit a requis et fait mettre le sael de la court à noble baron Renaut de Borgoigne, conte de Montbéliart, douquel sael on use à Belfort, en ces presentes lettres que furent faites l'an notre Signour courant par mil trois cens et sept, lou lundi après feste saint Grégoire.

(*Arch. de Vesoul, pap. de l'abb. de Lure.*)

XVI.

1328. — 30 Décembre. *Gauthier de Belfort cède à l'église de Lure tout ce que Richard, son père, lui avait laissé dans le village de Tavel.* (V. p. 55.)

Universis præsentes litteras inspecturis officialis curiæ Morinensis salutem in Domino. Cum Richardus quondàm de Belforto, bonæ memoriæ, pater venerabilis et discreti viri Magistri Calderi de Belforto, thesaurarii ecclesiæ Morinensis, olim, ut dicitur, acquisierit tempore quo vixit, pro se et suis hæredibus, hæreditario jure et in perpetuum, à religiosis viris Domino abbate et conventu monasterii Lutrensis, Bisuntinæ diœcesis, villam de Tavey, propè Hericourt, in comitatu Montisbiligardi, cum omnibus juribus, redditibus et proventibus ejusdem villæ ac appenditiis ejus universis, sicut in quibusdam litteris super hujus modi villæ venditione confectis, sigillis veris præfatorum religiosorum sigillatis, plenius continetur; notum facimus quod in nostra, propter hæc, præsentia personaliter constitutus præfatus Magister Calderus de Belforto, thesaurarius ecclesiæ Morinensis prædictæ, religiosis D. abbati et conventùs dicti monasterii Lutrensis ac eorum ecclesiæ dictam villam de Tavey, cum omnibus juribus, redditibus, proventibus et appenditiis suis prædictis donavit, cessit et concessit irrevocabiliter in jure coram nobis, hæreditario jure et in perpetuum, et adhùc donat, cedit et concedit per præsentes, tanquàm hæres dicti Richardi ad quem dicta villa cum suis juribus, redditibus et appenditiis devoluta est, in puram eleemosynam et pro Deo, faciendo singulis annis, in perpetuum, aniversario præsentium et prædecessorum ipsius magistri Calderi, in dicto monasterio dictorum religiosorum, videlicet feriâ secundâ immediatè sequento primam dominicam quadragesimæ. Et tradidit, quittavit et remisit præfatus magister Calderus dictis religiosis et eorum ecclesiæ penitus ac omninò totum jus et omnem actionem personalem et realem sibi et suis hæredibus in dictâ villâ, juribus, redditibus ac appenditiis ipsius prædictis competentem, et adhuc tradidit, quittat et remittit irrevocabiliter per præsentes; volens idem magister Calderus, premissa omnia et singula firma in perpetuum permanere, ac eadem inviolabiliter à se et suis hæredibus et successoribus observari, et promittens bonâ fide quod contra istam donationem, concessionem, quittationem ac remissionem per se, seu per alium publicè vel occulto non veniet, aut venire procurabit, nec contràvenienti consentiet quomodòlibet in futurum. In quorum omnium et singulorum testimonium et munimen, nos officialis prædictus, ad instantiam et rogatum præfati magistri Calderi, sigillum curiæ Morinensis una cum sigillo ipsius, ac signo et subscriptione notarii publici infrà scriptis, præsentibus litteris duximus apponendum. Datum et actum Morini anno ab incarnatione Domini millesimo trecentesimo vigesimo quinto, indictione nona, tricesimâ die decembris, Pontific. Sanct. Patris ac Dom. nostr. Dom. Johannis, divinâ providentiâ, papæ vigesimi secundi, an. X; præsentibus discretis viris Dominis Bonifacio dicto Allemand, Vuillelmo dicto de Blanthera, ac Johanne dicto Ponget, presbyteris capellanis dictæ Morinensis ecclesiæ, ad præmissa vocatis testibus specialiter et rogatis.

(Arch. de l'abb. de Lure, à la préf. de Vesoul.)

XVII.

1358 (V.S.). — 5 Janvier, *Rodolphe IV, duc d'Autriche, mande à son bailli de Ferette de défendre l'abbaye de Lure contre tous.* (V. p. 60.)

Rudolphus, Dei gratiâ, Austriæ, Styriæ et Carinthiæ dux etc., nec non sacri Romani imperii gubernator per Alsatiam generalis, fideli dilecto Volmaro de Ferretis; advocato suo provinciali per comitatum Ferretarum, seu quovis ejus in eodem officio successori, suam gratiam cum plenitudine omnis boni.

Cum monasterium de Lutrà, ordinis S. Benedicti, diocesis Bisuntinensis, nostræ gardiæ, metas diversarum patriarum dignoscatur contingere, et propter hoc varias et multiplices patiatur infestationes, turbationes, molestias et incursus; expediens et necessarium summoperè reputamus eidem monasterio de specialis deffensionis subsidio providere. Id circo tibi, sub obtentu nostræ gratiæ, districtè præcipimus et mandamus, quatenus eidem monasterio, ejus hominibus, bonis et rebus indilatè subvenias, toties et quoties ab abbate, seu quovis de conventu dicti monasterii, seu certis suis nunciis, et specialiter ab advocato nostro de Dela, quem ob vicinitatem dicti monasterii specialem deffensorem perfecimus, fueris requisitus, omnibus aliis negotiis in adventu præfati subsidii prorogatis. Datum in opido Reinveldensi, proximâ feriâ tertiâ post festum circuncisionis Domini, anno nativitatis ejusdem millesimo cccl. octavo (1).

(Cartulaire du séminaire de Besançon.)

XVIII.

1361 (V. S.). — 18 Mars. *Rodolphe IV, duc d'Autriche, vient vénérer à Lure les reliques de saint Colombin et en obtient une parcelle pour la collégiale de saint Etienne, à Vienne en Autriche* (V. p. 62).

Nos Rudolphus quartus, Dei gratiâ, dux Austriæ, Styriæ et Karinthiæ, etc.... Alberici quondàm ducis prædictarum terrarum et Johannæ comitissæ Ferretarum primogenitus, fatemur quod licet Hildegardis, quondàm comitissa Alsatiæ, fuerit dolore dentium percussa quamdiù vixit, eo quod dentem sancti Columbini quem occultè recepit, in igne probavit et post dictum dentem restituit; nos tamen personaliter venientes in Luthram, monasterium SS. Deicoli et Columbini, tanquam hæreditarius advocatus, sub anno Domini M. CCC. LXI, quinto decimo calendas aprilis, indictione quartâ decimâ, tempore D. Innocentii papæ Sexti, et Caroli imperatoris quarti, et intrantes devotè oratorium et capellam S. Deicoli prædicti, assumptis nobiscum inclyto principe duce Frederico, germano nostro, et venerabili Othone Luthrensis, Henrico Melundensis monasteriorum abbatibus, ordinis S. Benedicti, Bisuntinensis et Lingonensis diœcesium, Thoma præposito S. Anthonii de Frigido Monte, Jacobo de Watwiller, milite, et Hildegardo de Hergnach, nostræ cameræ notario, flexis genibus ante sepulchrum prædicti S. Columbini, oravimus ut permittat de suis reliquiis aliquas nobis dari. In quo exauditi fuimus : nam sine impedimento, de licentiaque prædicti abbatis, ossa quædam......(2).

---

(1) Pareil ordre sous la même date fut transmis au châtelain de Delle, portant de plus qu'il aidera l'abbaye « contra omnem mundi hominem, sine morâ » et contradictione quâlibet, ... de armatorum numero quo incumbentium » periculorum qualitas exegerit. »

(2) Lacune.

recepimus, volentes illa ducere nobiscum Viennam, ad ecclesiam S. Stephani quam in collegiatam erigere proposuimus, ibique venerabiliter recondere et servare. Datum in Luthrâ, anno et die prædictis, ætatis nostræ anno vigesimo secundo, regiminis verò nostri anno tertio.

† Nos vero Rudolphus, dux præfatus, hanc litteram hâc subscriptione manûs propriæ roboramus †.

(Archives de la préf. de Vesoul, titres de Lure.)

XIX.

1373. - 1er Décembre. *Albert et Léopold, ducs d'Autriche, ordonnent à Pierre de Thorberg, gouverneur de la Haute-Alsace, de faire une information sur les droits de l'abbaye à Tavel et de lui restituer ce village, s'il y a lieu* (V. p. 65).

Nos Albertus et Leopoldus fratres, Dei gratiâ duces Austriæ, etc....... recognoscimus et fatemur quod prædicti religiosi et venerabiles viri, Dominus Henricus abbas, et conventus monasterii Lutrensis ordinis S. Benedicti, Bisuntinensis diocesis, fideles nostri devoti, prætenderint villam Thavers, quæ cum suis pertinentiis ad vigenti quinque florenorum redditus vel circiter se extendit, ad se ac prædictum monasterium olim de jure pertinuisse, restitutionem illius multotiès à nobis cum magno concursu precum...... serio postularint; nos zelo rectitudinis et justitiâ permoti, honestis quoque ac utilibus servitiis, quæ nobis et nonnullis progenitoribus nostris à dicto monasterio sunt exhibita, diligentius pensatum, nec non æstimatum, pluribus gravibus periculis et dispendiis quæ dictus abbas et conventus, occasione guerrarum nostrarum in Burgundiâ, pertulerunt, nobili et strenuo viro, Petro de Thorberg, provinciali advocato Sueviæ et Alsatiæ, fideli nostro dilecto, per alias speciales nostras litteras mandavimus ac secundo de certâ scientiâ sibi committimus per præsentes, quatenus et si per eum postquam se de statu dictæ villæ informandi cœptum fuit quondam ac præfatum monasterium pertinuisse, ipsam, quâcumque exceptione contrariâ aliquatenus nonobstante, cum quibuscumque suis juribus, honoribus et pertinentiis, ut præmittitur, indilatè restituat abbati et conventui suprâdictis, deffendendo eos de parte nostrâ fideliter in eisdem, harum testimonio litterarum. Datum Viennæ primâ die mensis decembris, anno Domini millesimo ccclxxiii.

(Cartulaire de Lure au séminaire de Besançon.)

XX.

1376. — Juillet. *Alliance pendant la vie de Henri, abbé de Lure, entre ce prélat et Etienne, comte de Montbéliard.* (V. p. 65.)

Nous Estienes, cuens de Montbéliard et sires de Montfalcon (1), façons savoir à tous que convenances et traictiés sont entre vénérable et religiouse personne, frère Henri, abbé dou monastère de Lure, de l'ordre de S. Benoist, dou diocèse de Besançon d'une part, et nous d'autre part, par la forme et manière que s'ensuit : c'est à savoir que pour quelconque cause que ce soit, tant come nous le puissions éviter de nostre pouhoir, nous ne pouhons faire ne devons suffrir que on face de nos forteraces guerre audit abbé, ne à l'église ne aux subjects d'icelle église, tant come il sera abbés et non aultrement. Et se, il advenait que jà ne soit, que quelque débaz et greuze mouvest entre led. abbé et nous, ou entre sa gent et la nostre, nous lesd. parties pour ce ne pouhons ne devons faire guerre ne domaige l'un à l'autre : mais ledit débaz et greuze se doit déterminer par dous amis estans pour chascune partie un. Se nous lesdites parties ou lesdiz amis ne pouhient faire acort de ce, nous devons elire un ami commun pour lesd. parties que sur ce nous mette à acort, et devons tenir ce come par ledit ami en serai fait, dit ou rapporté, tant de droit comme de voluntée. Et ce nous Estienes, cuens dessusdit, avons promis et promettons en bonne foy audit abbé por nous et nos hoirs tenir et observer fidélement et perpétuellement, sans faire ne aller en contre en aucune manière. Et ces convenances nous avons ensemble, en cas que voie de fait ne nous serait faite dès Lure ou aulcune des forteraces dud. abbé ; quar aultrement nous ne nous obligeons, ne aussi Henry, estant abbé de Lure. En tesmoignaige de laquel chouse nous avons mis nostre scel pendant en ces présentes lettres, faites et données le jeudi après l'octave de la feste St. Pierre et St. Paul, apostres, l'an nostre Signor courant mil trois cent septante six.

(Arch. de Vesoul, titre de Lure.)

XXI.

1378 (V.S.). — 8 Janvier. *Léopold III, duc d'Autriche, promet de défendre l'abbaye de Lure et de n'en céder la garde à personne, sans le consentement des religieux.* (V. p. 65 et 66.)

Nos Leopoldus, Dei gratia, dux Austriæ, etc...... universis

---

(1) Ce prince régna dès le mois de décembre 1367 jusqu'en novembre 1396. Il avait épousé Marguerite de Châlons-Arlay.

præsentibus et futuris patere volumus per præsentes, quod attendentes sinceritatem religionis et fidei quibus venerabilis abbas et religiosi prior et conventus monasterii de Luthrâ, ordinis S. Benedicti, Bisuntinensis diœcesis, prosecuti sunt illustrem principem Dominum Rudolphum, bonæ memoriæ, Dei gratia ducem Austriæ et dilectissimum fratrem nostrum, quibusque nos prosequuntur quotidianâ sollicitudine et volunt prosequi omnes nostros hæreditarios successores, quique nobis et nostris successoribus guardiæ et advocatiæ jus in præfato suo monasterio habendæ perpetuis temporibus tradiderunt, prout hoc manifesto in ipsorum apparet litterâ nobis traditâ sub sigillis pendentibus abbatiæ prædictæ pariter et conventus; nos devotionis eorum fidelem et gratuitam obedientiam recognoscere benignis benevolentiis affectantes, promisimus eisdem et de bonâ conscientiâ, pro nobis et omnibus nostris successoribus pollicemur quod eosdem deinceps et posteà cum omnibus successoribus, terris, hominibus ac possessionibus suis manutenere, gubernare ac defendere, sub nostris impensis et sumptibus, volumus contrà et adversus quâlibet et quolibet eidem et eisdem monasterio et monachis molestiam et injuriam facientibus vel facere volentes; quodque guardiam seu advocatiam dictorum monasterii et monachorum præsentium et futurorum nunquam ad alterius trademus manus, sed nobis ipsam reservabimus, nisi juxtà qualitatem temporum et negotiorum, de ipsorum abbatum et monachorum consensu et voluntate deliberaverimus aliter faciendum. Quocirca omnibus nobis subditis, comitibus, advocatis provincialibus, liberis ministerialibus, baronibus, militibus et armigeris singulorumque eorumdem castellanis et vicegerentibus, sub obtentum nostræ gratiæ præcipimus, districtius injungentes quatenus præfatis abbati, conventui et monachis, omnibus successoribus eorumdem, nulla facere vel inferre deinceps velint et audeant injuriam, gravem molestiam seu jacturam. Si quis autem hujusmodi nostri mandati temerarius extiterit violator, indignationibus nostræ ultionis se sibi noverit acquisisse. In quorum testimonium præsentes damus litteras, nostri sigilli majoris appensione munitas. Datum Rynveldiæ, die viii mensis Januarii, anno Domini millesimo tricentes. septuages. octavo.

(Arc. du sém. diocés.)

XXII.

1422. — 16 Octobre. *Jean, comte de Thierstein, bailli de la Haute-Alsace, en qualité de médiateur d'un différend entre les religieux et les bourgeois de Lure, rétablit ces derniers dans la possession de leurs franchises.* (V. p. 66.)

Nos conte Jehan, seignour de Thierstein, baillif de mon très redoubté seignour mess. d'Osteriche au baliage d'Asay, faisons savoir à tous que par acort fait, et à la requeste dou priour et couvant de l'abbaie de Lure, de plusieurs franchises que feust messire Jehan de Bamate, jadis abbé doud. Lure, deust avoir enlevez, brisez et cassez sur les borgeois et habitans dud. Lure, aussy come il le contient en lour titre de franchises faites par notaire de la cour de Besançon : c'est à savoir de une geline de cense sur chascun hostaul tous les ans; item aussi des angaulx de lad. ville de Lure; item du pasquis dud. lieu; item de rendre les chesaulx que feust led. abbé feist à bastir les masons; item aussy dou loingnits (1) que lesd. borgeois et habitans de lad. ville devoient tous les ans. Nos led. comte Jehan dessusdit, par bon acort fait et propositions faites par led. priour et couvant, avons remis et remettons, pour et en nom de mon très redoubté seignour, les dessusdits borgeois et habitans de lad. ville de Lure en lour propres franchises des chouses dessud. pour lour et lours hoirs pour tousiours,..........(2) priour et couvant après venant par queque manière que ce soit. Et en signe de vérité nos le conte Jehan dessusdit, à la suppliquation et requête dou priour et couvant dessusdit, je eay mis mon scel pendant en ces présentes lettres, que furent faictes et donées le sambedy jour de feste de saint Paul, en la ville de Florimont, l'an de grace nostre Seigneur courant mil cccc ving et deux, présents Jehan de Monstureul, escuier, Henry Capelart (3), escuier, George de Monstureul, escuier, Henry de Bamate et plusieurs autres à ce appelés et requis, l'an et jour que dessus.

(*Archives de la ville de Lure.*)

XXIII.

1461. — 10 Décembre. *Mandement du roi Louis XI au bailli de Chaumont, de soutenir les prétentions de Jean Bonnet sur l'abbaye de Lure.* (V. p. 79.)

De par le roy; nostre amé et féal, nous avons sceu que ung nommé frère Jehan Steure, de Gaburre (4), donne et met empeschement à nostre chier et bien amé frère, Jehan de Monstureul, prochain parent de nostre amé et féal conseillier l'évesque d'Arras, légat à latere de nostre sainct père le pape, en la jouissance de son abbaye de Lure, dont il a esté pourveu par nostre saint père le pape et par ses bulles, en incurrant indubieusement et sans

---

(1) Ou *loingnes*, lignes, de *ligna*, búches, morceaux de bois.
(2) Mots illisibles.
(3) Kappler.
(4) Guebwiller, en Haute-Alsace.

crainte de Dieu les censures excommunicatoires dans icelles : qu'il ne sied à tolérer. Et pour ce nous vous mandons bien expressément que, ensuivant la teneur desd. bulles et procès sur icelles que de la part dud. de Monstureul vous seront baillez, vous procédiez réellement et de faict, sans aucune difficulté ni délai, à l'expulsion et déboutement dud. Steure d'icelle abbaye, ainsi que verrez estre à faire pour le mieux que nostre affection le désire ; sy n'y faictes faute : car tel est nostre plaisir. Donné à Tours le Xe jour de décembre. LOYS.

A nostre amé et féal conseillier, le balif de Chaumont en Bassigny.

(Archives de la Haute-Saône, titre de Lure.)

XXIV.

Même date. — *Réquisition du même monarque au bailli de Ferette.* (V. p. 79.)

De par le roy ; chier et féal amy, nous avons sceu comment par le Saint Siége apostolique, nostre chier et bien amé frère, Jean de Monsturel est pourveu de l'abbaye de Lure. Mais un nommé frère Jean Steure, de Gaburre, luy mest et donne empeschement en la jouissance d'icelle, contre l'effet des bulles de nostre sainct père le pape, incurrant indubieusement et sans crainte de Dieu, les censures excommunicatoires et peine d'icelles plus qu'il ne soit à souffrir. C'est pour ce que de tout nostre cœur désirons fort ledit de Monsturel soit paisible en ladite abbaye, tant pour contemplation dud. St. Siége apostolique que en faveur de nostre amé et féal conseillier, l'évesque d'Arras, légat à latéré de nostre sainct père le Pape, duquel ledit de Monsturel est prouchain parant, nous vous prions et requérons bien, que sur tout le plaisir que faire nous voudrez, en tout ce que sera possible vous vouliez favoriser, soutenir et aider en ceste matière ledit de Monsturel, et tellement en faire par votre bon moyen et prudence, que les bulles soient entièrement exécutées et qu'il jouisse à plein d'icelle abbaye ; et vous nous serez, en ce faisant, très agréable et ferez grand plaisir : car tout nostre soing est de le supporter et aider en cela de tout nostre povoir. Donné à Tours le Xe jour de décembre. LOYS.

A nostre chier et féal Pétremand de Morimont, chevalier, bailly de Ferette, capitaine de Belfort.

(Copie conservée aux archives de Vesoul.)

XXV.

1460. — 31 Octobre. *Le duc de Bourgogne désapprouve la conduite de ses officiers d'Amont qui avaient reconnu la validité de l'élection de l'abbé Stœr, et l'indépendance de l'abbaye de Lure.* (V. p. 81.)

De par le duc de Bourgongne, etc....; très chiers et bien amez, jaçoit que vous fussiez assez advertis que nostre intention avoit adès esté et estoit de soutenir et favoriser nostre bien amé frère Jehan de Monsturel, abbé de Lure, et de tenir la main à ce qu'il fust et demeurast abbé paisible de ladite abbaye de Lure, en quoy un nommé frère Jehan Steure, subject du duc d'Autriche, soubz umbre de tel quel titre, s'efforçoit de lui baillier trouble et empeschement; et que avec ce eussiez aussy esté advertis des causes et considérations que nous meuvoient de travailler à ce que ladite abbaye, qui est maison forte, fust ès mains d'hommes à nous féables : néantmoins nous avons sceu que le dernier jour de septembre dernièrement passé, vous, nostre bailly d'amont, en prenant congnoissance, du consentement de vous nostre procureur, du droit desd. parties, avez faict certain appoinctement par vertu duquel vous avez déboutez ledit frère Jehan de Monsturel de la possession et jouissance de ladite abbaye, et icelle adjugée au frère Jehan Steure, et qui plus est, combien aussy que scavez qu'il est question de limites dudit lieu de Lure, lequel de nostre part tousiours par cy devant a été maintenu estre de nostre conté de Bourgongne; ce nonobstant et à la requête du bailly de Ferrette, vous estez allés tenir journée touchant le faict de ladite abbaye audit lieu de Lure, en prenant par ce congnoissance dud. faict des limites, et qui pis est, en appreuvant tacitement ledit lieu de Lure non estre de nostredit conté de Bourgongne : desquels choses, qui ne sont pas seulement au préjudice dud. frère Jehan de Monsturel, mais aussy au très grand interrest de nos droicts, haulteurs et seigneurie, et à nostre très grande desplaisance, nous nous donnons bien grant merveille et n'en sommes pas contents. Et pour ce que nous ne voulons la chose demourer en cest état, nous voulons et vous mandons très expressément que tantost et incontinent ceste vehue, vous révoquiez et mettiez à néant tout ce entièrement que par vous a esté faict de ladite abbaye contre et au préjudice dudit frère Jehan de Monsturel, et ce faict, vous ne preniez doiresenavant quelques entremises et congnoissances sans l'advis, adveu et conseil de nos capitaines généraux et président de Bourgongne. Si ne faictes en ce faulte; très chiers et bien amez, nostre Seigneur soit garde de vous.

Escript en nostre ville de Bruxelles, le dernier jour d'octobre, mil quatre cent soixante.

A nostre baillif d'Amont et à nostre procureur aud. lieu.

(Archives de Vesoul, titre de Lure.)

XXVI.

1843. (*V. S.*) — 21 Mars. *Franchises et libertés des bourgeois, manans et habitants de la ville de Lure concédées par les abbés et religieux.*

Nous Jehan-Rodulf Stheure, par la grâce de Dieu, humble abbé de l'abbaie et monastère de Lure ou diocèse de Besançon, ou sainct siége de Rome appertenant sans nul moyen, prince et seigneur des terres et seigneries de Morbach et dud. Lure, et Henry de la Jonchiere, prieur et secrétain de lad. abbaie et monastère, Anthoine de Roche, prieur de sainct Anthoine de la Froide-Montaigne, Anthoine Poncey prieur de sainct Deyle, presbtre, et Guillaume de Granchault, tous religieulx et conventuaulx de lad. abbaie et monastere dud. Lure, scavoir faisons à tous que estans ce jourd'huy, datte des présentes, congrégez et assemblez en faict de chappitre et à solempnité en tel cas requise et observée, à son de cloche et en la manière accoustumée pour traicter de nos besoingnes et affaires, se sont présentez et comparus noz bien amez et feaulx bourgeois et subjectz de nostre ville de Lure, lesquelx nous ont exposés et remonstrés comme il soit qu'ilz ayent obtenus par cy devant de furent nos prédécesseurs seigneurs abbé et couvent dud. Lure certaines franchises et libertez des quelles ils ont usé et usent de présent, tant en général que en particulier, lesquelles toutefois en aulcungs pointz leur sont préjudiciables et dommaigeables, mesme en ce que l'on les veulx assubgectir de non succéder les ungs aux aultres, s'ilz ne sont manans et habitanz en nostredite ville de Lure, tenir et posseder leurs meix et héritaiges, si au semblable ne sont mananz et habitants dud. Lure, jaçoit qu'ils peuvent deans lad. ville de Lure succéder les ungs aux aultres jusques à la neufiesme ligne, et jaçoit que, par la transaction d'icelles, se debvoit entendre iceulx habitans estre francz et exemptz d'icelle servitute et de pouvoir pour eux, leurs hoirs nez et à naistre, successeurs et ayant cause d'eulx, chacun d'eulx ou l'ung d'eulx habitans dud. Lure, présens ou advenir, tenir et posseder leursd. meix, maisons et héritaiges qu'ilz ont ou auroyent tant en lad. ville de Lure que ou finaige dillec dez et quelconques les lieux qu'ils ou l'ung d'eulx seront manans et habitans, les vendre et alliéner à qui bon leur semblera, moyennant payant les lotz accoutumez, charges et débites seignorieuses dehues et accoustumées; aussi tester, ordonner et disposer de leurs biens tant meubles que héritaiges qu'ils ont ou auront, par testament, donacion, ordonnance de dernière voulunté ou aultrement, comme bon leur semblera, selon que francz bourgeois de franche, pure et libère condition peuvent et doibvent faire, dez et quelconques les lieux qu'ilz ou l'ung d'eulx présents ou advenir seront manans, demeurans ou habitans, et succéder aux successions de leurs père, mère, frères, seurs ou aultres leurs parents décédez ab intestat ou aultrement, dez et quelconques les lieux qu'ils seront décédez manans, demeurans ou habitans, et selon la ligne de consanguinité et proximité de lignaige et jusques à ladite neufiesme ligne, sans contreditz ou empeschement quelconques, selon et comme francz bourgeois et de gens de libère condition font et peuvent faire, et icelles répéter et demander; et comme ainsi se debvoit entendre, estre exprimé et déclairé par eclarsissement et conception desd. libertez et franchises jà à eulx concédées, par lesquelles ils sont exempts de la macule et servile condition mainmortable; par ainsi toutes doubtes debvoir estre excluses et mises hors ce que à déz leur avait esté accordé estre mis et adjousté à leursd. franchises, et mesme par fût de bonne mémoire, Messire George de Moisonvaulx, nostre prédécesseur à cuy Dieu face paix, pour et en consideracion des grantz et louables services qu'ilz avoyent faitz à luy et à nostred. eglise et abbaie dud. Lure; les peines, frais et travail qu'ils avoyent soustenus, et les frais, missions et despens qu'ils ont supportez durant le temps des mutinemens et sédicions qui ont regné par la secte et associacion des Lutériens, tant ès pays d'Allemaigne que en nos terres et seignorie dud. Lure à l'entour et à l'environ, et que depuis ce temps ont fait toutes bones charges et léal debvoir, tant pour la deffence de nostred. eglise et abbaie dud. Lure, que aultres bienfaitz qu'ils ont par cy devant procuré faire et qu'ils entendent continuer, comme encoire de présent font et espérent mieux et à leur pouvoir faire à l'advenir, combien qu'ils sont en petit nombre de bourgeois et habitanz pour raison de lasusdite servitute et plus moins seront, s'ils ne sont exemptz d'icelle, ce que tumbera à nostre préjudice et dommaige, parce qu'ils ne peuvent faire alliance en aultres lieux à bons et notables personnaiges par mariage de leurs filz ou filles, doublans lad. condition, qui leur cause et causera amendrissement de nombre et quantitey de gens de bonne et honneste conversation, et à nous et à nostre eglise perte, dommaige et interestz, si ne leur est concédé ce que par cy devant leurs a esté promis et accordé, et que sainement se debvoit entendre par lesd. précédantes libertez et franchises; requérans et supplians les en vouloir exempter et concéder les choses susescriptes : en quoi y faisant seront plus enclins, eulx et leurs hoirs, successeurs et ayant cause à ayder, garder et entretenir les aultoritez et droietures de nous et nostredite église; avec ce nostredite ville en sera plus repairée et habitée de bons et notables personnaiges qu'elle n'est de présent pour crainte de lad. servitude.

Pourquoy nous ces choses considérées, et estanz dehuement advertis des bons et aggréables services par cy devant faitz par iceulx bourgeois et habitans dud. Lure, et èsquelx ils donnent continuelle persévérance et pourront encoire faire à l'advenir; de nos certaines sciences, pures, franches et libérales voluntez, et par bon advis et conseil, soit tant conjointement comme divisément, pour nous et noz successeurs, abbé et couvent dud. Lure, et en considération des franchises et libertez jà par eulx cy devant acquises, avons dès maintenant remis, quietez et quictons par ces présentes auxdits bourgeois et habitans dud. Lure, tant extraitz que partis et yssus dud. lieu, que aultres y ayans et possidans meix ou auront de présent ou advenir, pour eux, leurs hoirs procréez en léal mariaige nez et à naistre, successeurs et ayans cause d'eulx ou l'ung d'eulx, toutes subgections et conditions de mortemain, avec ce de la susd. servile condition et pointz sus déclairez, et les en avons affranchis et affranchissons par lesd. présentes, ensemble tous et singuliers leurs biens, meix et maisons qu'ils ont ou auront cy après en nostredite ville de Lure, soit en champs, prelz, terres, curtils, vergiers, chenevières, estangs, que quelconques autres biens et héritaiges qu'ils peuvent et doibvent avoir, tant de présent que advenir, estans ou finaige, territoire et ville dud. Lure, en les purgeans et deschargeans dès maintenant pour et à jamais, eulx, leurs hoirs nez et à naistre, successeurs et ayans cause, ensemble de leursd. héritaiges, de toutes macules serviles, réelles, mixtes et personnelles, que aultres quelconques; actendu et considéré, comme dit est, que par leursd. franchises cy devant obtenues, et comme par icelles nous a apparu, qu'ils sont franctz, quites, exempts et déchargez de la condition servile et de mortemain. Aussi voulons et consentons qu'ils puissent eulx, leurs hoirs, successeurs et ayant cause, présens et advenir, tenir et posséder dez et quelconques les lieux qu'ils ou l'ung d'eulx seront manans hors nostred. ville de Lure, leurs biens, meix, maisons et héritaiges qu'ils ont ou auront en nostred. ville de Lure et finaige d'illec, come ils ferroyent et faire pourroyent s'ils étaient manans et habitans en nostred. ville de Lure, à la charge de payer et supporter les charges et redebvances dehues à cause de leursd. biens, meix, maisons et héritaiges, anciennes et accoutumées. Aussi voulons et consentons qu'ils puissent vendre, aliéner et ypothéquer leursdits biens, meix et héritaiges qu'ils ont ou auront en nostred. ville de Lure et finaige d'illec, à quantes fois que bon leur semblera, en passant et recepvant les lettres soubz nostre scel et tabellionnaige dud. Lure, et payer les loiz accoustumés. Item voulons et consentons qu'iceulx habitants, extraitz, yssus et partis dud. lieu que aultres, présens et advenir, en quelque lieux qu'ils seront manans, demeurans ou habitans, soit en nostre dite ville de Lure ou hors dicelle, de leurs biens tant meubles que héritaiges qu'ils auront, en quelque lieux qu'ils seront assis, en puissent tester ou ordonner et disposer par testament, ordonnance de dernière voulunté que aultrement, ainsi que bon leur semblera selon que gens de franche condition peuvent faire. Item s'ils ou auleungs desd. bourgeois et habitans dud. Lure présants et advenir, successeurs et ayant cause, va de vie à trépas tant aud. Lure que hors de lad. ville, sans hoirs de son corps, sans faire ne condire testament, donacion, ordonnance de dernière voulunté, voulons et consentons que le plus prouchain parent quil délaissera, en quelque lieu et place qui face sa résidance et demeurance, comme dit est, puisse et doige succéder aux biens, hoieries et successions dud. décédant, et qui soit et demeure héritier universel seul et pour le tout, et succéder les ungs aux autres en ce cas selon proximité de linaige et le degré de consanguinité et en même forme que franctz bourgeois et gens de pure, franche et libère condition font et peuvent faire sans auleune contradiction. Et ainsi le voulons et consentons, avons déclairé et déclarons dèz maintenant et à perpétuité, iceulx manans et habitans dudit Lure, pour eulx, leurs hoirs, nez et à naistre, successeurs et ayans cause, présens et advenir, pour francts bourgeois et gens de pure, libère et franche condition; et en telle manière joyr et user comme font gens francts et exemptz de toute macule, soubz les modifications et conditions suigvantes:

Assavoir qu'iceulx bourgeois et habitans, leurs hoirs, successeurs et ayans cause, tant extraits et yssus dud. Lure que aultres que pourroyent cy après venir, sont, seront, demeurent et demeureront à perpétuité envers nous, noz successeurs et ayanz cause, subjects et ressortissans rière et soubz nos droits seignoriaulx de principaultez, régalies, jurisdictions et seignorie haulte, moyenne et basse, selon que du passé ont faict et sont esté tenuz et sans à icelles desroguer; aussi subgectz et affectez envers nous et nosditz successeurs à faire les courvées, charroys, aydes, subsides et aultres redebvances et droit de seignorie telz et quelz qu'ils ont faict du passé et qu'ils sont tenus faire, que nous avons réservé et réservons à nous et a nostred. église de Lure, successeurs abbé et couvent dudit lieu. Item pour austant que plusieurs personnes, tant hommes que femmes, chargéz et afféçez de condition mainmortable, tant de nos subgectz que aultres, qui cy après l'ouctroy des présentes, viendront demeurer et résider en nostred. ville de Lure et qui, soubz couleur desd. franchises, vouldroyent prendre meix, maisons et héritaiges pour acquérir lesd. 'libertés et franchises, qui pourroit cy après causer plusieurs noises, procès et questions; et pour à ce obvier, voulons, disons, déclairons, ordonnons et n'entendons aulcunement que telles gens ayent ni puissent acquérir lesd. libertés et franchises susd., ny estres receuz bourgeois ny habitans dud. Lure ny joyr desd. libertez, que premier n'ayent obtenu consentement et abolucion de lad. condition mainmortable des seignours envers lesquelx ils sont ou seront affectés, soit de nous ou aultres, et lesquelx nosd. bourgeois dudit Lure ne pourront recepvoir ny aultres aussy, sans que premier ne soyent présentez à nous et à nos officiers et en obtenir lettre de bourgeoisie. Et en oultre ne voulons ni entendons que Deyle Faivre dit Deschamps, Thomas Paigerey, Jehan Guillaume dit de Paris et messire George Potot, leurs hoirs, néz et à naistre, successeurs ou ayans cause d'iceulx, de présent ou à l'advenir, ny les descendans d'eulx, en quelque façon et maniere que ce soit, soyent comprins en ces présentes, ny quils puissent acquérir ny avoir par quelconques manières que ce soit lesd. libertez et franchises; ains voulons et entendons quils en soient privez et exclus, les délaissans en la condicion auxquelles par avant cestes ilz sont et estoyent chargez et affécez envers nous et nostred. eglise, et en la même condition que par avant cestes pourroyent estre et sont, quelconques franchises quils pourroyent aléguer, lesquelles n'entendons corroborer ou approuver par le bail et ouctroy desd. présentes. Pour raison que tels nous sont estez desléaulx et desobeyssans, ayanz encouru le vice d'ingratitude, s'estans perforcez et perforcent journellement à poursuyr par maulvais et dampnable couraige la diminucion de nos auctoritez et droitz seigneuriaulx, contrevenans à leur debvoir et sérement, comme à tous est notoire et manifeste. Délaissans, quant aux aultres poincts et clauses, oultre celles cy dessus contenues et déclairées èsd. précédantes libertez et franchises, par lesd. bourgeois et habitans dud. Lure acquises de nos prédécesseurs, en leur force et vigueur que nous avons conferrmé et confermons, appreuvé et appreuvons par cestes, et à la charge quils seront quant aux aultres poincts y déclairez, tenuz satisfaire, garder et entretenir. Aussi voulons et consentons que iceulx bourgeois et habitans dud. Lure, présens et advenir, leursdits hoirs, successeurs et ayans cause, exceptés et réservés les dessus nommez et les ayant d'eulx cause, puissent user, joyr et faire de leurs corps et biens, tant meubles que héritaiges, du tout au tout, comme gens de pure, franche et libère condition font, peuvent et doibvent faire, et en user, ordonner et disposer, tant par dernière volunté que par disposition faite entre les vifs. — Et avons faict et faisons ces présentes libertez, franchises et ouctroy susditz ausdits bourgeois et habitans dud. Lure, tant pour les raisons susdites, que en consideracion de ce quils sont bons et léaulx subgects et quils seront encoires à l'advenir, et sans, comme dit est, déroguer aux droits de souveraineté et régalie à nous par cy devant appartenants et que nous avons retenu et réservé a nous et a nosd. successeurs, comme aussy moyennant le pris et somme de cinq cents cinquante escus d'or au soleil, que pour ce en avons receu d'iceulx bourgeois et habitans dud. Lure, mis et convertis aux urgens affaires de nostred. eglise et abbaie dud. Lure, dont les en avons quictez et quictons. Aussi avons quictez et quictons, remis et remectons auxd. bourgeois et habitans dud. Lure, de présent manans et habitans dud. lieu, y ayant meix et héritaiges, leurs hoirs, successeurs et ayans cause, honorables hommes Moingin Tixerand, à présent maitre-bourgeois dud. Lure, Moingin........(1), Anthoine Mairey, Vuillemin Lievre, Anthoine........(2), arbitres et eschevins dud. lieu; Vuillemin Vinochey, Gulod Leurecey, notaires publicques; Jehan-Andrey Barlaud, prevost, Moingin Clément, François Hier....... (3); Conrault Callet, Deyle Perrey, Legier de Gye, Anthoine Boillet, George Cayn, Nicolas Hannemant (4),........ Demoingey, Claude Paige, Jehan Tixerand, Anthoine Tixerand, Jehan Paiget le viez, Martin Bridey, Anthoine Noblot, Perrin Chairy, Gabriel Lievre. Jehan Hanier, Jehan Hannemant, Thiébault Dorin, Moingin Boillet, Jacques Boillet, Conrad Jambotz, Jacques Hélion, Ambroise Steure, Anthoine Chenigot, Jacob Chenigot, Perrin Convers, Perrenot Jaquoley, Perrenot Compain, Jehan Figuier-Taborot, Estienne Guillemet, Jehan Jaquoley, Deylot Guillemet, Legier Bouquon, Nicolas Clément, Martin Mahey, Martin Aize, Deylot Chenigot, Jehan Chenigot, George Henzelin, Jehan Belin, Jehan Deroye le viez, Pierre Couverley, Deyle Taloiche, Nicolas Martin, Bernard Hopp, Humbert Maleuyt, Jehan-Grandjean Taloiche, tous bourgeois et habitans dud. Lure, présens, stipulans et acceptans tant pour eulx que les aultres bourgeois et habitans dud. Lure yssus et extraicts dud. lieu, que aultres absans, leurs hoirs nés et à naistre, successeurs et ayans cause presens et advenir, lesdites subgections et conditions de morte main, et les avons affranchis et affranchissons par cesdites présentes, ensemble leurs meix, maisons, terres et héritaiges, des charges et servitudes qui peuvent dépendre de la servile condition, en la forme et manière

---

(1, 2, 3 et 4) Lacunes par vétusté du titre.

avantdite, et pour nous, nos successeurs abbé et couvent dud. Lure, nous en sumes dévestus, désistez, départis et déycistons purement et librement, et lesd. bourgeois et habitans dud. Lure, présens et advenir comme dit est, leurs hoirs et ayant cause, ensemble leursd. meix, maisons, terres, estangs et héritaiges quelconques desd. franchises, libertez et exemptions susd. de morte main et servile condition avons enveistu et enveistons, mis et mectons en corporelle possession et saisine, ou aussi par la teneur et tradicion des présentes lettres. Et avons promis et promettons, pour nous, nosd. successeurs abbé et couvent dud. Lure, lesd. franchises et libertés susdites, selon et en la même forme et manière qu'il est escript, de point en point maintenir, entretenir, garder et invariablement observer à perpétuité, pour ferme, estable, vaillable et aggréable entretenir, maintenir, conduire et deffendre, et en paix faire tenir ausd. bourgeois et habitans dud. Lure, sans aller, ni souffrir aller ou venir au contraire, tacitement ni en aulcune manière que ce soit, en renunceant expressément quant à ce à toutes et singulières exceptions de déceptions, deffenses, raisons, cautelles, cavillations et allégations quelconques que l'on pourroit alléguer ou objicter contre la teneur des présentes, et au droit disant général renunciacion ne valoir si la particulière ne précède. En tesmoingnaige desquelles choses susdites, et affin que ces présentes puissent avoir plus grande force, vigueur et valeur perpétuelle, nous lesd. abbé et couvent susdit, avons scellé lesd. présentes lettres de nos scels, desquels usons en telz ou semblable cas, avec ce faict signer par Anthoine Mongin, nostre procureur et notaire juré de la court Mons* l'official de Besançon souscript. Et en oultre pour austant que lesd. bourgeois et habitans dudit Lure pourroyent avoir affaire des présentes ou coppie d'icelles, voulons et consentons que les coppies qui en seront faites au vidimus et original des présentes, collationnéez par nos prevost et greffier dud. Lure, foy y soit adjoustée comme aud. original estant dehuement signées. Que furent faictes, données et passées en nostre chapitre et maison abbatial dud. Lure, tenu et assemblé à son de cloche, cejourduy vingt ungiesme jour du mois de Mars, l'an mil cinq quarante cinq, présens noble homme Jehan de Roppe, escuier, seigneur aud. lieu, Anthoine du Terrault, aussi escuier, discrettes personnes messires Jehan de Raincourt, vicaire aud. Lure, Adrian Joly, de Cromary, Henry Coillet, du Maigni-Vernoy, prebstres, tesmoings à ce appelez et requis (1).

(*Archives de la ville de Lure.*)

---

(1) Ce ne fut sans doute qu'après la concession des franchises que Lure

XXVII.

1625. — 18 novembre. *Le pape Urbain VIII renouvelle à Léopold, archiduc d'Autriche, administrateur de l'abbaye de Lure, le pouvoir d'introduire la réforme dans ce monastère et de l'y soutenir par la voie des censures ecclésiastiques.* (V. p. 119.)

Urbanus P. P. VIII.

Dilecte fili, salutem et apostolicam benedictionem. Cum, sicut accepimus, tu pro incumbentis tibi officii debito, monasterium abbatiale nuncupatum de Ludero, ordinis sancti Benedicti, Basiliensis seu alterius diœcesis, quod in commendam ad tuam vitam, ex concessione et dispensatione apostolicâ obtines, reformare et ad primitivæ regularem observantiæ normam reducere desideres. Nos etsi nequaquam dubitemus quin causâ ipsâ quæ tam justa est, satis effectum sit ut qui salubribus monitis et mandatis tuis obedire debent, hilari et prompto animo partes suas in benedictione impleant, ac nemo tibi non faveat et opem ferat, nihilominus ut laudabile desiderium tuum, hujusmodi sublatis quibuscumque obstaculis, executioni demandari valeat, providere volentes tibi ut reformationem hujusmodi in dictum monasterium auctoritate nostrâ introducere, ac quoscumque ejusdem monasterii monachos ad illius observantiam juxta regularia dicti ordinis instituta, apostolicâ auctoritate confirmata, per censuras ecclesiasticas ac privationis vocis activæ et passivæ, nec non dignitatum et officiorum, per eos quomodolibet obtentorum, pœnas, aliaque opportuna juris et facti remedia, omni et quâcumque appellatione postpositâ, invocato et ad hoc, si opus fuerit, auxilio brachii sæcularis, eâdem auctoritate cogere et compellere liberè et licitè valeas, tenore præsentium, plenam, liberam et amplam facultatem concedimus et impartimur, in contrarium facientibus non obstantibus quibuscumque. Datum Romæ apud sanctam Mariam Majorem, sub annulo piscatoris, die XVIII novembris MDCXXIII, pontificatûs nostri anno primo.

Dilecto filio Leopoldo ex archiducibus Austriæ, ecclesiæ Argentinensis administratori, etc.

(Archiv. de la préfect. de Vesoul.)

adopta des armoiries. Elles étaient d'azur au soleil d'or, avec ces mots autour de l'écusson : *Nos tuere undique.* On en voit l'empreinte sur cire rouge au bas d'un acte émané du magistrat de cette ville, le 11 août 1720, qui nous a été communiqué par M. J. Vuilleret.

XXVIII.

1838. — 24 Janvier. *Reconnaissance des reliques de saint Delle et de saint Colombin.* (V. p. 166.)

Jacobus-Maria-Adrianus-Cæsarius Mathieu, miseratione divinâ ac sanctæ sedis apostolicæ gratiâ, archiepiscopus Bisuntjnus. Universis et singulis præsentes litteras inspecturis fidem facimus et attestamur quod nos, ad majorem omnipotentis Dei gloriam suorumque sanctorum venerationem, recognovimus sacra ossa S. Deicoli et Columbini, primi et secundi abbatis Lutrensis, ex authenticis locis resumpta certisque ac fide dignis personis accepta, quæ in panno serico et villoso rubri coloris auroque illuso reverenter reposuimus, et funiculo serico ejusdem coloris unumquodque colligavimus, nec non sigillo nostro à priori parte cerâ hispanicâ firmavimus, et quæ demùm in thecâ ligneâ perelegantis formæ deauratâ ac ostiolo bipartitâ vitreo inclusimus, cum facultate in quâcumque ecclesiâ, oratorio aut capellâ publicæ fidelium venerationi exponendi. In quorum fidem has litteras testimoniales, manu nostrâ subscriptas nostroque sigillo firmatas, per infrascriptum sacrarum reliquiarum custodem expediri mandavimus. Datum Bisuntii ex ædibus nostris, die 24 mensis Januarii anni M. D. C. C. C. XXX. VIII.

J.-B. BERGIER, Vic. gén.

FIN.

TABLE DES MATIÈRES.

CHAPITRE I.

Origine et commencements de Lure. — Arrivée de saint Colomban dans les Gaules. — Saint Dello, son disciple, fonde l'abbaye de Lure. — Donation de Clotaire II. — Saint Colombin succède à saint Dello. — Invasion des Sarrasins. — Lure sous les princes Carlions. — Lothaire II, ses passions, son divorce. — Il donne à Waldrade l'héritage de saint Dello. — Sa fin tragique. — Waldrade se retire à Remiremont. — Lure passe dans la maison d'Eberhard III, comte en Alsace. — Ses descendants rendent le monastère à sa première destination. — L'abbé Baltram le relève. — Sous Werdolphe, son successeur, un moine écrit la vie de saint Dello. — Appréciation historique et littéraire de cet ouvrage. . page 1 à 20

CHAPITRE II.

Origine des droits régaliens. — Système de Dom Berthod. — Lure, fief de l'empire. — Réfutation du système de Dunod. — Diplôme de l'empereur Henri II. — Le pape Léon IX protège les possessions de l'abbaye. — Condition des habitants pendant les siècles de la féodalité. — Rapports de Lure avec le diocèse de Besançon. — De quelques seigneurs voisins de l'abbaye. — Frédéric I, surnommé Barberousse, la prend sous sa protection. — Bulle d'Alexandre III en faveur de cette maison. — Thiébaud, abbé de Lure, porte le titre de prince d'empire . . . . . 21 à 37

CHAPITRE III.

Les richesses et la grandeur, source de la décadence monastique. — Elles ne sont pas moins fatales au repos des religieux. — De l'avouerie de Lure engagée au comte de Montbéliard. — Celui-ci persécute les moines. Il est excommunié par l'archevêque de Besançon. — Murbach vient au secours de Lure. — Détails sur l'abbaye de Murbach. — Malheurs publics. — Lure obérée de dettes. — Administration des abbés. — Hugues de Bourgogne est admis à partager les revenus de la maison. — Il en obtient la gardienté viagère. — Legs qu'il fait à l'abbaye de Lure . . 38 à 56

CHAPITRE IV.

Lure est fortifiée. — Contestations à ce sujet avec le duc-comte de Bourgogne. — Ravages du territoire; l'abbé est chassé de Lure. — Secours qu'il tire des ducs d'Autriche. — Représailles des Allemands. — Jean de Roy, gardien du Comté, vient à son secours. — L'abbé de Lure battu et fait prisonnier. — Comment il répare ses pertes. — Accord conclu avec la Bourgogne. — Pierre de Montbozon occupe le siége abbatial. — Premier affranchissement des habitants. — Jean de Baumotte, son crédit, ses missions. — Son neveu lui succède.. — L'abbaye est inquiétée par les seigneurs du voisinage. — Ravages des Ecorcheurs et des Armagnacs. — Mort de l'abbé Claude de Ryo ; signal des plus vifs débats . . . . 57 à 75

CHAPITRE V.

Jean Stœr et Jean Bonnet se disputent l'abbaye de Lure. — Jean Stœr obtient gain de cause. — Il est persécuté par Pierre de Hagenbach, gouverneur du comté de Ferette. — Son administration, son éloge. — L'empereur Maximilien vient à Lure. — Jean Virot gouverne l'abbaye. — Il est remplacé par George de Massmunster, appelé en même temps au siége de Murbach. — Introduction du protestantisme dans le comté de Montbéliard. — Révolte des paysans. — L'archiduc Ferdinand d'Autriche renouvelle les traités de gardienté.. — Organisation de la justice à Lure. — Rôle de la commune . . . . 76 à 95

CHAPITRE VI.

Jean Rodolphe Stœr, abbé de Lure. — Décadence de la discipline. — Second affranchissement des habitants. — L'abbé obtient de Charles-Quint le privilége de battre monnaie. — L'indépendance de l'abbaye triomphe des attaques dont elle est l'objet. — Union perpétuelle de Lure et de Murbach. — Fondation de l'école de Lure par Jean-Rodolphe. — Son successeur fait dresser une reconnaissance des droits du monastère. — Philippe II cherche à attirer les religieux sous son obéissance. — Entreprise du marquis de Varembon. — Le cardinal André d'Autriche, administrateur des deux abbayes. — Sa succession est disputée. — Jean-George de Kalkenriedt, abbé de Lure. — Il se démet en faveur de l'archiduc Léopold. — Projets de réforme. — Léopold-Guillaume succède à l'archiduc, son oncle. — L'abbaye est régie par des administrateurs.
96 à 120

CHAPITRE VII.

Une maladie contagieuse décime la population de Lure. — Approche des Suédois. — Leurs progrès. — Conduite du marquis de Conflans. — Lure évite une surprise et soutient un siège. — Elle est occupée par les Lorrains. — Les Français en prennent possession. — Retraite du marquis de Bade. — Lure tombe au pouvoir des milices comtoises. — Les Suédois s'en emparent. — Nouvelle attaque. — Désolation de la ville et des environs. — Rentrée des capitulaires. — Restauration du culte ; réorganisation de la justice. — Louis XIV gardien de l'abbaye. — Etablissement des Capucins. — Conquête de la Franche-Comté. — Lure est réunie à cette province . . . . 121 à 146

TABLE DES MATIÈRES.

CHAPITRE VIII.

Lure après la conquête. — Description de la ville. — Le parlement étend sa juridiction sur elle. — Suite des abbés de Lure. — Désiré de Bressey; ses brigues, ses procès. — Création des charges municipales. — Accord entre la ville et l'abbaye. — Reconstruction de l'église paroissiale. — Sécularisation de Lure et de Murbach. — Le chapitre de Lure entreprend d'importants travaux. — Révolution française. — Les chanoines sont expulsés, leurs maisons vendues; l'église est démolie. — Lure actuelle, ses principaux monuments. — Honneurs rendus aux reliques de saint Delle et de saint Colombin . . . . 147 à 167

I. Notice historique sur le prieuré de saint Antoine . . . . 169 à 172

II. Notice sur la seigneurie de Lure . . . . 173 à 180

III. Notice sur la seigneurie de Passavant . . . . 181 à 192

    Liste des abbés de Lure. 193-194

    Liste des curés de Lure 195

    Églises de la collation de l'abbaye de Lure 196

    Pièces justificatives du N° I à XXVIII . . . . 197 à 229

FIN DE LA TABLE.

Besançon. — Imprimerie de Bintot.

www.ingramcontent.com/pod-product-compliance
Lightning Source LLC
Chambersburg PA
CBHW071858160426
43198CB00011B/1156